布林线指标
振荡交易技术精解

刘振清◎编著

中国宇航出版社
·北京·

版权所有　侵权必究

图书在版编目（CIP）数据

布林线指标：振荡交易技术精解 / 刘振清编著.
北京：中国宇航出版社，2025.5. -- ISBN 978-7-5159-2526-4

Ⅰ. F830.91

中国国家版本馆CIP数据核字第2025NZ1372号

策划编辑	卢　珊	封面设计	王晓武
责任编辑	卢　珊	责任校对	谭　颖

出　版
发　行　**中国宇航出版社**

社　址　北京市阜成路8号　　邮　编　100830
　　　　（010）68768548
网　址　www.caphbook.com
经　销　新华书店
发行部　（010）68767386　　（010）68371900
　　　　（010）68767382　　（010）88100613（传真）
零售店　读者服务部
　　　　（010）68371105
承　印　三河市君旺印务有限公司
版　次　2025年5月第1版　　2025年5月第1次印刷
规　格　710×1000　　开　本　1/16
印　张　12.5　　字　数　191千字
书　号　ISBN 978-7-5159-2526-4
定　价　49.00元

本书如有印装质量问题，可与发行部联系调换

前　言

振荡是伴随股市而生的一种股价波动现象。没有只涨不跌的市场，同样也没有只跌不涨的市场，股价就是在不断起起伏伏的振荡中，逐渐走出新高或新低。振荡，才是股市的主旋律。

每个投资者从进入股市的第一天开始，就在努力探求股价振荡背后的规律，希望能够在充满不确定性的股市中获得稳定的收益。为此，股市中不断地有新的技术指标被设计和应用，其中有一些技术指标因其卓越的性能，而被越来越多的投资者接受和喜爱，并广泛传播，布林线指标就是其中优秀的代表。与其他技术指标不同，布林线指标在很多情况下追求的并不是绝对的股价波动的高点与低点，而是一种相对的平衡，即相对高点与相对低点。

布林线指标的发明者、美国证券分析专家约翰·布林格（John Bollinger）认为，各类市场间都是互动的、相互关联的，市场内和市场间的各种变化都是相对的，绝对的变化是不存在的。基于这样的目的，布林线的设计理念是追求"相对的完美"，它的目标不是帮助投资者找到最低的买入点和最高的卖出点，从而实现最完美的交易，而是以布林通道为框架，将股价K线纳入其中进行分析，根据股价在布林通道的位置关系，帮助投资者判断股价的相对高低，从而实现投资者能够认可的相对完美的交易。

当然，布林线指标也不是万能的，即使是寻找相对高点与相对低点，也不是一件容易的事。如果以布林线指标为核心构建一套完整的交易系统，那么在布林通道的框架之下，就会在股价波动过程中找准股价的相对点位，在股市中获利的概率就会大增。

投资者想要应用布林线指标做好振荡交易，应该注意以下几点。

第一，正确理解布林线发出的交易信号。与其他技术指标不同，布林线发出的很多信号都非绝对性的买入或卖出信号，而是相对的股价高低信号。因此，本书在介绍布林线实战用法时，着重讲解了布林线与成交量、其他技术工具的组合用法。

第二，建立一套符合个人特点的布林线交易系统。每个投资者都有自己的性格、爱好，这些个性化的特征必将影响交易实战。当然，这些个性化的特征本身并无好坏之分，关键需要投资者善加引导和利用，尽可能地扬长避短，方可在交易中游刃有余。本书最后的章节介绍了基于布林线指标设计的交易系统，投资者可根据个人特点进行改进和完善，使之成为自己征战股市的"独门武器"。

第三，善于将布林线与其他技术指标组合应用。布林线是一种技术分析工具，同时也是一种技术分析框架。在这个框架内部，投资者还可以综合利用其他技术分析工具和方法，以确保分析结论更加准确。

第四，合理控制仓位。控制仓位是做好交易的基础和保障。无论选择哪种技术指标，做哪种类型的交易，都必须将仓位控制好。没有良好的仓位控制，就不会有好的交易结果。毕竟，你需要在股市中长期生存下来。

目 录

第一章 布林线指标：穿越振荡行情的利器

第一节 布林线指标与股价走势 / 3
一、布林线指标与股价振荡 / 3
二、布林线指标与行情加速 / 5
三、布林线指标与行情转向 / 6

第二节 布林线指标参数设置与调整 / 7
一、布林线的基本参数指标 / 7
二、布林线参数的设置与调整 / 8
三、布林线参数的调整方法 / 10

第三节 布林线的构成及交易含义 / 11
一、中轨线的参数及交易含义 / 11
二、上轨线的参数及交易含义 / 14
三、下轨线的参数及交易含义 / 18

第二章 布林线指标振荡交易基础

第一节 趋势：布林线识别振荡趋势 / 23
一、利用布林通道识别中长线趋势 / 23
二、利用中轨线识别中短线趋势 / 25

三、利用上轨线或下轨线识别短线趋势 / 28

第二节 突破：股价振荡的买点与卖点 / 31

一、买入信号：股价向上突破中轨线 / 32

二、卖出信号：股价向下突破中轨线 / 33

三、强势股信号：股价向上突破上轨线 / 34

第三节 支撑与阻力：振荡边界的试探 / 36

一、布林线轨道线的支撑 / 36

二、布林线轨道线的阻力 / 39

第四节 速度与方向：布林通道喇叭口的缩放 / 41

一、喇叭口放大与股价涨跌 / 41

二、喇叭口收缩与股价涨跌 / 43

三、喇叭口缩放与股价变盘 / 47

第五节 背离：绝对位置与相对位置 / 48

一、底背离：股价 K 线与布林线底背离 / 48

二、顶背离：股价 K 线与布林线顶背离 / 49

三、相对底背离：绝对低点与相对低点的背离 / 50

四、相对顶背离：绝对高点与相对高点的背离 / 51

第三章 布林线与底部、顶部形态识别

第一节 布林线与底部形态识别 / 54

一、基础底部形态与布林线指标 / 54

二、底部反转形态与布林线指标 / 57

三、布林线识别 W 底模式 / 59

四、布林线识别头肩底模式 / 61

第二节 布林线与顶部形态识别 / 62

一、基础顶部形态与布林线指标 / 62

二、顶部反转形态与布林线指标 / 66

三、布林线识别 M 顶模式 / 68

四、布林线识别头肩顶模式 / 69

第四章　布林线指标追涨战法

第一节　布林线突破追涨战法 / 72
一、股价放量突破中轨线 / 72
二、中轨线支撑再破上轨线 / 74
三、下轨线支撑再破中轨线 / 76

第二节　布林线支撑战法 / 78
一、回调中轨线遇支撑 / 78
二、股价回调遇上轨线支撑 / 80

第三节　布林线擒龙战法 / 82
一、股价脚踩上轨线 / 83
二、上轨线突破前高 / 85
三、股价翻身上攻突破上轨线 / 87
四、股价跳空突破上轨线 / 89

第五章　布林线指标波段交易战法

第一节　布林线波段交易基础战法 / 92
一、股价步步为营式起飞 / 92
二、布林线芙蓉出水形态 / 94
三、股价沿中轨线上方通道运行 / 96
四、布林通道突然收缩 + 突破中轨线 / 98
五、股价暴跌后向上突破下轨线 / 99
六、量价底背离 + 股价突破布林线下轨线 / 101

第二节　布林线波段交易组合战法 / 103
一、三线翘头战法 / 103
二、潜龙出水战法 / 105
三、飞龙在天战法 / 108

第三节　布林线主升浪战法 / 110
一、主升浪及其特点 / 110
二、布林线中轨线识别主升浪 / 112

第六章　布林线特色指标与用法

第一节　五轨布林线战法精要 / 116

一、五轨布林线设计原理 / 116

二、五轨布林线参数及公式编辑 / 118

三、用法一：细化股价运行态势 / 120

四、用法二：捕捉短线强势股信号 / 122

第二节　布林线特色指标：%b 指标 / 124

一、%b 指标的参数以及公式编辑 / 124

二、%b 指标超过 1 线回撤 / 127

三、%b 指标跌破 0 线反弹 / 128

四、%b 指标与股价的顶背离 / 129

五、%b 指标与股价的底背离 / 130

第三节　布林线特色指标：通道宽度指标 / 131

一、通道宽度指标的参数以及公式编辑 / 131

二、通道宽度低位反弹，重选方向 / 134

三、通道宽度逐渐变宽 + 突破中轨线 / 135

第七章　布林线与其他技术指标组合分析技术

第一节　%b 指标与 MFI 指标组合使用 / 138

一、MFI 指标参数及基本交易含义 / 138

二、%b 指标突破 0.8+MFI 指标突破 80 线 / 140

三、%b 指标跌破 0.8+MFI 指标跌破 80 线 / 142

四、%b 指标突破 0.2+MFI 指标突破 20 线 / 142

第二节　布林线与 MACD 指标组合使用 / 143

一、MACD 指标的基本特性 / 144

二、MACD 指标的基本交易含义 / 145

三、MACD 指标金叉 + 突破布林线中轨线 / 146

四、MACD 指标高位死叉 + 遇布林线中轨线支撑 / 147

五、股价跌破上轨线 +MACD 柱线缩头 / 148

六、下轨线支撑与 MACD 指标底背离 / 149

第三节　布林线与 KDJ 指标组合使用 / 151

一、KDJ 指标的基本特性 / 151

二、KDJ 指标的基本交易含义 / 153

三、KDJ 指标低位金叉 + 遇布林线下轨线反弹 / 153

四、KDJ 指标二度金叉 + 遇布林线中轨线反弹 / 155

五、下轨线支撑与 KDJ 指标超卖反弹 / 156

第四节　布林线与 RSI 指标组合使用 / 157

一、RSI 指标的基本特性 / 158

二、RSI 指标的基本交易含义 / 159

三、RSI 指标低位金叉 + 布林线下轨线反弹向上 / 160

四、RSI 指标向上突破 50 线 + 布林线突破中轨线 / 161

五、RSI 指标向上突破 80 线 + 布林线触及上轨线 / 162

第五节　布林线与 BIAS 指标组合使用 / 163

一、BIAS 指标的基本特性 / 163

二、BIAS 指标的基本交易含义 / 164

三、BIAS 指标超跌反弹 + 布林线下轨线遇支撑 / 165

四、BIAS 指标金叉 + 突破布林线中轨线 / 166

第八章　布林线组合实战技法与交易系统

第一节　布林线周期共振交易技术 / 169

一、日线与周线布林线结合 / 169

二、日线与 30 分钟布林线结合 / 171

第二节　基于布林线的选股技术 / 173

一、布林线中期波段选股技术 / 174

二、布林线短线选股技术 / 176

第三节　布林线与左侧交易、右侧交易 / 177

一、以布林线为核心设计的左侧交易系统 / 177

二、以布林线为核心设计的右侧交易系统 / 180

第四节　布林线实战交易系统设计 / 183
　　一、市场环境分析 / 183
　　二、股票运行趋势分析 / 185
　　三、交易执行以及仓位控制 / 187

第一章

布林线指标：
穿越振荡行情的利器

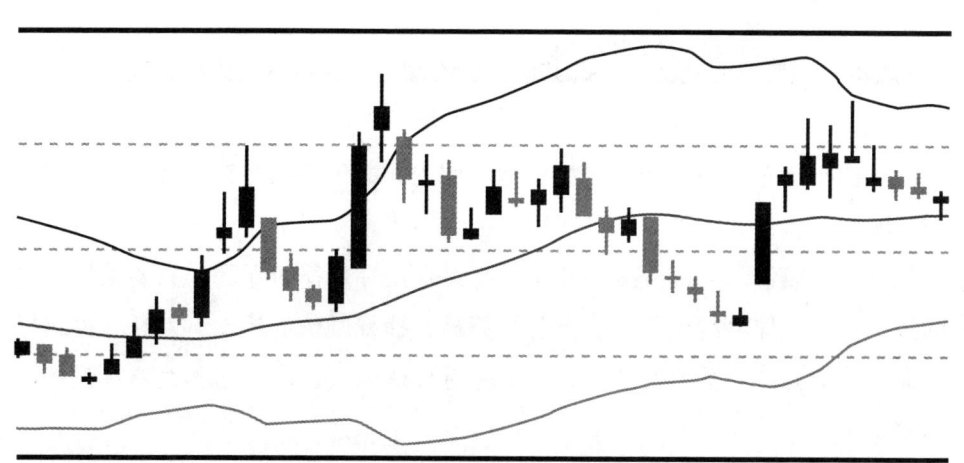

布林线指标：振荡交易技术精解

为股价划定大致的振荡范围，可以帮助投资者寻找可能的交易机会，这就是布林线指标最为核心的用法。布林线指标不会告诉投资者哪里是绝对的低点或高点，但会指出股价在何时已经进入了相对低位或相对高位。

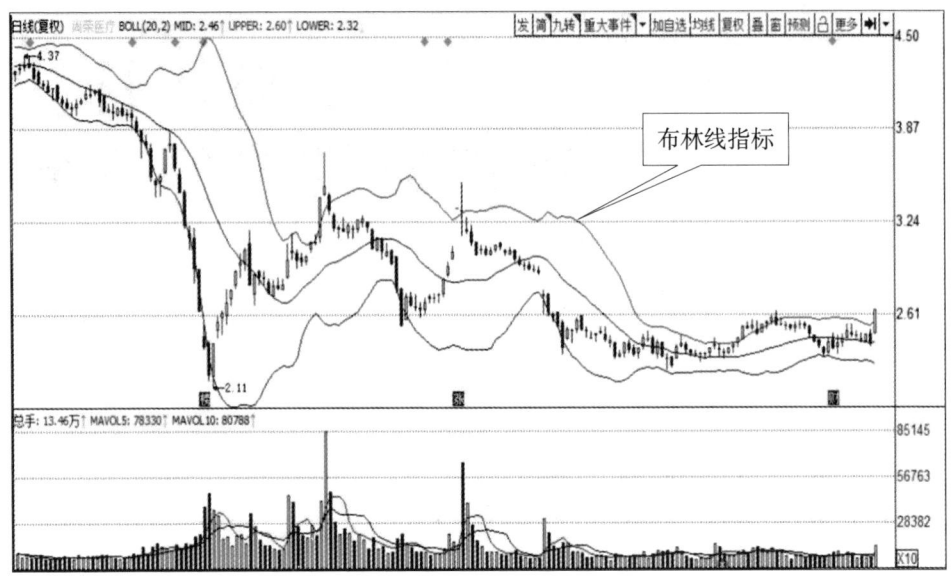

图 1-1 布林线指标示例

从图 1-1 中可以看出，绝大多数时间内，股价都运行在布林线指标划定的区域内，偶尔突破了布林线区域，也会很快重新回到布林线指标区域内。也就是说，股价的大部分振荡并不是毫无章法和规律可循的，只要采用合适的技术指标，加上恰当的交易方法与策略，捕捉股价的运动，判断股价运行方向、波动幅度，甚至交易点，也都是有可能的。这就是布林线指标设计的初衷。

第一节　布林线指标与股价走势

布林线，又称 BOLL 线，是由约翰·布林格发明，并以其名字命名的。

在 20 世纪 70 年代，由于国际地缘政治冲突，原油价格飙升，在美国证券市场，很多石油股票出现了大幅上涨走势。不过这种局面没有持续太长时间。其后，随着经济形势的恶化，证券市场形成了"股债双杀"的局面，很多石油股票出现了暴跌的走势，造成很多追涨石油股票的投资者血本无归。股价短期内的暴涨暴跌对布林格先生产生了很大的触动，于是他开始寻找一种更好的交易方法，可以让投资者避免遭遇这种情况，并且能够帮助投资者判断股价的相对高点和低点。他将这种方法命名为理性分析，即通过技术分析与基本面分析相结合，做出合理的投资决策。

布林格这样定义布林通道："布林通道就是图表上价格附近的通道，它的目的是帮助投资者定义相对的最高价和最低价。"上轨线附近就是最高价，下轨线附近就是最低价。

从本质上来说，该指标是根据统计学中的标准差原理求出股价的信道区间，从而划定股价的波动范围，并预测未来可能的走势，同时利用波带显示股价安全的高低价位。如图 1-2 所示。

布林线由三条曲线组成，分别是上轨线、中轨线和下轨线，其中上轨线和下轨线之间的区域构成了布林线指标的价值通道，即布林通道，中轨线为股价波动的中轴线。从某种意义上来说，股价的波动在很大程度上是围绕中轨线，并在上轨线和下轨线之间的区域进行的。股价向上突破上轨线或向下跌破下轨线都是非常态的情况，都会被及时修正。而当股价修正运行态势时，是投资者选择交易的时刻。

一、布林线指标与股价振荡

从振荡的角度来看，股价运动主要包括盘整和突破两大类别。

布林线指标：振荡交易技术精解

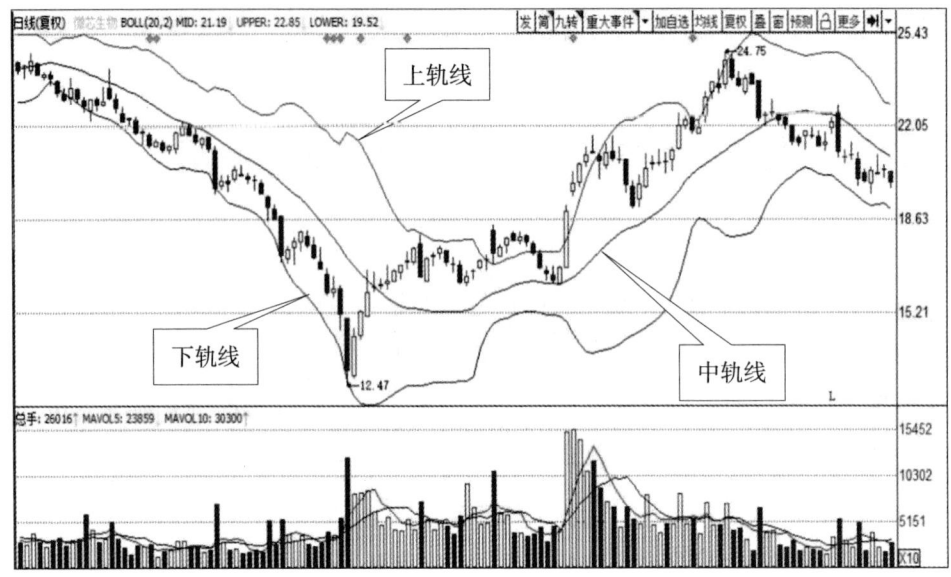

图 1-2 布林线指标图示

股价盘整时，一般会在一定的区域内振荡运行。当股价振荡区域足够大时，投资者就有了较为充足的"高抛低吸"空间。当股价振幅逐渐缩小时，意味着"高抛低吸"的空间消失，此时市场上多空双方就会选择暂时性的"休兵"，静待市场重新选择突破方向。从布林线指标的角度来看，此时布林通道的喇叭口就会逐渐呈现收缩状态，反映了股价振荡的趋缓，也说明市场交易动能的减弱。

当股价休整一段时间后，就会开启突破模式，此时股价要么出现大幅上升，要么大幅下跌。与此同时，布林通道的喇叭口就会重新开始放大。从技术角度分析，布林通道为了适应股价振荡幅度的加大而进行调整。从交易角度来看，这是在提醒投资者，股价开启了一波新的运动。

下面来看一下井松智能的案例。

如图 1-3 所示，井松智能的股价在 2024 年年中时段一直呈现振荡下跌的态势。股价在振荡走低的过程中，波动的幅度越来越小。在开始下跌时段，投资者还可以通过"高抛低吸"等操作来赚取股价短线波动带来的收益，但是到了下跌的尾声，股价波动幅度已经很小了，无法再通过"高抛低吸"来盈利了。

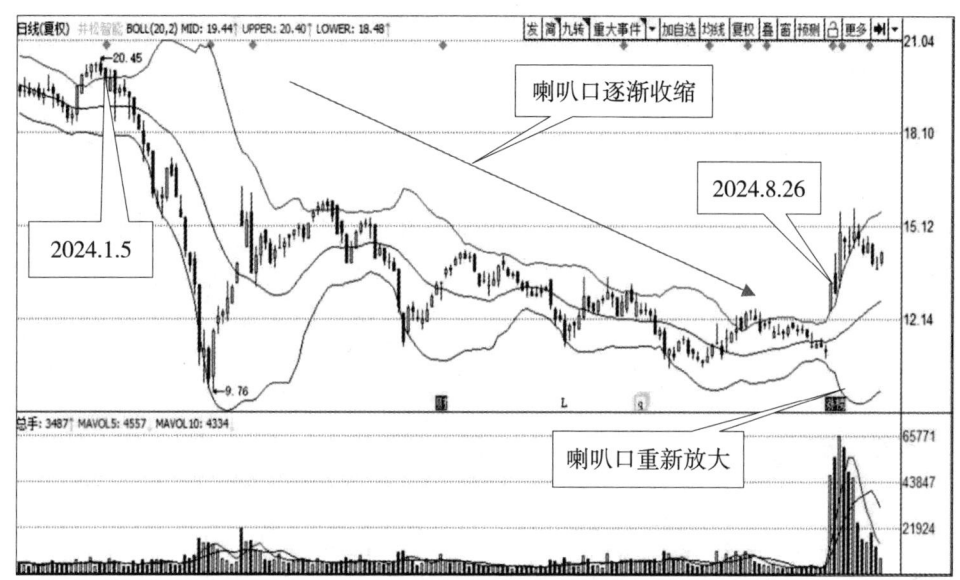

图 1-3　井松智能（688251）布林线指标走势图

通过布林通道喇叭口的宽度变化可以印证这一点。在股价开始下跌初期，布林通道的喇叭口开口较大（即上轨线与下轨线的距离较大），这就为投资者"高抛低吸"提供了足够的空间；到了下跌尾声，布林通道的喇叭口已经收缩到极低的水平，投资者几乎失去了操作的空间，此时是股价重新选择突破方向的时刻。

到了 2024 年 8 月 26 日，该股股价突破大幅跳空涨停，布林通道的喇叭口结束了收缩，重新开始放大，投资者也重新获得了交易的空间。

二、布林线指标与行情加速

股价结束盘整或者在按照先前较低的速度运行一段时间后，突然出现加速上涨或下跌迹象时，整个技术指标系统也会随之有所反应。股价突然出现行情加速的情况，意味着股价振荡的幅度大幅加大，与此同时，布林线中轨也会同步出现大幅拐头向上或向下的态势，这就促使整个布林通道的喇叭口出现急速敞开的情况。同理，当布林通道喇叭口开始出现急速敞开状态时，也就是在提示投资者行情加速阶段的到来。

下面来看一下建新股份的案例。

从图 1-4 中可以看出，建新股份的股价在 2024 年 2 月以前呈现振荡下跌的态势，布林通道的喇叭口甚至出现了小幅放大，给人一种股价即将加速下行的感觉。

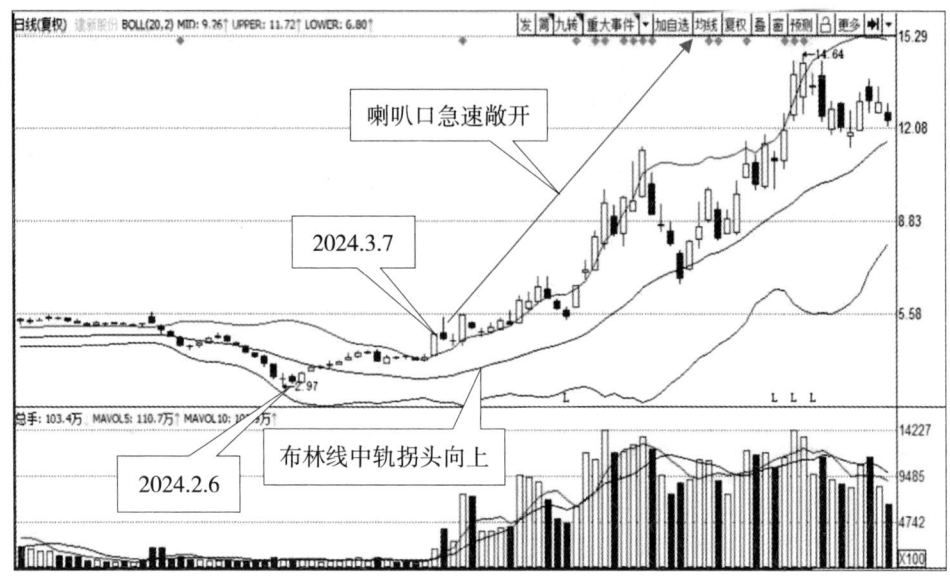

图1-4 建新股份（300107）布林线指标走势图

2024年2月6日，该股股价触及布林线下轨后出现反弹走势，并一路向上突破了布林线中轨，并在3月7日向上突破了布林线上轨，说明股价已经开始了强势上攻走势。与此同时，布林通道的喇叭口出现了急速敞开的情况，说明股价的上攻将会出现加速态势，投资者可积极入场买入该股。

此后，该股股价正式进入了上攻区间。

三、布林线指标与行情转向

布林通道本身具有一定的交易指示含义。按照布林线构造理论，布林通道本身就是以中轨线（多以20日均线为基准）为中心的，当行情出现转向时，布林通道的中轨线必然会随之出现反转，整个布林通道也会随之改变倾斜方向。比如，先前向右上方倾斜的布林通道，若其开始向右下方倾斜，意味着股价已经开始从上升趋势转为了下行趋势，反之亦然。

下面来看一下智飞生物的案例。

如图1-5所示，智飞生物的股价自2023年10月初开始启动了一波大幅上攻走势，整个布林通道也呈现出向右上方倾斜的态势。到了11月24日，该股股价创下阶段新高的 69.47 元之后，出现振荡回落走势。与此同时，布林通道的倾斜方向也发生了改变，从向右上方倾斜转为向右下方倾斜。从布林线指标的角度来看，这是一个非常明确的行情转向信号。

此后，该股股价正式进入下行通道。

图 1-5　智飞生物（300122）布林线指标走势图

第二节　布林线指标参数设置与调整

在布林格的代表作《布林线》一书中，曾这样介绍：布林通道的基础就是均线，这条均线是中轨线，它的默认参数是 20 日，通道的宽度是用一个叫做标准偏差的衡量波动性的方法来决定的。

一、布林线的基本参数指标

按照布林格的描述，可以获得一个标准的布林通道计算公式。

中轨线 = 参数为 20 日的均线

上轨线 = 中轨线 +2 个标准差

- 7 -

下轨线 = 中轨线 − 2 个标准差

其中标准差计算公式如下：

标准差 = $\sqrt{\dfrac{\sum(x_i-\mu)^2}{N}}$

其中，x_i 为收盘价

μ 为均价

N 为均线的周期（这里的实际取值是 20）

二、布林线参数的设置与调整

布林线的基准参数如此设计的原因如下。

第一，20 日均线是一根稳定性较好的均线，将其设定为布林线的中轨线，有助于防止布林线指标的波动过于频繁。

第二，2 个标准差，主要是与 20 日均线相配套的一个技术参数。布林线的指标参数有一个很明确的目标，即用尽可能少的面积覆盖尽可能多的股价 K 线，而 20 日均线和 2 个标准差的组合，是一个比较理想的选择。

从某种意义上来说，布林线的基本参数是可以调整的，而且也应该由投资者结合自身实际情况进行调整，但并不是说投资者应该经常性地对这些参数进行调整。

对此，布林格来中国讲座接受采访时，曾经这样解释过："一旦我决定在某个应用领域使用什么参数，就基本上不会变化，除非市场环境发生了变化。在使用布林线方面，最初我使用的均线是 10 日均线，设定的方差参数为 1.5，而现在使用的参数是 1.9。这是由于美国市场出现了大量的股指期货和金融衍生品，这些产品吸收了大量的资金，使得市场的流动性发生改变。"

也就是说，投资者需要根据投资标的的特征适当地设定合适的技术参数，这个参数设定之后，除非外部环境发生变化，否则就不应该轻易改变。通常情况，在以下两种情况下，投资者可以调整布林线的指标参数。

第一，市场环境发生变化。在原有的技术指标参数下，布林通道已经不能覆盖绝大多数 K 线时，此时投资者可考虑适当增加方差数值，扩大布林通道覆盖面积。

第二，操作思路发生转变。投资者开始专注于短线或超短线交易，20日均线已经有些滞后时，可考虑将中轨线替换为10日均线，方差也应该调整至1.5以内。

总之，技术指标的应用是为投资者的交易决策提供支持的，若技术指标失效，也就无法再为交易提供支撑了。在市场上，唯一不变的就是变化。市场是千变万化的，投资者不能幻想用一种固定模式去套用所有股票的走势，那就相当于"守株待兔"了。因此，在实战中，投资者需要根据外部市场环境、个股走势特征，不断改进与修正技术指标，以使其达到效用最大化。

下面来看一个转换技术参数的案例，看一下贝达药业的布林线指标走势图。

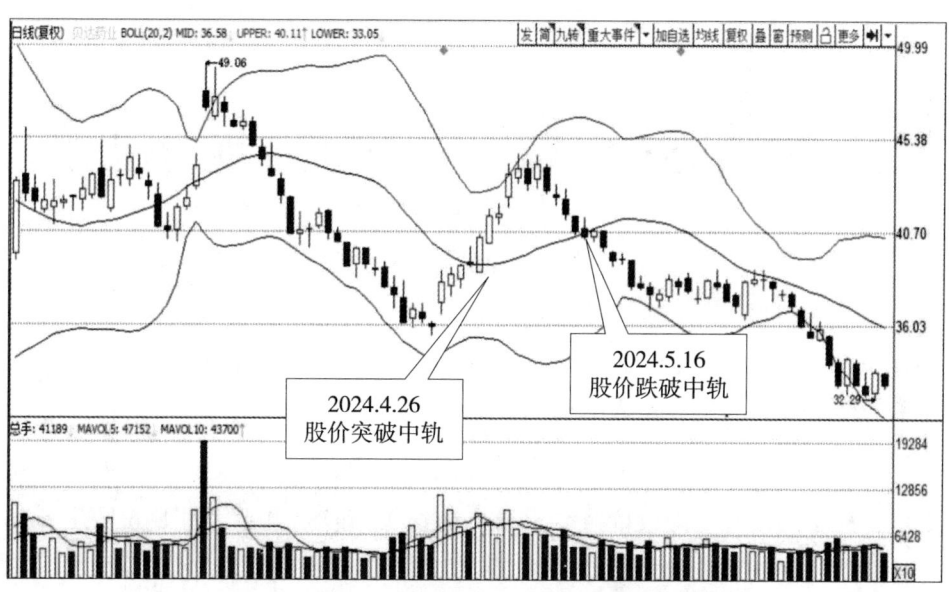

图1-6 贝达药业（300558）布林线指标走势图一

如图1-6所示，贝达药业的股价自2024年4月中旬出现了触底反弹迹象，股价一度突破中轨线，并向上触及了布林线上轨。2024年5月16日，该股股价在之前回调的基础上跌破了中轨线，标志着股价此前的上升告一段落。

对于短线投资者来说，4月26日股价突破中轨买入，到5月16日趋势结束，时间虽然不算长，但从整体上来看，股价短线确实存在较好的获利空间，只是当前的布林线指标参数有些不太合适。因此，投资者可尝试将布

布林线指标：振荡交易技术精解

林线指标的技术参数进行调整，由系统默认的参数（20,2），调整为（10,1.5），则可以得到如图1-7所示的走势图。

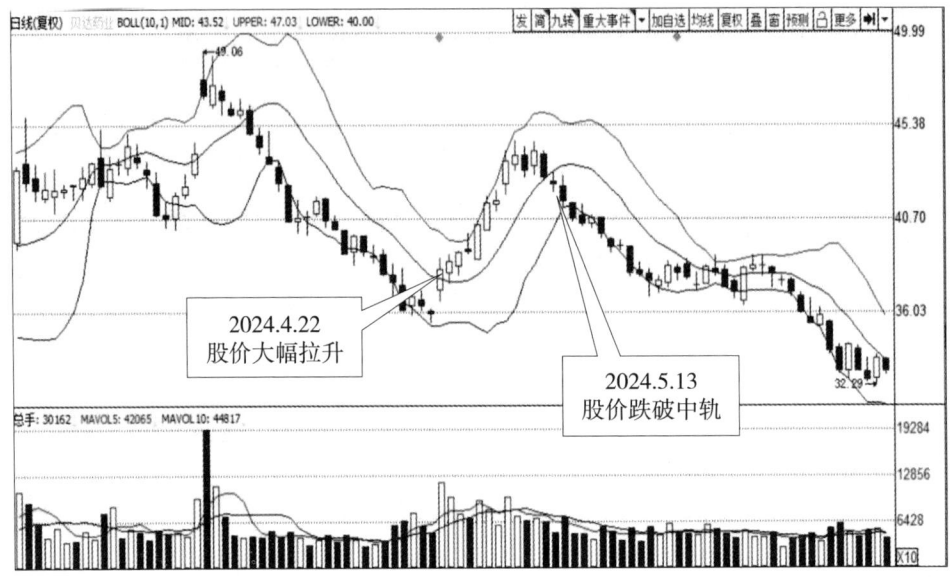

图1-7　贝达药业（300558）布林线指标走势图二

从图1-7中可以看出，贝达药业的股价自2024年4月中旬启动上攻，并于4月22日突破中轨线，其后股价一直运行于中轨线与上轨线之间。2024年5月13日，该股股价在前一交易日大幅下跌的基础上跌破了中轨线，标志着股价此前的上升告一段落。

对比图1-6和图1-7可以发现，在图1-7中，布林线指标发出买入信号更早，而卖出信号（即股价K线跌破中轨线）的时间也要比图1-6早几个交易日，股价回调幅度自然也小于图1-6。对于短线交易者来说，图1-7中所设置的技术参数似乎更符合实际需要。

三、布林线参数的调整方法

目前，大多数股票交易软件提供的布林线指标使用的默认技术参数都是（20,2）。在实际操作中，大多数投资者也都会使用系统默认的技术参数，本书如无特殊说明或用法，也会选用（20,2）的参数。

若投资者个人有需求，还是可以对布林线的技术参数进行调整的，具体方法如下。

第一步，将鼠标移至布林线指标线的位置，三条轨道线均可。

第二步，右击鼠标，在弹出的"对话框"中选择"修改指标参数"项目。

第三步，在弹出的"对话框"中重新设置指标参数，如图1-8所示。

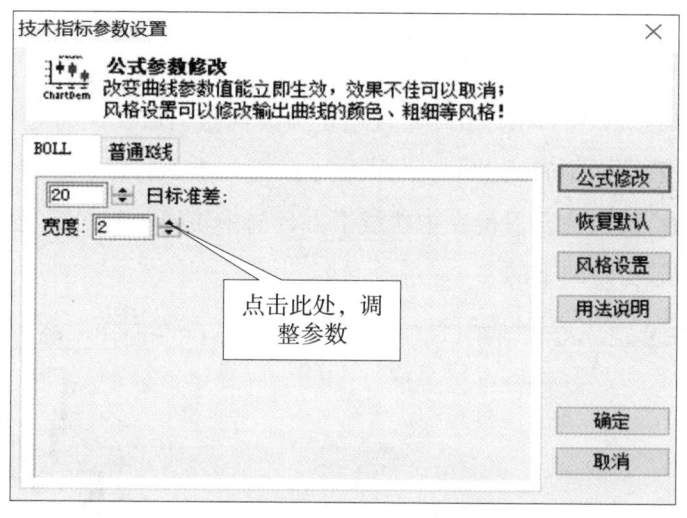

图1-8 布林线指标参数设置

投资者可以直接点击图1-8对话框中的箭头调整技术参数，若调整的技术参数需要带小数点如1.5，则可以在参数格中直接输入。

第三节 布林线的构成及交易含义

目前，各大炒股软件系统所提供布林线指标均为三线结构，即以中轨线为中心，辅之以上轨线、下轨线，每条指标线都有各自的交易含义。

一、中轨线的参数及交易含义

在绝大多数交易软件中，布林线中轨系统默认的都是一条20日均线，因而，其交易指示含义与20日均线完全相同。若投资者将中轨线的参数换成10日均线，那么这根中轨线的分析方法就与10日均线等同。

在实战中，有些投资者为了让自己的交易系统与其他人有所不同，可能会使用与他人完全不同的均线,甚至用 EMA(指数移动平均线)来替代 20 日均线。这本身并无对错,只是在更换中轨线后,也需要对标准差的数值进行相应的调整。

以 20 日均线为参数的中轨线,通常具有以下几项交易含义。

1. 股价与中轨线一起同向移动

一般来说,20 日均线相对比较稳定,因而指引股价运行趋势的作用更为明显。若股价在中轨线上方且与中轨线一起向上运行,表明市场的中期趋势是向上的;反之,若股价在中轨线下方且与中轨线一起向下运行,则表明市场的中期趋势是向下的。

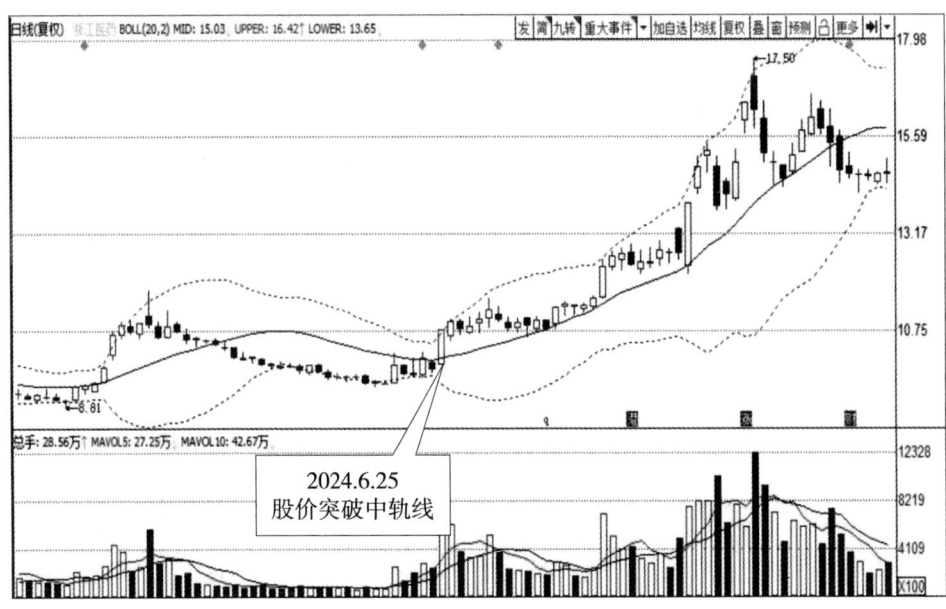

图 1-9 浙江医药(600216)布林线指标走势图

如图 1-9 所示,2024 年 6 月 25 日,浙江医药的股价经过一段时间的调整后,向上突破中轨线。与此同时,布林线中轨的运行方向开始向右上方倾斜,说明该股股价运行态势已经发生了改变。此后,该股股价一直处于中轨线上方,二者同步向上攀升,表明该股中期趋势以上涨为主,投资者可以逢低吸纳,持股待涨。

2. 中轨线在运行中出现拐头现象

中轨线是股价走势重要的参照指标。中轨线拐头，意味着股价中线行情将要发生变化。中轨线在低位运行，当其拐头向上时，往往意味着股价将进入中线上升行情；中轨线在高位运行，当其拐头向下时，通常表示股价将进入中线调整或下降行情。

图 1-10　桂冠电力（600236）布林线指标走势图

如图 1-10 所示，从 2024 年上半年开始，桂冠电力的股价一直处于中轨线上方，二者同步向上攀升，表明该股中期趋势以上涨为主，投资者可以逢低吸纳，持股待涨。这种上涨趋势一直持续到 2024 年 7 月中旬。2024 年 7 月 17 日，该股股价跌破中轨线，此后的几个交易日，中轨线出现拐头向下的迹象，说明该股中期上升趋势已经结束，未来有下跌的风险，投资者可考虑卖出手中的股票。

3. 中轨线对股价反向运行的阻挡

与普通的中期均线相似，在上升趋势中，股价如果缩量回调至中轨线附近得到支撑，然后企稳回升，表明中期趋势还是向上的，是买入信号。投资者也可以按照这种方法在上涨行情中进行选股操作。在下降趋势中，股价如果涨到中轨线附近遇到阻力，然后回落，则表明中期趋势仍是向下的，是卖出信号。

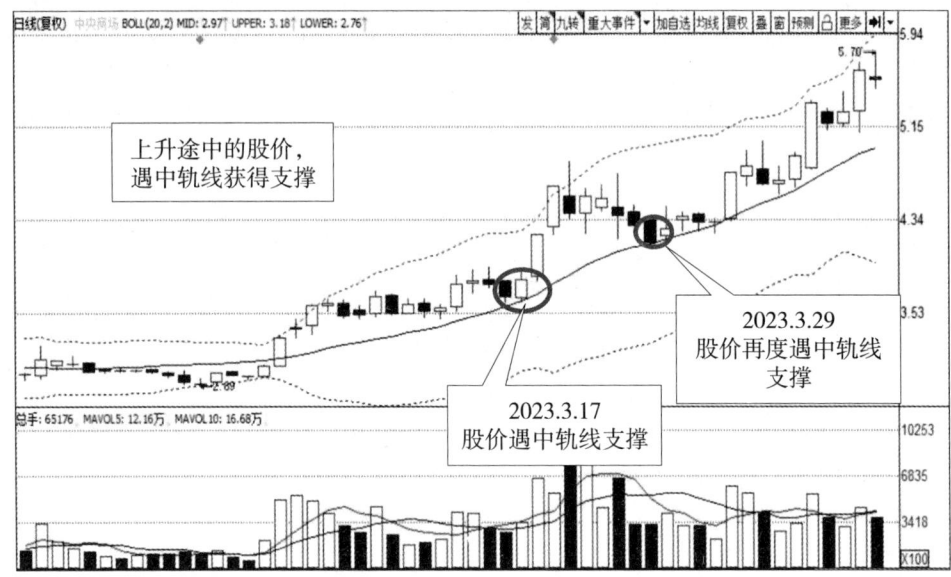

图 1-11　中央商场（600280）布林线指标走势图

如图 1-11 所示，从 2023 年 2 月开始，中央商场的股价一直处于中轨线上方，二者同步向上运行，表明该股中期趋势以上涨为主。股价在沿中轨线向上运行过程中，曾经多次出现回调，且股价回调至中轨线位置时，因中轨线的支撑作用而再度向上运行，说明中轨线对股价具有较强的支撑作用。

二、上轨线的参数及交易含义

上轨线是在中轨线的基础上，加上一定数量的标准差（系统默认为 2 个标准差）所形成的，因而，上轨线的运行态势与中轨线密切相关。

1. 上轨线的计算方法及原理

上轨线的设计初衷是为了捕捉股价的相对最大幅度，因而上轨线会随着股价的上行而上升，且其上升的速度会快于中轨线。正因如此，股价上升时，布林通道因上轨线加速上行而导致喇叭口越开越大。

上轨线的计算公式为：

上轨线 = 中轨线 + 2 个标准差

从某种意义上来讲，上轨线就是在中轨线数值的基础上增加了两个标准差后得到的曲线。

2. 上轨线的交易指示含义

上轨线是一条由布林线指标系统设定的股价最大波动幅度的界限。也就是说，当股价上升越过布林线上轨，意味着股价进入了非正常区间，未来势必会出现回归走势。当然，也不是股价一旦越过上轨线，投资者就需要卖出股票，它只是提醒投资者现在股价处于非正常运行区域。投资者要想获得更为清晰的交易信号，还需要结合其他技术指标进行分析。

通常情况下，布林线上轨具有如下几项交易含义。

第一，可以作为股价下跌趋势结束的一个信号。

事实上，不仅股价加速上升，上轨线会向上加速运行，基于布林线的设计理论，当股价大幅下跌时，布林线上轨也会出现加速上行迹象。因此，当股价处于下跌趋势，喇叭口逐渐放大，上轨线不再创出新高，却拐头向下时，说明股价下跌趋势有结束的可能，投资者应该留意更为明确的反弹信号。

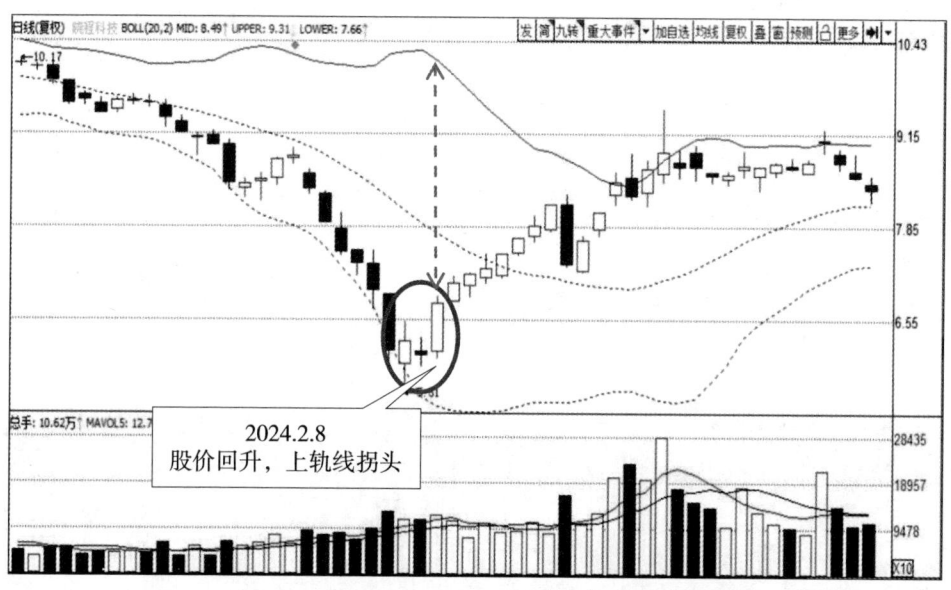

图1-12 晓程科技（300139）布林线指标走势图

如图1-12所示，从2024年1月中旬开始，晓程科技的股价随着大盘的下跌而出现了暴跌走势。该股股价不断下跌，布林通道的喇叭口也逐渐放大，布林线的上轨线也随之不断向上攀升。2024年2月初，该股股价随着大盘的企稳而出现了一波反弹走势。

2024年2月6日，该股收出带长下影线的小阳线，预示股价的下跌趋势有终结的可能。此后，该股股价出现横向整理，2月8日，股价大幅上攻，当日布林通道的上轨线不再向上攀升而是拐头向下，说明股价有企稳迹象，投资者可考虑少量试探建仓或再参考其他反弹信号，确认最佳买入时机。

第二，股价进入危险区域的警示。

当股价上升速度较快，布林线上轨线的调整速度肯定会落后于股价，因而这些股价K线就会出现在上轨线以上的位置。根据布林线的设计思想，股价K线的绝大部分都会位于布林线通道内部，因此投资者就可以认定，股价很快就会回调至布林通道内。也就是说，股价短期有调整下跌的需求。这时上轨线所发出的只是一个警示信号，若股价仍处于上升趋势中，短线可能会有较大的涨幅。只要股价不出现明显的调整迹象，投资者是不应该过早卖出股票的。

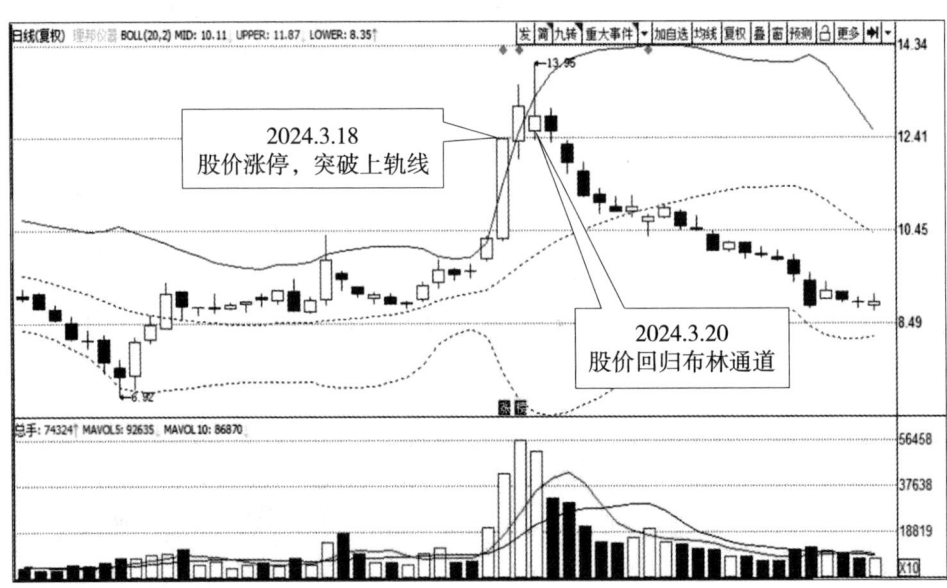

图1-13 理邦仪器（300206）布林线指标走势图

如图1-13所示，从2024年2月初开始，理邦仪器的股价一直处于中轨线上方，二者同步向上运行，表明该股中期趋势以上涨为主。进入2024年3月中旬，该股股价上涨速度明显加快。3月18日，该股股价强势涨停，且已经向上突破了布林线上轨线，说明股价已经进入危险区，投资者宜提高警惕，未来股价肯定会重新回到布林线通道内。

第一章 布林线指标：穿越振荡行情的利器

2024年3月20日，该股股价经过多日强势上升，开始显现疲态，在K线图上留下了一根带长上影线的十字线，且股价已经重新回归布林通道，投资者可考虑减仓操作。

第三，股价高低的对比。

股市中没有绝对的高点，只有相对的高点。布林线上轨线就是这样一个参照物。有些投资者将上轨线看成一个相对高点的可靠参照物，并据此采取交易行动，即当股价到达上轨线位置，且无法突破上轨线时，就会卖出股票。

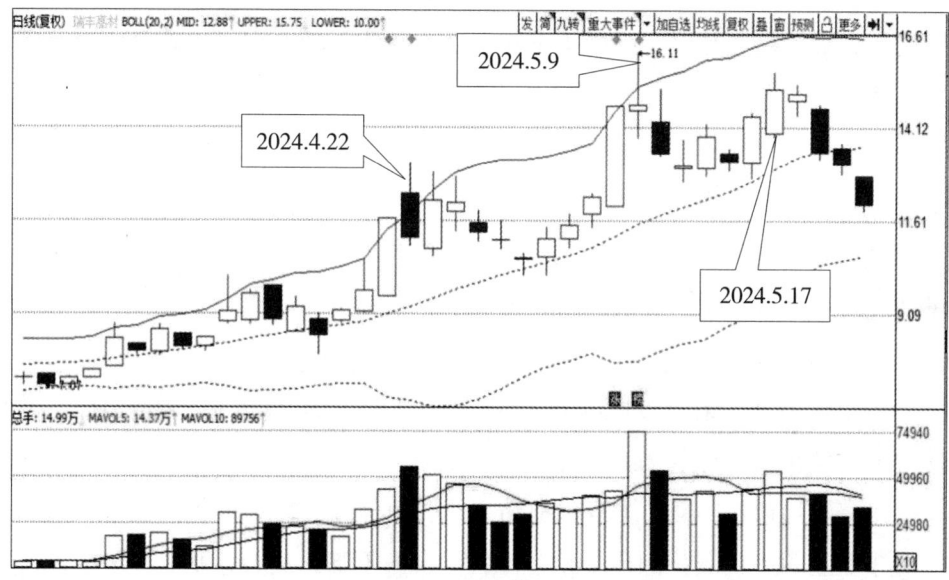

图1-14 瑞丰高材（300243）布林线指标走势图

如图1-14所示，从2024年2月开始，瑞丰高材的股价经过一段时间的振荡盘整后出现上攻迹象。该股股价在振荡上行过程中，曾经几度触及布林线上轨，且在4月22日和5月9日两次触及上轨线后，只是出现了短暂的回调整理，其后又重新上攻。

直至2024年5月17日，瑞丰高材的股价又一次上攻，但距离上轨线较远时，就因感受到上轨线的压力而回撤，此时投资者更应该及时离场。

通常情况下，布林线的上轨线并不被看成严格意义上的支撑线或阻力线，但若将其与K线顶部形态、其他技术指标超买形态或高位死叉形态组合使用，则可以起到提升卖出信号准确性的作用。从某种意义上来说，股价触及上轨线，只是说明股价到达了一个相对的高点，至于后面是否还有更高的高点，或出现回落，则需要投资者结合其他技术指标进行分析。

三、下轨线的参数及交易含义

与上轨线相同，下轨线也是以中轨线为基础减去一定数量的标准差（系统默认为2个标准差）而形成的，其交易含义与上轨线有些类似。

1. 下轨线的计算方法及原理

下轨线与上轨线类似，也是一条由布林线指标系统设定的股价最大波动幅度的界限。也就是说，当股价下跌越过布林线下轨，则意味着股价进入了非正常区间，未来势必会出现回归走势。

下轨线的计算公式为：

下轨线 = 中轨线 −2个标准差

从某种意义上来讲，下轨线实质上就是在中轨线数值的基础上减去了两个标准差后得到的曲线。

2. 下轨线的交易指示含义

下轨线也是一条由布林线指标系统设定的股价最大波动幅度的界限，通常情况下具有如下几项交易含义。

第一，可以作为股价上涨趋势结束的一个信号。

事实上，不仅股价加速下跌，下轨线会向下加速运行，基于布林线的设计原理，当股价大幅上涨时，布林线下轨也会出现加速下行迹象。因此，当股价处于上涨趋势，喇叭口逐渐放大，下轨线不再创出新低，而是拐头向上时，说明股价上涨趋势有结束的可能，投资者应择机卖出部分股票。

如图1-15所示，从2023年9月下旬开始，紫天科技的股价随着大盘的上涨而出现了一波大幅上升走势。该股股价不断创出新高，布林通道的喇叭口也逐渐放大，布林线的下轨线也随之不断向下延伸。2023年11月初，该股股价随着大盘的滞涨而出现筑顶迹象。11月9日，该股股价在前日触及上轨线的基础上，以中阴线报收，但当日布林通道的下轨线不再向下延伸而是拐头向上，说明股价有反转向下的可能，投资者可考虑先卖出部分股票。

第一章　布林线指标：穿越振荡行情的利器

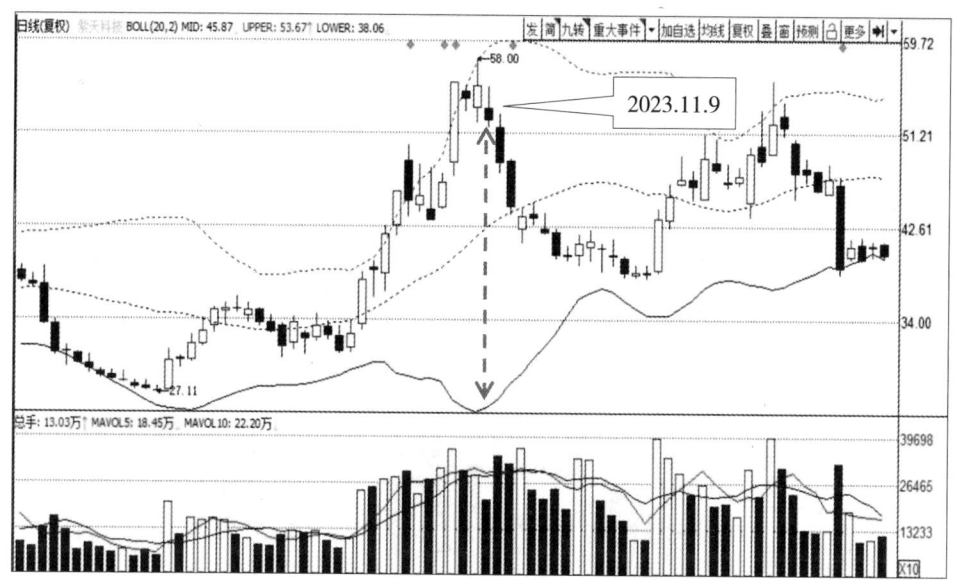

图 1-15　紫天科技（300280）布林线指标走势图

第二，股价进入超跌区域的警示。

当股价下跌速度较快，布林线下轨线的调整速度肯定会落后于股价，因而这些股价 K 线就会出现在下轨线以下的位置。根据布林线的设计思路，股价 K 线的绝大部分都会位于布林线通道内部，因此投资者就可以认定，股价很快就会回调至布林通道内，也就是说，股价短期有反弹向上的需求。这时下轨线所发出的只是一个警示信号，若股价仍处于下跌趋势中，短线仍可能会有较大的跌度。只要股价不出现明显的反弹迹象，投资者还是不应该过早买入。

如图 1-16 所示，从 2024 年 1 月中旬开始，温州宏丰的股价开始了一波下跌走势，股价一路在布林线中轨与下轨之间的区域内下行。

到了 2 月初，该股股价下跌速度明显加快。2 月 5 日，温州宏丰的股价再度大幅低开，其后出现了振荡回升。此时，由于该股股价 K 线跌破了布林线下轨线，说明股价已经进入超跌区域，投资者宜密切关注，未来股价肯定会重新回到布林线通道内。

此后，该股股价经过几个交易日的盘整后，开始了反弹走势。

第三，股价高低的对比。

布林线指标：振荡交易技术精解

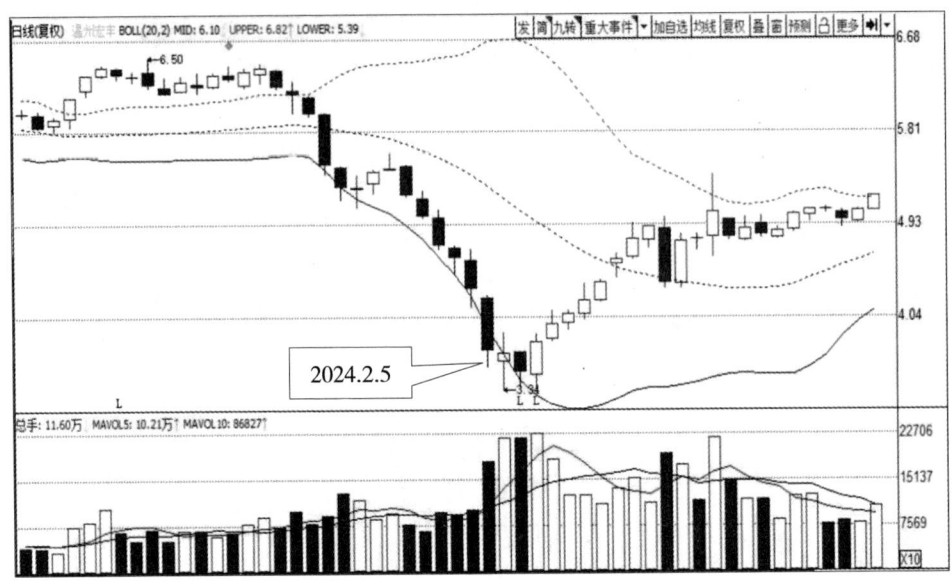

图 1-16　温州宏丰（300283）布林线指标走势图

股市中没有绝对的低点，只有相对的低点。低点的选择和判断，往往需要投资者承担更多的风险。相对的低点，其实就是投资者自己能够承受风险与损失的一个平衡点。既然是相对的低点，就必然需要一个参照物，布林线下轨线就是一个参照物。有些投资者将下轨线看成一个相对低点的可靠参照物，并据此采取交易行动，即当股价遇下轨线位置，且未跌破下轨线时，就会入场买入股票。

如图 1-17 所示，从 2023 年 11 月下旬开始，朗玛信息的股价开始出现大幅下跌迹象。股价沿着布林线中轨下行，进入 2024 年后，股价下跌的速度明显加快，开始接近布林线下轨。2024 年 2 月 6 日，该股股价跌至下轨线位置时，出现下跌乏力迹象，股价在 K 线图上留下了一根带长下影线的中阴线，说明股价上攻力度有可能减弱，若次日该股能有效站稳布林线下轨线，投资者可考虑少量建仓。

第一章 布林线指标：穿越振荡行情的利器

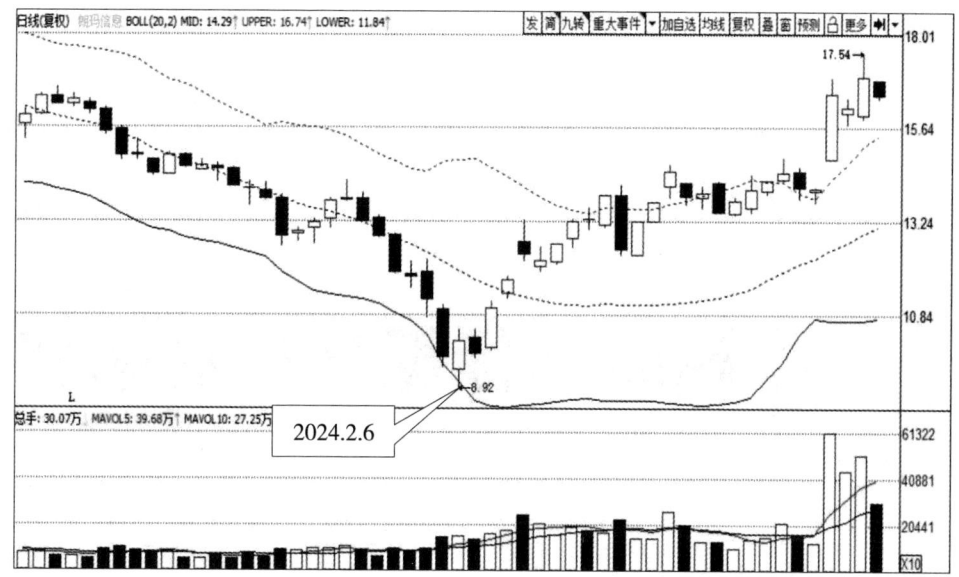

图 1-17 朗玛信息（300288）布林线指标走势图

第二章

布林线指标振荡交易基础

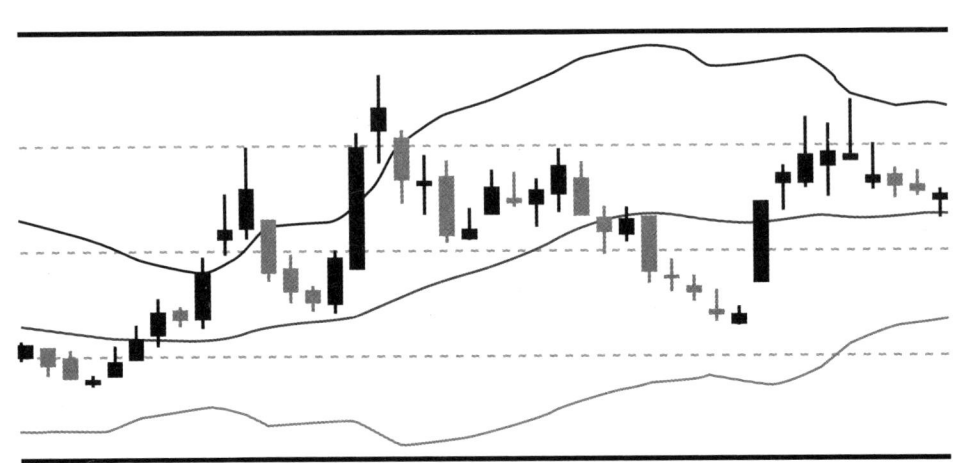

从布林线的基本构造可以看出，布林线中轨本身就是一条简单的移动平均线（通常为 20 日均线），其上轨线与下轨线反映了股价相对于移动平均线的相对较高或较低的水平位置。也就是说，股价在振荡过程中，绝大多数的价格点位是位于整个布林通道之内的，当然，也会有例外，而例外并不是常态，例外最终一定会回归于常态，这也是投资者借以进行交易策略与判断的一个重要依据。

第一节　趋势：布林线识别振荡趋势

股价无时无刻不处于振荡之中，这种振荡并不是杂乱无章的，而是会呈现某种运动趋势。查尔斯·道（Charles Henry Dow）在其《道氏理论》一书中，将股价的运动趋势做出了清晰的划分，即上升趋势、下降趋势和横向趋势。也就是说，股价无论如何振荡，最终其实都会呈现这三种趋势运动。

一、利用布林通道识别中长线趋势

布林通道的三根轨道线为股价波动划定了一个大致的框架，而这个框架本身对股价中长线运行趋势也有一定的指示作用。随着股价的波动，布林通道的喇叭口会出现有规律的放大与收缩。此时，若放大股价 K 线图就会发现，整个布林通道也会沿着某一趋势运行。

利用布林通道识别股价中长线运行趋势的方法包括如下两种。

1. 中长线上升趋势识别

布林通道的喇叭口在放大与收缩过程中，若呈向右上方倾斜，即下轨线回落所形成的低点一个比一个高，说明布林通道正运行于上升趋势中。也就是说，从中长线来看，股价正运行于上升趋势中。此时长线投资者可坚定持股待涨，短线投资者可择机入场交易。

布林线指标：振荡交易技术精解

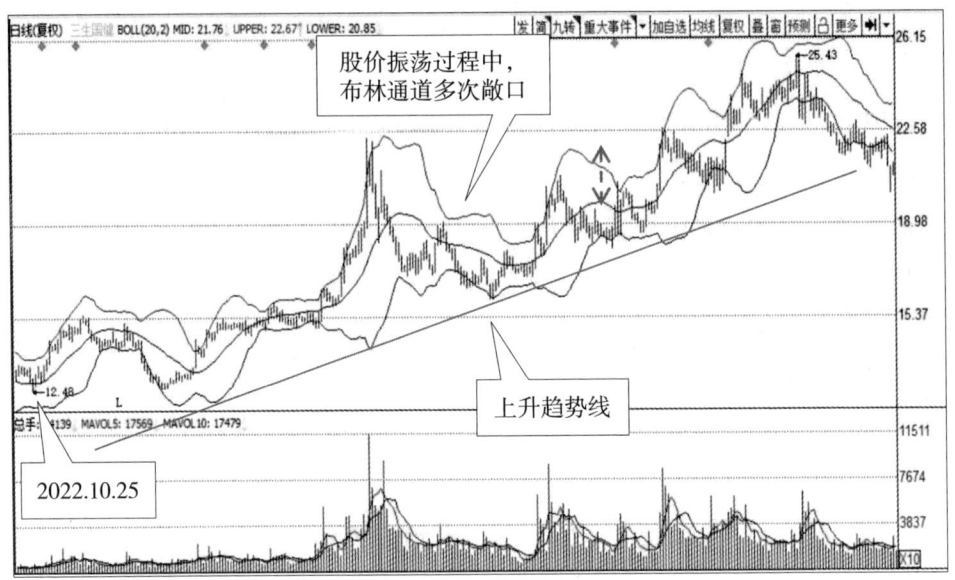

图 2-1 三生国健（688336）布林线指标走势图

如图 2-1 所示，三生国健的股价自 2022 年 10 月底启动了一波上涨行情，布林通道同步出现了敞口形态，说明股价波动性加大，未来上涨趋势明显。随后，该股股价在整个 2023 年都维持了振荡态势，布林通道的喇叭口多次出现敞口后又收缩的形态。此时投资者可沿着布林线下轨线两次收缩所形成的低点画一条趋势线，这根趋势线明显向右上方倾斜，说明股价上涨趋势明显，只要布林通道没有有效跌破该趋势线，中长线投资者可耐心持股。当然，在个别时段股价大幅上攻，布林通道的下轨线也可能因为布林通道的喇叭口敞开而跌破上升趋势线，此时投资者可将此信号直接忽略掉，毕竟股价处于上升趋势中。

此后，该股股价一直振荡上升，直至进入 2024 年后，才终结上升趋势，该股的布林通道跌破了上升趋势线，意味着股价上升趋势的终结。

2. 中长线下降趋势识别

布林通道的喇叭口在放大与收缩过程中，若上轨线冲高回落所形成的高点一个比一个低，说明布林通道正运行在下降趋势中。也就是说，从中长线来看，股价正运行丁下降趋势中，此时投资者应尽量避免入场交易。

如图 2-2 所示，美尔雅的股价在 2024 年年初启动了一波下跌行情，布林通道同步出现了敞口形态，说明股价波动性加大，未来下跌趋势明显。随后，该股股价下跌一段时间后出现回调，布林通道同步收缩。此后，该股股价再次下跌，布林通道又一次出现敞口形态，说明股价再度启动了下跌行情。如此往复。

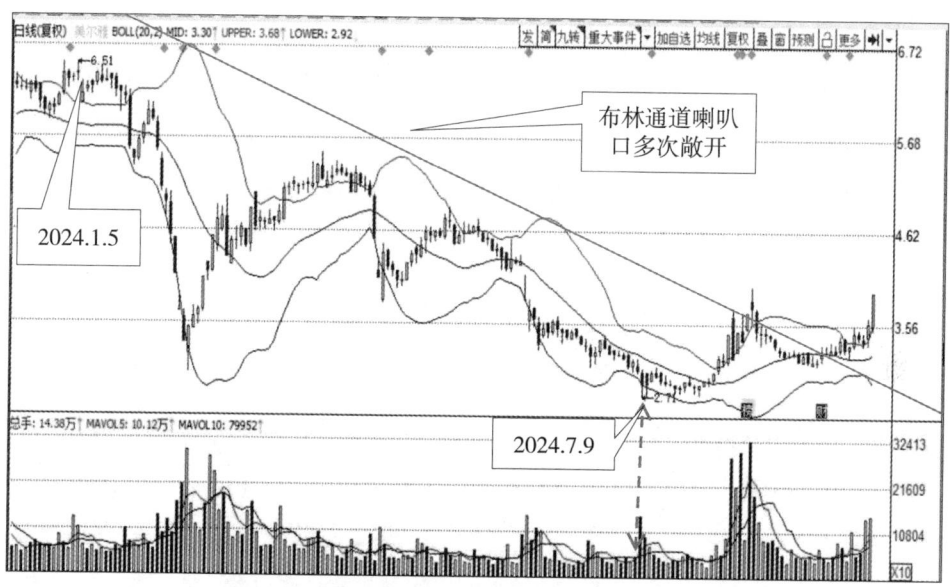

图2-2 美尔雅（600107）布林线指标走势图

此时投资者可沿着布林线上轨线两次冲高回落所形成的高点画一条趋势线，这根趋势线明显向右下方倾斜，说明股价下跌趋势明显，只要布林线上轨没有向上突破该趋势线，投资者就应该避免入场交易。

2024年7月9日，美尔雅的股价创出阶段新低之后，开始振荡反弹。此后，布林线上轨线开始带动布林通道上行，并有突破下降趋势线的迹象。投资者可保持对该股股价走势的观望，一旦整个布林通道完成了对下降趋势线的突破，则意味着股价可能会进入反攻走势。

二、利用中轨线识别中短线趋势

在布林线内部，中轨线是一条股价走势强弱的分界线。当股价位于中轨线上方时，说明股价呈强势；当股价位于中轨线下方时，说明股价呈弱势。

1. 中短线上升趋势识别

股价运行于中轨线与上轨线之间，且布林通道向右上方倾斜，这是中短线上升趋势的典型特征。每当股价调整时，调整至中轨线，都会因中轨线的支撑作用而再度上升，说明股价中短线呈上升趋势，投资者可在股价回调至中轨线，并再度上升时买入。

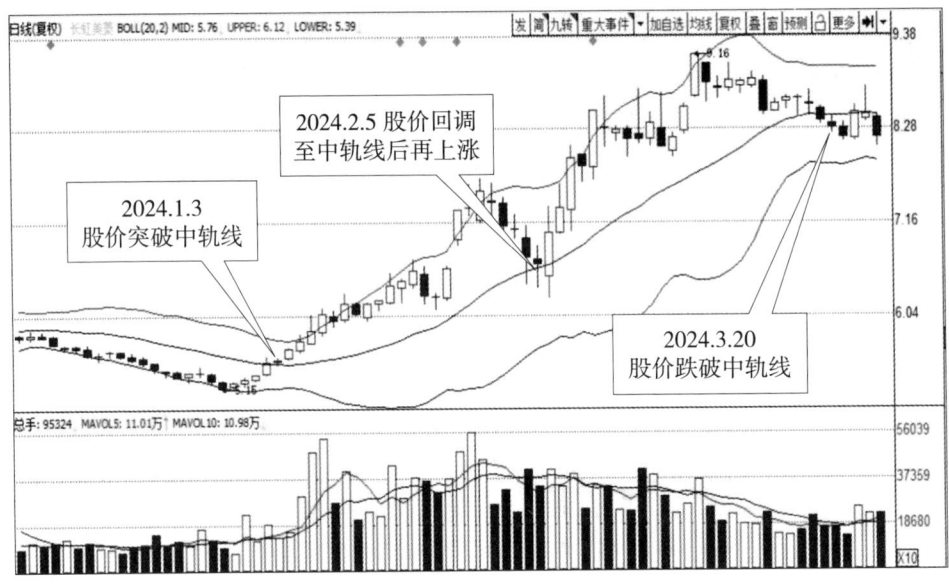

图 2-3　长虹美菱（000521）布林线指标走势图

如图 2-3 所示，长虹美菱的股价在 2023 年年底到 2024 年年初结束下跌，并启动了一波上涨行情，布林通道也同步由缩口转为敞口，说明股价波动性加大，未来上涨趋势明显。

2024 年 1 月 3 日，股价向上突破布林线中轨线，说明股价有走强的可能。随后，该股股价一直运行于布林线中轨线和上轨线之间的区域，且布林通道向右上方倾斜，这属于典型的看涨信号。其间股价几次回调至中轨线位置，因受中轨线支撑而再度上涨，说明股价强势依旧，投资者可考虑追涨买入。

2024 年 2 月 5 日，该股股价又一次自中轨线位置启动上涨，投资者可在此时加仓买入。经过一段时间的上升后，获利盘开始涌出，3 月 20 日，股价跌破了中轨线，说明股价有结束上涨趋势的可能，投资者可考虑减仓操作。

2. 中短线下降趋势识别

股价运行于中轨线与下轨线之间，且布林通道向右下方倾斜，这是中短线下降趋势的典型特征。每当股价反弹时，上涨至中轨线都会因中轨线的阻力作用而再度下跌，说明股价中短线呈下降趋势，投资者应避免入场交易。

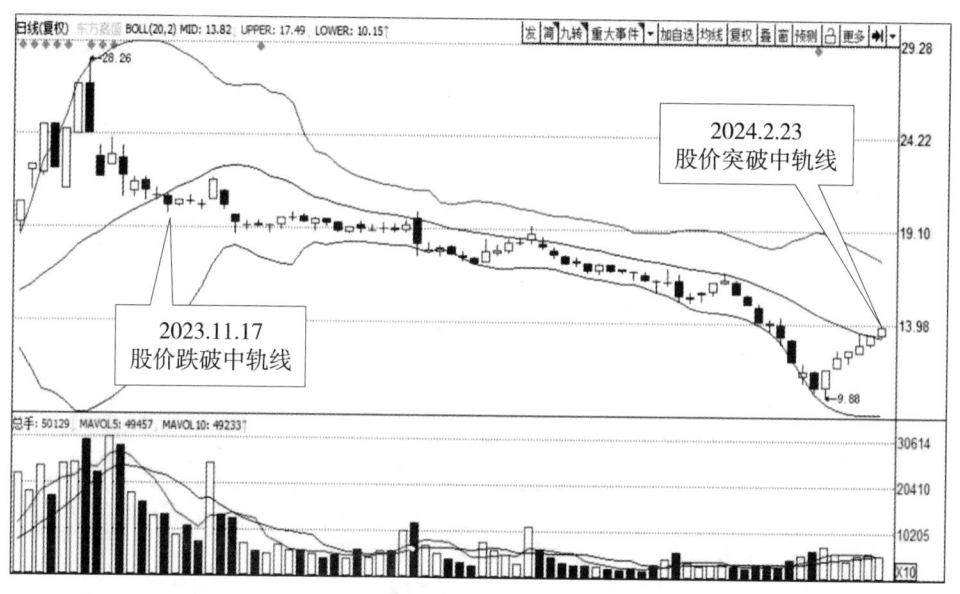

图 2-4　东方嘉盛（002889）布林线指标走势图

如图 2-4 所示，东方嘉盛的股价在 2023 年 11 月初结束上涨，启动了一波下跌行情。

2023 年 11 月 17 日，该股股价向下跌破布林线中轨，说明股价有走弱的可能。随后，该股股价一直运行于布林线中轨线和下轨线之间的区域，且布林通道向右下方倾斜，这属于典型的看跌信号。其间股价几次反弹至中轨线位置，因受中轨线阻力而再度下跌，说明股价弱势依旧，投资者不可入场。进入了 2024 年之后，股价下跌的速度和幅度明显增加，但这也可能是该股的最后一跌。

2024 年 2 月 23 日，该股股价发力向上突破中轨线，并以涨停报收，说明该股很有可能站稳中轨线，并结束下跌趋势。

此时投资者可密切关注该股随后的走势，一旦有更为清晰的买入信号出现，可入场交易。

三、利用上轨线或下轨线识别短线趋势

上轨线和下轨线是布林线指标为股价波动设定的最大振荡界限,若股价沿着上轨线或下轨线运行,说明股价要么处于强势上涨趋势中,要么处于强势下跌趋势中。

1. 利用上轨线识别短线上升趋势

股价沿着中轨线向上运行一段时间后加速上涨或自下而上突破中轨线后,开始沿着上轨线运行,说明股价处于强势上涨趋势中,投资者可持股待涨。若股价上涨时,布林通道的喇叭口逐渐放大,说明股价波动性良好,未来涨幅更大。股价强势上升后,必然很快就会出现回调或反转,此时投资者宜做好随时撤退的准备,特别是当股价触及上轨线出现回落迹象时,投资者更应该做好减仓的准备。

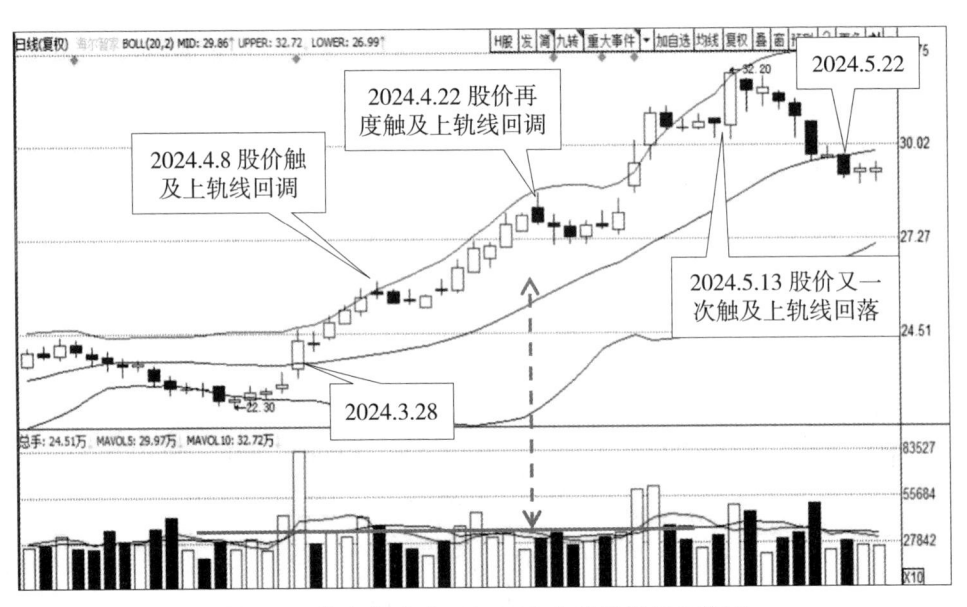

图 2-5 海尔智家(600690)布林线指标走势图

如图 2-5 所示,海尔智家的股价在 2024 年 3 月下旬出现了一波快速上涨行情。

2024 年 3 月 28 日,该股股价向上突破布林线上轨线,说明股价有走强的可能。随后,该股股价一直沿布林线上轨线运行,说明股价短期走势极强。与此同时,布林通道的宽度也同步放大,说明布林通道的喇叭口正处于急速

放大期，股价未来涨势良好，投资者可迅速买入该股。此后，该股股价分别在 4 月 8 日、4 月 22 日、5 月 13 日触及上轨线后出现回落态势。

2024 年 5 月 22 日，该股股价跌破中轨线，说明股价短线有回调或反转的可能，投资者宜执行清仓或减仓操作。

2. 利用上轨线预判强势股

有些强势股在上攻过程中会出现突破上轨线的情况，甚至出现脚踩上轨线运行的态势。若股价自布林线上轨线上方重新回落至上轨线下方时，意味着股价短线存在回调整理的可能，此时投资者可做好减仓的准备。

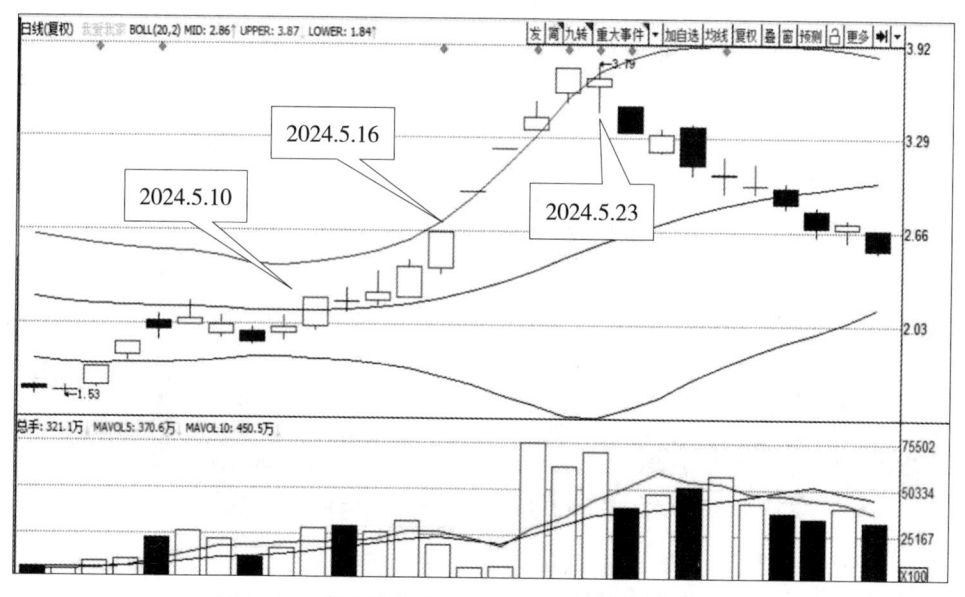

图 2-6　我爱我家（000560）布林线指标走势图

如图 2-6 所示，我爱我家的股价在 2024 年 4 月下旬出现了一波触底反攻上涨行情。

2024 年 5 月 10 日，该股股价向上突破布林线中轨线，说明股价有走强的可能。随后该股股价继续上攻，并在 5 月 16 日以涨停报收。

此后，该股股价更是连续拉出涨停板，并完成了对布林线上轨线的突破。此后，该股股价脚踩布林线上轨线运行，强势尽显，不过风险也在逐渐聚集之中。

2024 年 5 月 23 日，该股股价跌破上轨线，说明股价短线有回调或反转的可能，投资者宜执行减仓操作。

3. 利用下轨线识别短线下降趋势

股价沿着中轨线向下运行一段时间后加速下跌或自上而下跌破中轨线后，开始沿着下轨线运行，说明股价处于强势下跌趋势中，投资者宜远离这样的股票；若股价下跌时，布林通道的喇叭口逐渐放大，说明股价波动性加大，未来跌幅更大。

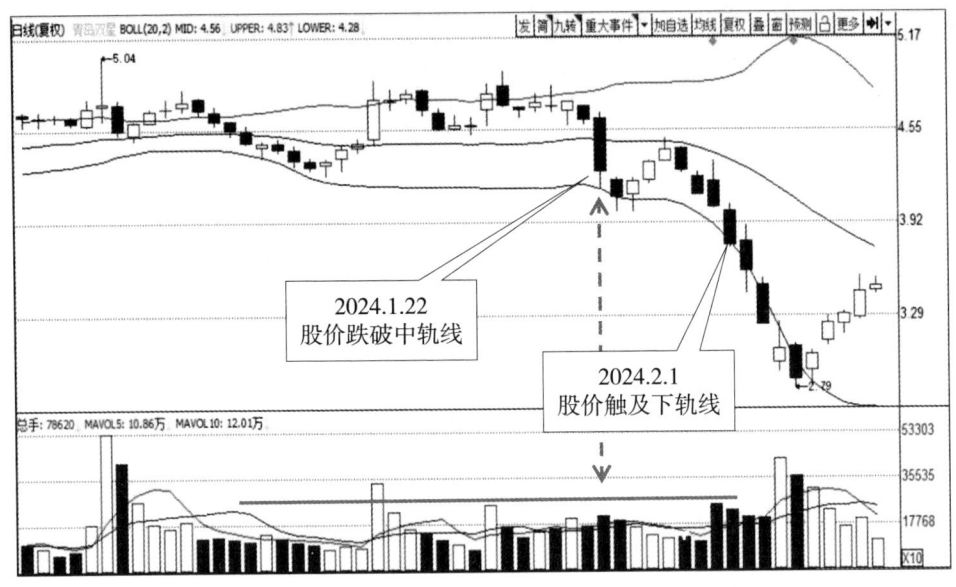

图 2-7　青岛双星（000599）布林线指标走势图

如图 2-7 所示，青岛双星的股价自 2024 年初开始出现了一波快速下跌行情。

2024 年 1 月 22 日，股价向下跌破布林线中轨，说明股价走弱已成事实。随后，该股股价经过一波振荡后，重新开始下跌，并在 2 月 1 日触及了布林线下轨线。此后，该股股价一直沿布林线下轨线运行，说明股价短期走势极弱。与此同时，布林通道的喇叭口正处于急速放大期，说明未来股价跌势将延续，投资者宜持币观望。

第二节 突破：股价振荡的买点与卖点

布林线指标的三条指标线为股价绘制了大致的波动区域，对投资者来说，这些区域有着不同的交易含义。

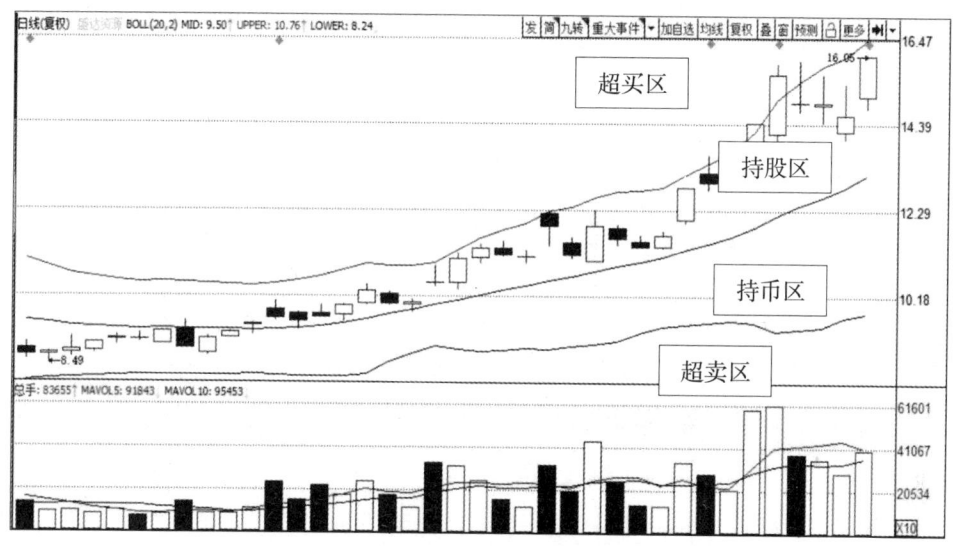

图 2-8 布林通道内的交易区域划分

如图 2-8 所示，布林通道大致可以划分为四个交易区域。

第一，超买区。即当股价向上突破布林线上轨线时，意味着股价短线进入极度强势区域，买方实力极为强势，未来可能会出现力有不逮的情况，处于强势上攻趋势的股价随时可能会出现回调走势。从布林线设计的角度来看，突破布林线上轨线的股价重新回归布林通道内部是一种必然。

第二，持股区。即股价运行于布林线中轨线与上轨线之间的区域时，通常是股价处于振荡上升周期，布林通道也会同步呈现向右上方倾斜态势。通常来说，这是一个非常适合投资者持仓交易的区域，投资者通常不需要过多的操作，持股待涨即可。

第三，持币区。即股价运行于布林线中轨线与下轨线之间的区域时，通常是股价处于振荡下跌周期，布林通道也会呈现向右下方倾斜的态势。通常来讲，当股价进入该区域后，投资者不宜入场交易，需持币等待。

第四，超卖区。即股价向下跌破布林线下轨线时，意味着股价进入极度弱势区域，卖方实力极为强势，但未来存在无力继续向下打压股价的情况，处于极度弱势下跌趋势的股价随时可能会出现反弹走势。从布林线设计的角度来看，跌破布林线下轨线的股价重新回归布林通道内部是一种必然。

由于股价运行在布林通道内的不同区域时，其交易含义以及股价运行态势有所不同，因此，当股价切换运行区域时，即股价向上或向下突破原有的区域分界线时，往往意味着股价很可能会开启新的运行趋势。

一、买入信号：股价向上突破中轨线

中轨线从本质上来说就是一根中期均线（默认为20日均线），当股价运行在中轨线之上或之下时，其所反映的运行趋势是完全不同的。

股价运行于中轨线与下轨线之间的区域时，尽管可能出现反弹走势，但因整体上处于下降趋势，投资者是不宜入场操作的；反之，若股价发力上攻，向上完成了对中轨线的突破，则意味着股价运行态势的改变，此后投资者应持股待涨，减少卖出操作。其操作要点如下。

第一，股价长期运行在中轨线下方，说明股价走势较弱。

第二，某一交易日，股价发力上攻，向上完成了对中轨线的突破，且成交量同步呈现放大态势。

第三，布林通道喇叭口开始重新放大，且方向呈向右上方倾斜态势。

第四，投资者可在股价完成对布林线中轨线有效突破的当日执行买入操作，若此后股价出现回调，且遇中轨线支撑重新上攻，则可看成较佳的加仓点。

如图2-9所示，常青股份的股价在2023年9月底结束了底部盘整走势，并开启上升模式。

2023年10月9日，该股股价继续了前几个交易日的上升态势，高开高走，放量突破布林线中轨线，说明股价已经进入强势上升通道，投资者可考虑买入该股。此后，该股股价一路振荡上升，且一直运行于中轨线与上轨线之间，说明股价走势极强，投资者应持股待涨，尽量减少卖出操作。其间该股股价也曾几次向下回调，均因中轨线的支撑而再度上升。此后，该股股价曾出现了短暂的回调，但回调至中轨线附近时，因受中轨线支撑而重新上攻，也可以看成一个较佳的加仓点。

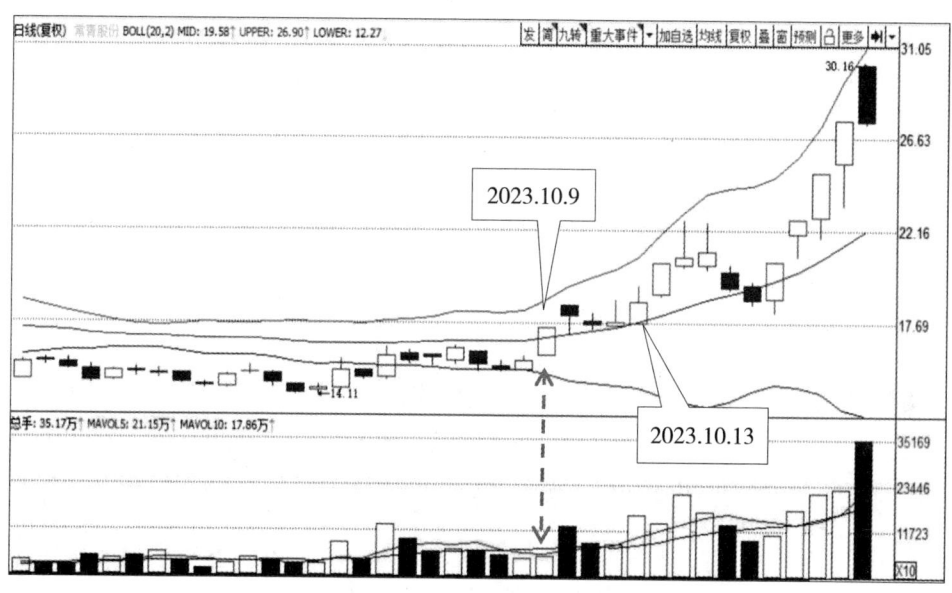

图 2-9 常青股份（603768）布林线指标走势图

二、卖出信号：股价向下突破中轨线

股价无论运行在中轨线之上还是之下，其实都不会特别的长久。股价运行于中轨线上方时，说明股价走势较强。当股价运行于中轨线与下轨线之间的区域时，尽管可能会出现上升走势，但整体上仍处于下降趋势。当股价自上而下完成对中轨线的突破时，则意味着股价短线运行趋势即将发生转变。其操作要点如下。

第一，股价长期运行在中轨线上方，说明股价走势较强。

第二，某一交易日，股价出现下跌走势，向下完成了对中轨线的突破。

第三，布林通道喇叭口开始重新放大，且方向呈向右下方倾斜态势。

第四，投资者可在股价完成对布林线中轨线有效跌破的当日执行卖出操作，若此后股价出现反弹，且遇中轨线受阻重新下跌，则可看成较佳的离场点。

如图 2-10 所示，长城电工的股价在 2023 年年底启动了一波上涨行情，股价不断振荡走高。

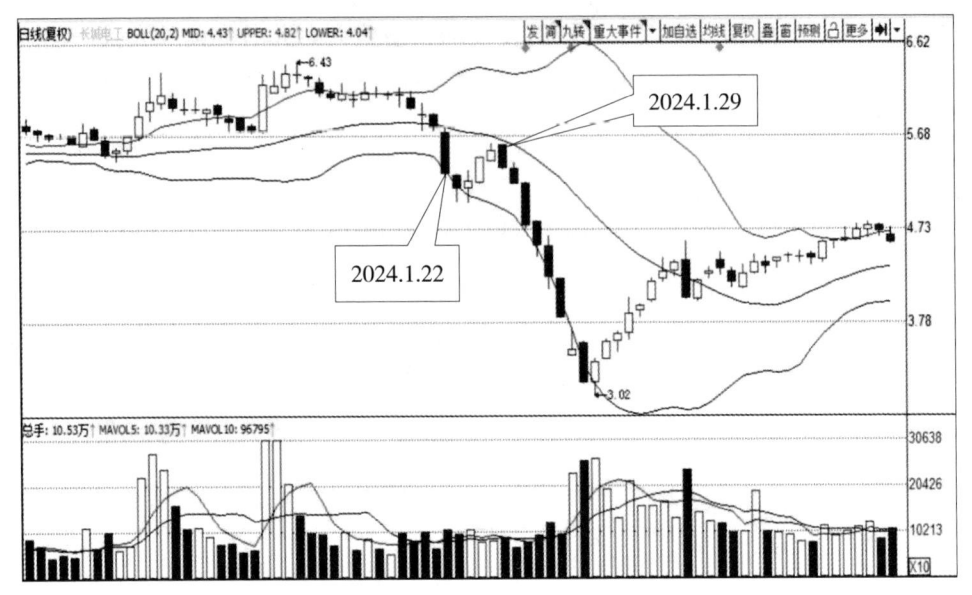

图 2-10　长城电工（600192）布林线指标走势图

进入 2024 年，该股股价出现上涨乏力的状况，布林线喇叭口开始收缩。1 月 22 日，该股股价跌破了中轨线，说明股价转为弱势，投资者宜卖出手中的股票。

此后，该股股价曾出现短暂的反弹，1 月 29 日，股价反弹至中轨线附近时因受中轨线的支撑而重新下跌。

此后，该股股价一路下跌，布林通道的喇叭口越开越大，股价一直运行于中轨线与下轨线之间，说明股价走势极弱，投资者应避免参与交易，持币观望即可。

三、强势股信号：股价向上突破上轨线

从布林线设计的初衷考虑，一个布林通道会涵盖 95% 以上的股价 K 线，也就是说，股价波动的点位超过 95% 都会落在布林线内部，而超过布林线上轨线的情况肯定是少之又少的。从另一个角度来看，当股价运行至布林线上轨线之上，肯定会在不远的将来重新回归布林线内部。不过，从实战角度来看，有能力让股价突破布林线上轨线的，往往都是短线的超级强势股，甚至是龙头股。

其操作要点如下。

第一，股价已经出现了明显的启动迹象，可能自布林线中轨线下方直接上攻，也可能原本振荡上升的股价出现了加速态势。

第二，某一交易日，股价发力上攻，向上完成了对上轨线的突破，且成交量同步呈现放大态势。

第三，布林通道喇叭口出现急速放大态势，股价K线突破布林线上轨线后，呈现脚踩上轨线上攻态势。

第四，股价并不会长期在布林线上轨线上方运行。当股价重新回归布林线上轨线下方时，投资者宜做好减仓或清仓准备。

下面来看一下金发拉比的案例。

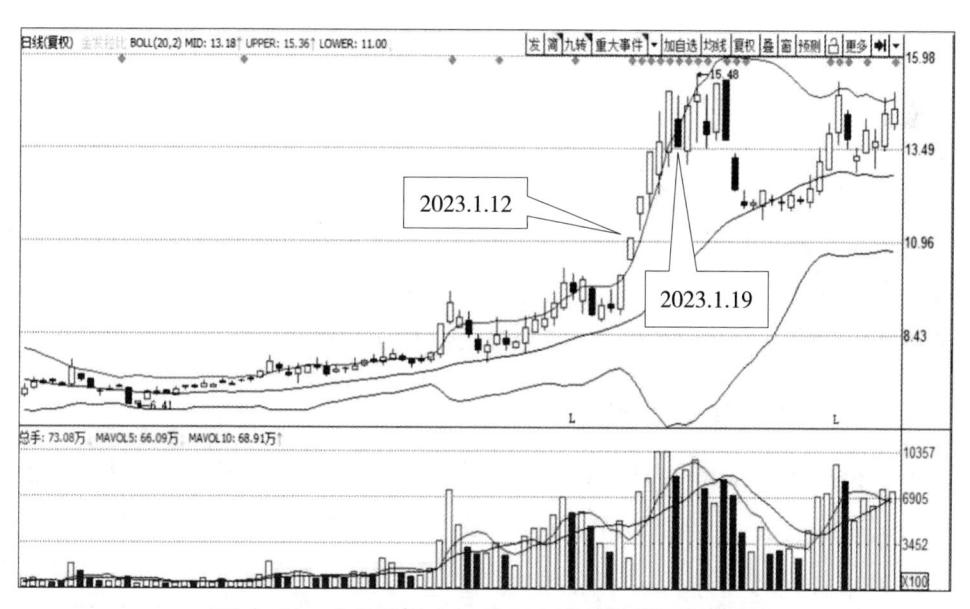

图2-11 金发拉比（002762）布林线指标走势图

如图2-11所示，金发拉比的股价自2022年10月开始出现了振荡上升走势。该股股价在上涨过程中，股价K线一直运行在布林线中轨线与上轨线之间的区域，说明该股运行趋势良好，投资者可耐心持股。

进入2023年后，该股股价上升的速度明显加快，1月12日，该股股价在前日涨停的基础上再度发力上攻，且二度涨停。当日股价已经完成了对布林线上轨线的突破，一方面说明股价已经进入了超买区间，未来存在调整的需求，另一方面也说明该股短线有可能继续保持强势上攻的势头，短线追涨者可考虑积极入场。当然，投资者也要做好股价一旦回归布林线上轨线内部就离场的准备。

2023年1月19日，该股股价大幅低开低走，并重新跌破了布林线上轨线，说明该股很可能会回归正常的波动区间，短线追涨者可择机进行减仓或清仓操作。

第三节 支撑与阻力：振荡边界的试探

构成布林线指标的三条指标线为股价波动划定了一个大致的区域和范围。从某种意义上来说，当股价运行至各条指标线附近时，都可能受到相应的支撑或阻力，这与布林线指标构造的基本方式有关，因为中轨线本身为20日均线，先天对股价具有支撑与阻力作用；而上轨线和下轨线又是其加减标准差后得到的指标线，是理论上股价波动的相对较大范围，与均线存在直接的关系，因而也会对股价形成一定的支撑或阻力作用。

一、布林线轨道线的支撑

严格意义上来讲，布林线三条轨道线都具有一定的支撑作用，又以中轨线的支撑作用最强。在实战中，投资者需要加以区别分析和应用。

1. 中轨线的支撑

由于中轨线本身就是一条20日均线，因此中轨线的支撑作用是三条指标线中最强的。在实战中，当股价K线位于中轨线上方时，若能有效地获得中轨线的支撑，则股价上行就是有保障的，投资者大可安心持股待涨。

如图2-12所示，重庆路桥的股价自2023年9月初开始启动了一波振荡上升走势。进入10月份后，该股股价经过一波快速上升后出现回调，且股价回调至布林线中轨线位置时，因受中轨线支撑而重新上攻。鉴于中轨线对股价具有较强的支撑能力，投资者可考虑继续持股待涨。此后，该股股价几次出现回调，均因中轨线的支撑而重新上攻。由此可见，中轨线对股价具有较强的支撑作用。

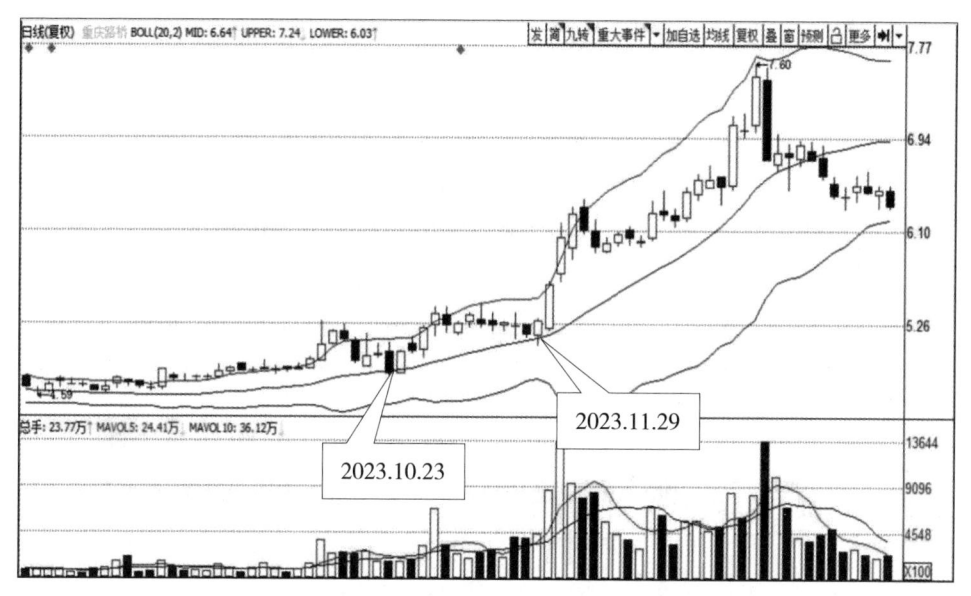

图 2-12　重庆路桥（600106）布林线指标走势图

2. 下轨线的支撑

正常情况下，股价下行遇下轨线并不必然遇到支撑，甚至可能跌破下轨线。这只能说明股价进入超卖区域，因此投资者不能提前预判下轨线对股价的支撑。只有在股价 K 线触及下轨线出现反弹向上的走势时，才能确认下轨线对股价的有效支撑，投资者也可据此入场建仓。

下面来看一下鹏欣资源的案例。

如图 2-13 所示，鹏欣资源的股价在 2024 年年初出现了一波杀跌走势。股价 K 线在 2024 年 1 月 23 日一度触及布林线下轨线。此时因布林线下轨线的支撑作用，股价出现了小幅反弹，但其反弹至中轨线附近时，又重新开始了下跌，而且跌幅更大。

2 月 6 日，该股股价在前一交易日大幅下跌的基础上再次大幅低开，且盘中一度踩到布林线下轨线位置，而后该股股价出现了反攻态势，并以中阳线报收。此时投资者需要密切关注下一交易日的股价走势，只有股价反弹向上，就可以确认布林线下轨对股价存在有效的支撑。

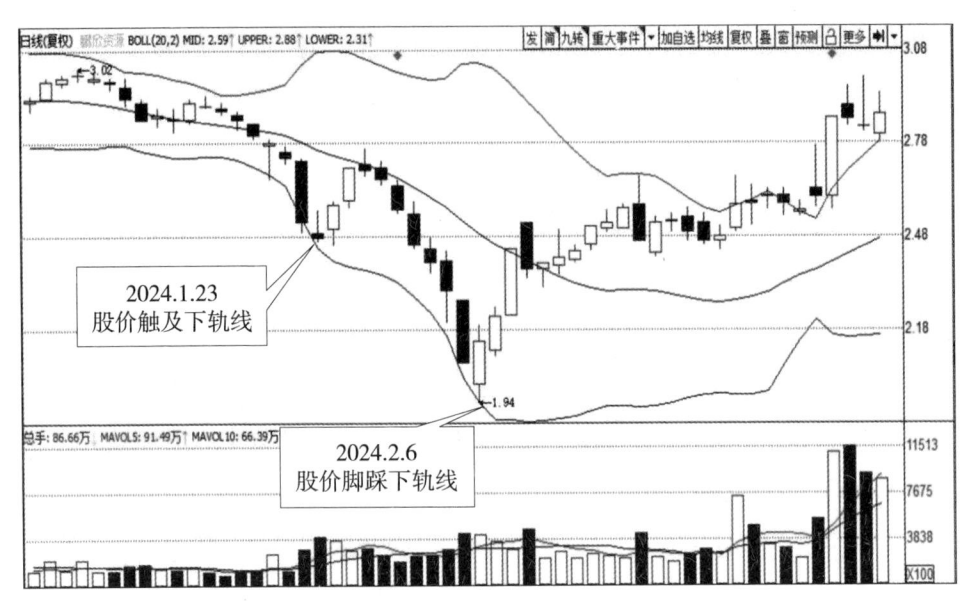

图 2-13 鹏欣资源（600490）布林线指标走势图

此后，该股股价连续走高，并很快重新向上突破了中轨线。至此，布林线下轨线的支撑作用被正式确认。

通过以上案例的分析可以发现，布林线下轨线对股价支撑作用的确认，更多的属于一种事后确认，而非事先预判。在实战中，投资者还可以结合其他技术指标综合判断股价企稳反弹的转折点，如此时 K 线出现旭日东升、曙光初现、早晨之星等形态，则可增强买入信号的有效性。

3. 上轨线的支撑

一般来说，上轨线对股价是不具有支撑能力的，但在极个别的强势股上攻过程中，确实是以上轨线为支撑点的。也就是说，对于强势上攻的个股而言，只要股价还没有回归布林通道内部，这种强势上攻趋势就仍然存在，持股者就可以继续持股待涨。当然，此时并不建议持币者入场追涨，毕竟风险极大。

下面来看一下 ST 聆达的案例。

如图 2-14 所示，ST 聆达的股价在 2024 年 7 月 31 日以涨停报收，并完成了对上轨线的突破，自 8 月 1 日起，股价一直呈脚踩上轨线的运行姿态。从短线来看，布林线上轨对短线上攻的股价具有一定的支撑作用，只要股价没有回归布林通道内部，投资者就可以放心持股。

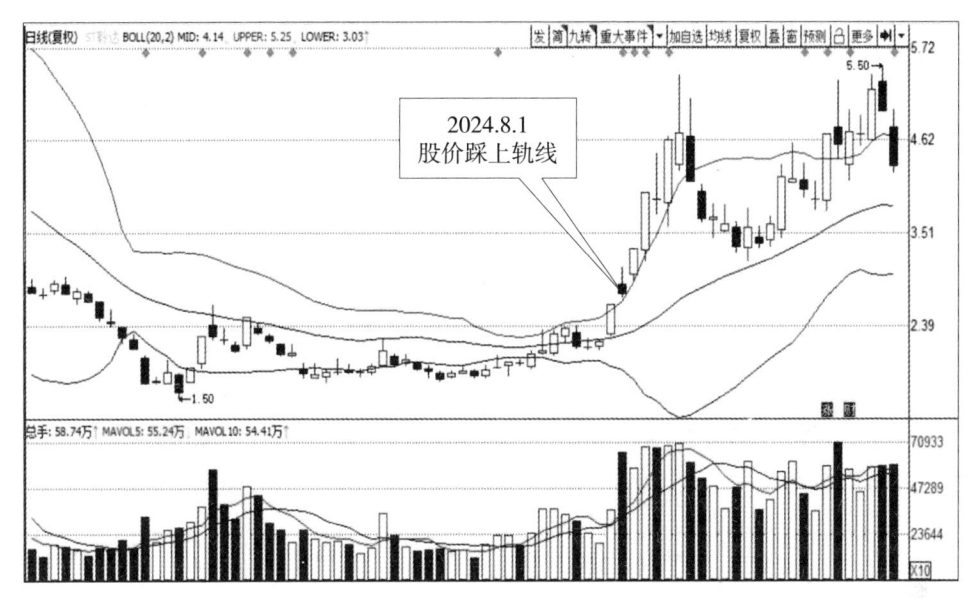

图 2-14　ST 聆达（300125）布林线指标走势图

一旦布林线上轨对股价的支撑无效，则意味着股价即将开始一波回调或反转，此时就是投资者卖出股票的时机。

二、布林线轨道线的阻力

与支撑作用相似，只有中轨线对股价具有特别显著的阻力作用，而上轨线和下轨线对股价的阻力作用则需要进行详细的分析。

1. 中轨线的阻力

相比而言，中轨线的阻力作用是显而易见的。当股价运行于中轨线下方，说明股价处于弱势运行区间，投资者一般是不宜入场交易的。与此同时，股价要想向上突破中轨线也是比较困难的，一旦完成突破，则意味着股价运行趋势发生了逆转，属于典型的看多信号。

下面来看一下西藏天路的案例。

如图 2-15 所示，西藏天路的股价自 2023 年 11 月 22 日跌破中轨线，开始进入调整走势。此后，该股股价一直运行于布林线中轨线与下轨线之间，说明该股股价走势极弱，投资者不宜入场交易。

西藏天路的股价在振荡下跌的过程中，曾多次出现反弹走势，并在 2024 年 1 月 2 日和 1 月 26 日两次临近布林线中轨，当反弹至布林线中轨时，均因受布林线中轨的阻力而出现下跌走势。由此可见，布林线中轨对股价具有较强的阻力作用。

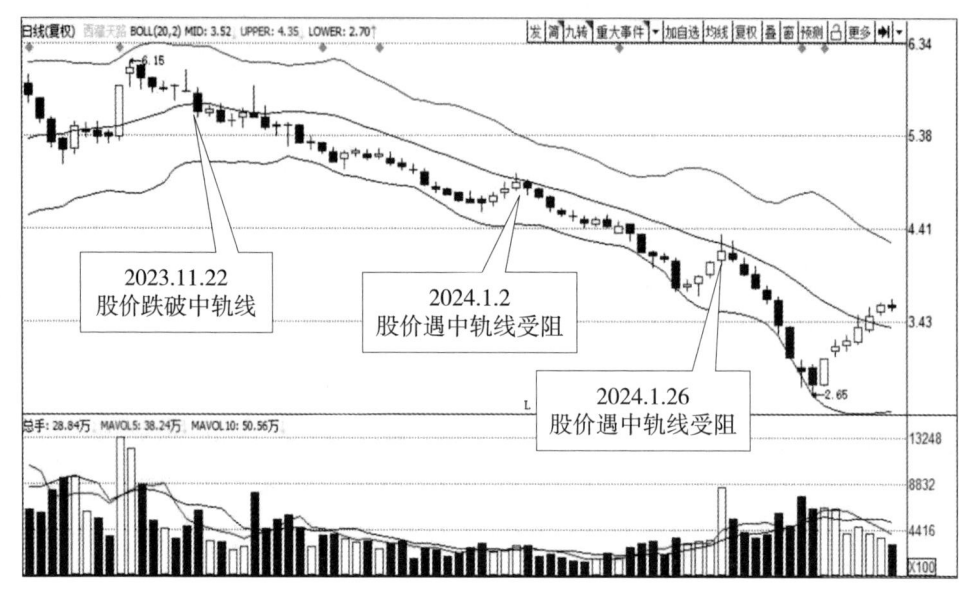

图 2-15　西藏天路（600326）布林线指标走势图

2. 上轨线的阻力

按照布林线的设计理念，布林线上轨线就是股价上行过程中波动的理论最高点。因此，当股价上行触及上轨线时，投资者的心理或多或少会有一些波动。有些时候，股价很可能会受投资者的心理影响而出现回落，这就是布林线上轨线对股价的阻力作用。当然，与支撑作用相似，投资者也不宜在股价还没有触及上轨线时提前卖出股票，因而，股价向上突破布林线上轨并脚踩上轨，也是短线强势股的一个显著特征。总之，只有在股价触及上轨线后出现回落态势时，投资者才可以认定上轨线对股价产生了阻力作用，此时才可以进行减仓操作。

下面来看一下得利斯的案例。

如图 2-16 所示，得利斯的股价从 2023 年 10 月 24 日触及布林线下轨线后出现了一波振荡上升行情。到了 12 月初，该股股价上涨的速度有所加快，且股价 K 线一度直逼布林线上轨线。

12 月 6 日，该股股价 K 线的上影线触及布林线上轨线后回落，并收出一根带长影线的中阳线。此时投资者需要密切关注其后的走势，一旦股价回落，说明布林线上轨线对股价的阻力有效，未来股价存在下行的风险。

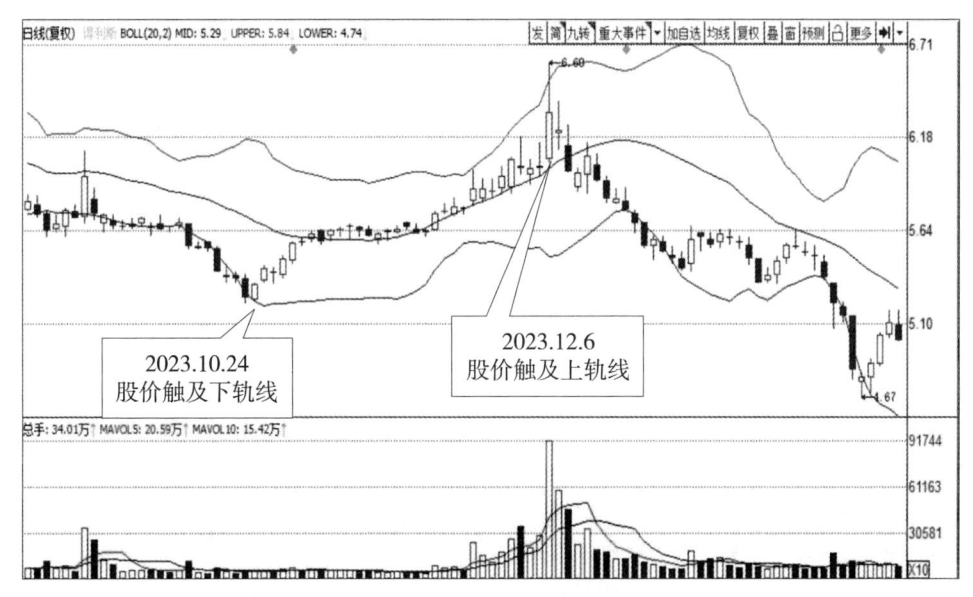

图 2-16　得利斯（002330）布林线指标走势图

其后，该股股价持续走低，并一度跌破了中轨线，说明该股股价可能会迎来一波调整走势，投资者可考虑减仓操作。

第四节　速度与方向：布林通道喇叭口的缩放

基于布林线的设计原理，布林通道喇叭口的缩放，从本质上反映了股价波动幅度的变化。当股价涨跌幅度加快时，布林通道的喇叭口势必都会放大；反之，当股价开始进入盘整期时，布林通道的喇叭口就会收缩。

一、喇叭口放大与股价涨跌

从布林线指标的构造来看，整个布林通道喇叭口会随着股价的波动而波动。在股价出现加速上涨或下跌时，喇叭口也会同步大幅敞开；反之，当股价出现横向盘整时，布林通道的喇叭口也会同步出现萎缩形态。

1. 喇叭口放大与股价上涨

当布林通道经过一段时间的收缩，逐渐敞开时，布林线指标的上轨线会向上移动，下轨线会向下移动，呈现敞口喇叭的形态，表示股价的波动幅度正在增大，会引发一波较大的行情。此时投资者应注意观察股价与中轨线的方向，如果股价与中轨线同步向上，而且成交量同步放大，表示股价会进入上涨行情，是买入信号。

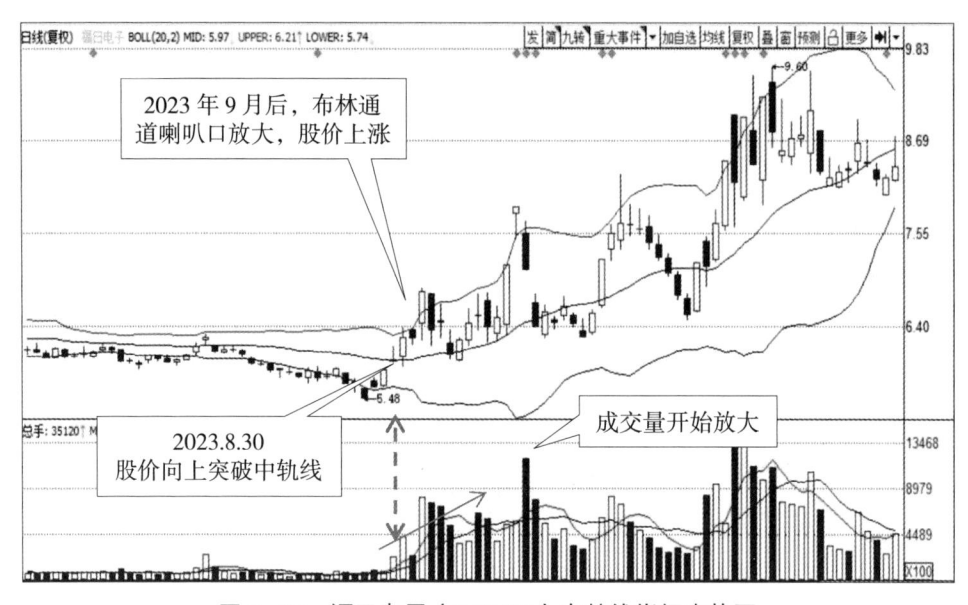

图 2-17 福日电子（600203）布林线指标走势图

如图 2-17 所示，福日电子的股价在 2023 年 8 月底出现了由下跌转为上涨的反转走势。该股的布林通道逐渐由放大转为收缩后，又由收缩变为放大。

2023 年 8 月 30 日，福日电子的股价向上完成了对中轨线的突破，此后该股股价持续上攻，成交量同步放大，同时中轨线也开始拐头向上运行，说明股价有上涨的可能。此时布林通道喇叭口开始放大，股价波动幅度开始加大，鉴于股价已经启动上涨，可以预判未来股价上涨的概率非常高，投资者可考虑追涨买入股票。

2. 喇叭口放大与股价下跌

当布林通道经过一段时间的收缩，逐渐敞开时，布林线指标的上轨线会向上移动，下轨线会向下移动，呈现敞口喇叭的形态，表示股价的波动幅度正在增大,会引发一波较大的行情。此时,如果股价与中轨线同步向下,表示股价进入下跌行情,是卖出信号。

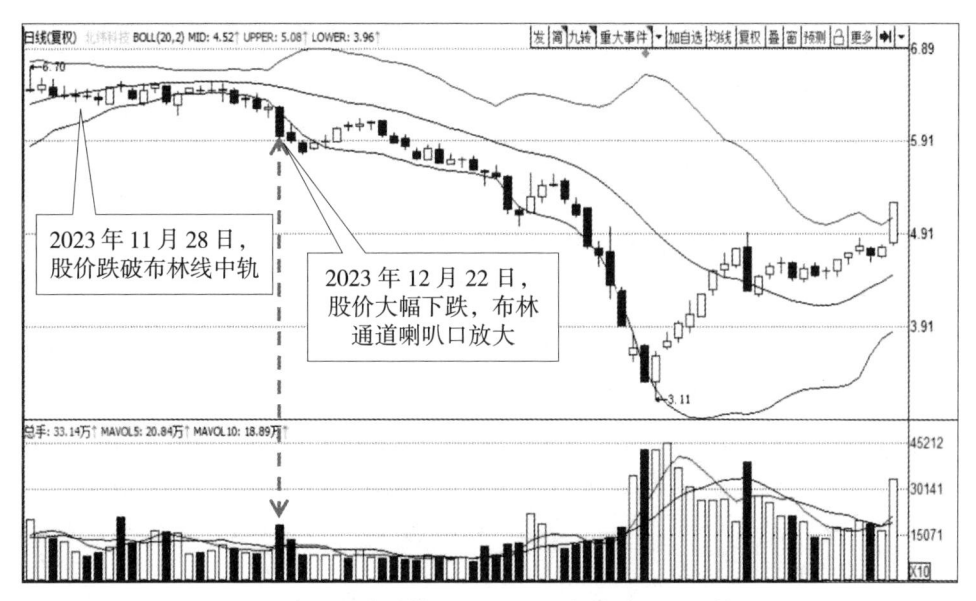

图 2-18　北纬科技(002148)布林线指标走势图

如图 2-18 所示,北纬科技的股价在 2023 年底出现由盘整转为下跌的走势,该股的布林通道逐渐由收缩转为放大。

2023 年 11 月 28 日,该股股价跌破中轨线,此后股价出现了一波横向调整走势,布林通道的喇叭口出现了明显的萎缩态势。

进入 2023 年 12 月中旬后,股价下跌速度加快,12 月 22 日更是收出了一根大阴线。与此同时,布林线中轨出现拐头向下态势,布林通道喇叭口同步出现放大态势,说明股价有下跌的可能。

手中仍持有该只股票的投资者应立即进行清仓操作。

二、喇叭口收缩与股价涨跌

当布林线逐渐收缩,即布林线指标的上轨线向下移动,下轨线向上移动,呈现缩口喇叭形态,表示股价的波动幅度正在缩小,行情即将进入盘整阶段。喇叭口收缩,表明股价经过一波剧烈的波动后,开始进入一个稳定期,股价波动幅度将大大减小,成交量往往也会出现萎缩。其实这种收缩往往也可以看成是股价即将变盘或者大幅振荡前的修正和蓄势,毕竟股价不会一直大幅振荡或者一直横向盘整。因此，当这种形态出现时，投资者需要耐心等待市场发出明确的交易信号，才能采取相应的交易行为。

1. 大幅上升后的喇叭口收缩

股价经过大幅上攻后，布林通道的喇叭口势必也会随之出现大幅敞开的情况，而后随着上攻步伐的停止，布林通道喇叭口也会同步出现收缩情况，这是股价大幅上攻之后的必然选择。此时，随着布林通道喇叭口的收缩，整个市场都在观望，看市场如何选择突破方向。当然，股价进入高位后出现喇叭口收缩，未来下跌的概率会大一些，但有些股票在上攻途中出现休整走势时，布林通道喇叭口也可能会出现收缩形态，投资者也要有所了解。总之，还是需要市场方向确定后，投资者再入场交易才好。

图 2-19　常山北明（000158）布林线指标走势图

如图 2-19 所示，常山北明的股价自 2023 年 9 月初启动了一波上攻走势。9 月 4 日，该股股价向上完成了对中轨线的突破，此后股价振荡上攻，股价 K 线一度向上突破了布林线上轨，布林通道喇叭口同步出现敞开态势。

到了 10 月中旬，该股股价出现冲高乏力的情况，股价 K 线重新回归布林通道内。10 月 16 日，该股股价冲高回落，布林通道的喇叭口开始出现收缩形态。面对此种情况，投资者需要特别当心，毕竟该股之前出现了幅度较大的上升走势。此后，布林通道喇叭口随着股价的横向振荡进一步收缩，直至股价正式开始下跌行情，喇叭口才重新开始放大。

事实上，股价经过一波上涨后，布林通道喇叭口出现收缩，也可能属于股价上涨途中的一次休整。股价在高位盘整过程中，若并未出现携量大幅下挫，布林通道持续收缩，当某一交易日，随着股价的再度上升，布林通道喇叭口重新敞开，则可能属于股价启动新一波上涨的信号。

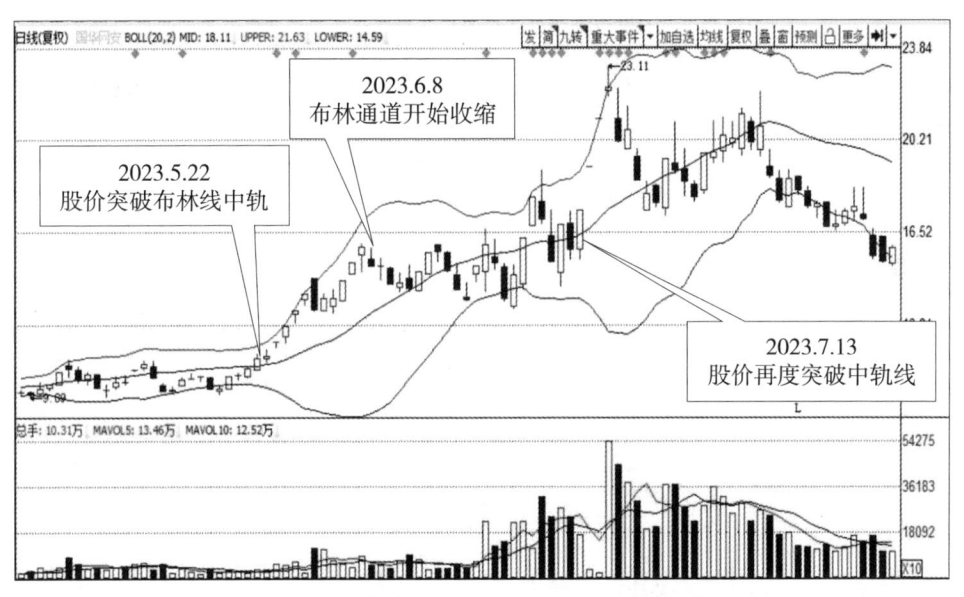

图 2-20　国华网安（000004）布林线指标走势图

如图 2-20 所示，国华网安的股价在 2023 年 5 月经过一波小幅攀升后，到了 5 月下旬，股价的上涨空间被彻底打开。5 月 22 日，该股股价向上突破了中轨线，布林通道的喇叭口开始大幅敞开，此后随着股价的不断上涨，喇叭口越张越大。

到了 6 月份，股价上攻出现乏力态势。6 月 8 日，处于上涨途中的股价出现回落，布林通道喇叭口开始收缩。此后，随着股价的横向盘整，布林通道的喇叭口越来越小。正当所有人都认为股价将会大幅下跌时，7 月中旬，该股股价不跌反涨。

7 月 13 日，该股股价以涨停的方式向上突破了中轨线，布林通道的喇叭口又一次重新张开，这就意味着股价正式开启了第二波行情。

2. 大幅下跌后的喇叭口收缩

股价经过大幅下跌后，布林通道的喇叭口会呈现持续敞开形态，当股价无力继续下跌时，布林通道的喇叭口就会开始呈现收缩形态。与上涨过后的收缩相似，大幅下跌过后的喇叭口收缩，只是股价短期休整的一个表现。至于未来股价能否止跌反弹，甚至反转，还需要其他更为明确的信号。一般来说，投资者不宜过早入场，谨防被套。

下面来看一下华联控股的案例。

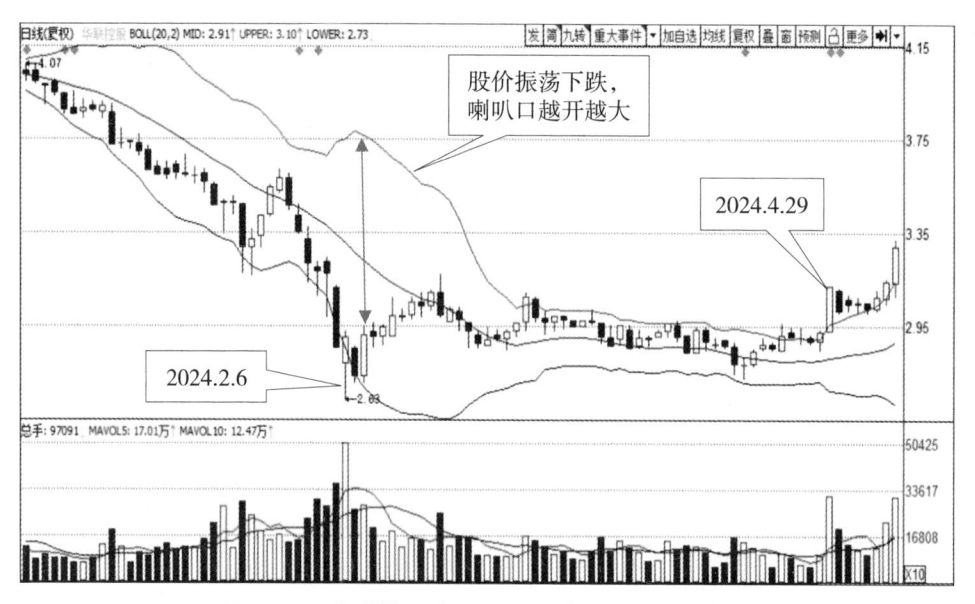

图 2-21　华联控股（000036）布林线指标走势图

如图 2-21 所示，华联控股的股价自 2023 年 12 月开始启动了一波大幅下跌行情。随着股价的下跌，布林通道的喇叭口越张越大。到了 2024 年 2 月初，股价下跌动能有所不足。2 月 6 日，该股股价创下阶段新低后，出现了小幅反弹，此后股价进入横向整理区间，布林通道的喇叭口开始收缩。

此后，该股股价波动幅度逐渐减小，布林通道的喇叭口也日渐萎缩，说明市场正在选择新的突破方向，投资者只需保持对股价走势的观望，而不应过早入场。

4 月 29 日，该股股价以一根涨停大阳线打破了当前的盘整局面。股价 K 线向上突破了布林线上轨，布林线中轨开始向右上方倾斜，这都属于典型的股价启动信号，可能意味着新的上涨行情已经开始了，投资者可考虑入场建仓。

三、喇叭口缩放与股价变盘

布林通道的喇叭口会因股价的波动幅度而变化。当股价出现急速上涨后，没有经过盘整，而是直接转为急速下跌的情况，此时由于股价一直维持在幅度较大的振荡水平，使得布林通道的喇叭口也维持宽向敞开形态（即喇叭口没有继续敞开，但也没有收缩）。此时，布林通道喇叭口发出的就是一种变盘信号。

下面来看一下华控赛格的案例。

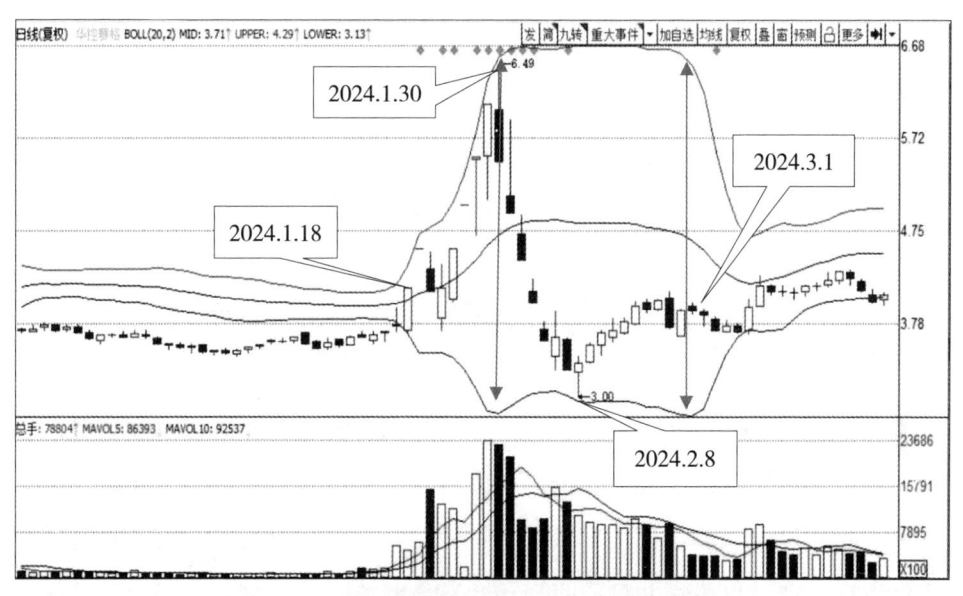

图 2-22　华控赛格（000068）布林线指标走势图

如图 2-22 所示，华控赛格的股价在 2024 年 1 月之前一直呈横向振荡走势，布林通道的喇叭口也同步呈现收缩状态。

2024 年 1 月 18 日，华控赛格的股价突然大幅上攻，并以涨停形式完成了对中轨线的突破，此后布林通道的喇叭口出现了急速放大态势。

1 月 30 日，该股股价冲高回落，但又迅速转入急速下跌模式，此后布林通道的喇叭口由于股价波动幅度仍维持在较高水平而持续敞开，但也没有继续放大。2 月 8 日，该股股价触底后反弹，尽管股价又一次出现了转向，但由于股价波动幅度仍然较大，布林通道的喇叭口也没有收缩的迹象。

到了 3 月 1 日，该股股价开始转入横向盘整，波动幅度大幅减少，布林通道的喇叭口也同步出现了萎缩态势。至此，该股股价的变盘期正式终结，股价进入横向盘整期。

第五节　背离：绝对位置与相对位置

背离也是布林线指标研究的一个重要内容。背离，从字面上就可以看出，这是一种脱离了原有运行趋势的形态。在技术分析领域中，背离主要指在相同的外部环境中，不同技术指标或相同技术指标在不同周期分析框架下所呈现的不一致性。比如，随着股价的上涨，成交量会呈现放大的态势，而当股价上涨时，成交量却并未出现放大，甚至出现了萎缩，这就是一种典型的量价背离。

在布林线指标系统中，背离主要分为两类：其一为股价 K 线与布林线轨道线之间的背离；其二为股价与布林通道相对位置的背离。

一、底背离：股价 K 线与布林线底背离

按照布林线指标的设计原理，当股价持续走低时，布林线下轨也会随之不断走低。但是，当股价创出新低时，若布林线下轨线却没有随之创出新低时，则意味着股价与布林线下轨之间存在底背离的情况。底背离的出现，意味着当前的下跌行情很难持续，未来很可能出现反弹行情。

下面来看一下海螺新材的案例。

如图 2-23 所示，海螺新材的股价在 2024 年年中时段出现了一波振荡下跌走势。到了 8 月前后，该股股价的下跌趋势有所缓和，未来有止跌反弹的可能。

从该股股价走势与布林线下轨线的运行趋势中也可以看出，海螺新材的股价在 2024 年 7 月 25 日和 8 月 23 日分别创下两个低点，后一个低点明显

低于前一个；与此同时，布林线下轨线的低点却是后一个要明显高于前一个，这就意味着股价与布林线下轨线之间存在明显的底背离状况，这是一种股价下跌无法持续的信号。

此后不久，该股股价就开启了反弹走势。

图 2-23　海螺新材（000619）布林线指标走势图

二、顶背离：股价 K 线与布林线顶背离

与底背离相反，当股价持续走高时，布林线上轨线也会随之不断走高。当股价创出新高时，若布林线上轨线却没有随之创出新高时，则意味着股价与布林线上轨线之间存在顶背离的情况。顶背离的出现，意味着当前的上涨行情很难持续，未来很可能会出现回调或下跌走势。

下面来看一下朗科智能的案例。

如图 2-24 所示，朗科智能的股价在 2023 年年底到 2024 年年初时段出现了一波振荡上涨走势。到了 2024 年初，该股股价的上涨趋势有所减弱，有反向下跌的可能。

从该股股价走势与布林线上轨线的运行趋势中也可以看出，该股股价在 2023 年 11 月 28 日和 2024 年 1 月 2 日分别创下两个高点，后一个高点明显高于前一个；与此同时，布林线上轨线的高点却是后一个要明显低于前一个，这就意味着股价与布林线上轨线之间存在明显的顶背离状况，这是一种股价上涨无法持续的信号。

此后不久，该股股价就开启了下跌走势。

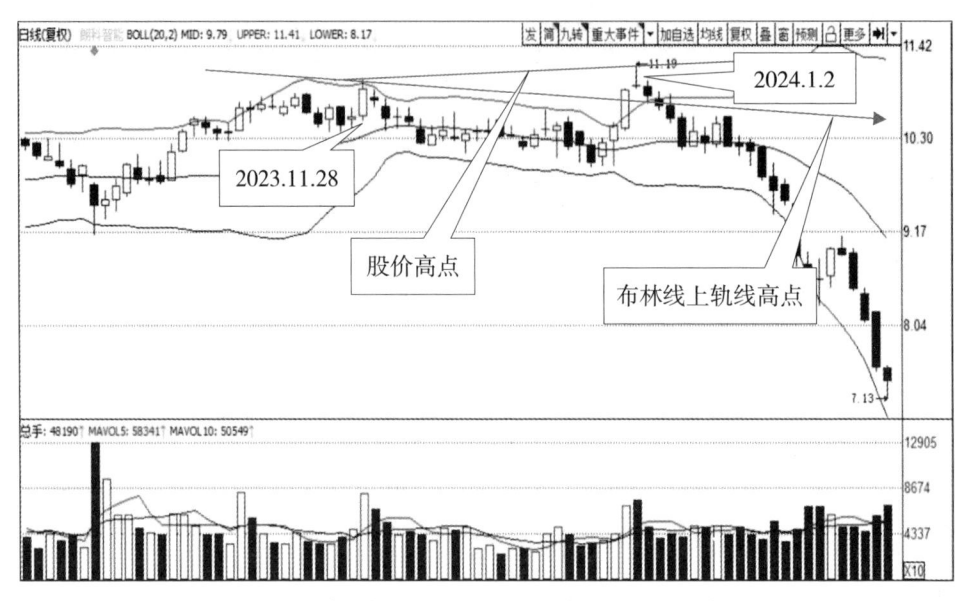

图 2-24　朗科智能（300543）布林线指标走势图

三、相对底背离：绝对低点与相对低点的背离

相对背离是布林线指标特有的一种背离形态，与其他技术指标与股价之间的背离完全不同。所谓的相对背离，主要指的是股价与布林线轨道线之间的相对位置存在背离的一种情况。相对背离发生时，同样意味着股价当前的运行趋势难以继续。

正常情况下，当股价持续走低时，股价在布林通道内的相对位置也会越低。若随着股价的走低，股价在布林通道内的相对位置没有走低反而是相对上升了，那就意味着股价与布林线之间存在相对底背离的情况。这同样意味着股价的下跌趋势难以持续，未来很可能会出现反弹走势。在下跌趋势中，相对低点指的是股价相对于布林线下轨线的低点。

下面来看一下华测导航的案例。

如图 2-25 所示，华测导航的股价在 2022 年年初时段出现了一波振荡下跌走势。到了 4 月前后，该股股价的下跌趋势有所缓和，未来有止跌反弹的可能。

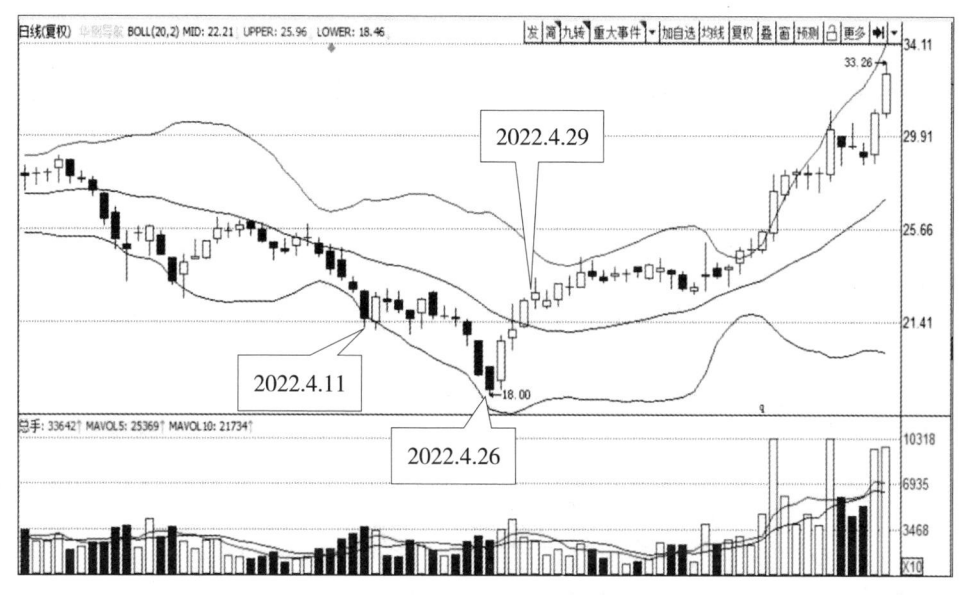

图 2-25　华测导航（300627）布林线指标走势图

从该股股价走势与布林线下轨线的相对位置中也可以看出，华测导航的股价在 2022 年 4 月 11 日和 4 月 26 日分别创下两个低点，后一个低点明显低于前一个；与此同时，随着股价的走低，布林线下轨线也同步走低，只是股价 K 线相对布林线下轨线的位置却没有创出新低。4 月 11 日的股价 K 线一度跌破了布林线下轨线，而 4 月 26 日的股价 K 线却距离布林线下轨线还有一段距离。从相对位置来看，4 月 11 日的相对位置要比 4 月 26 日的更低，这就意味着股价与布林线下轨线之间存在明显的相对底背离状况，这是一种股价下跌无法持续的信号。

此后不久，该股股价就开启了反弹走势。

四、相对顶背离：绝对高点与相对高点的背离

正常情况下，当股价持续走高时，股价在布林通道内的相对位置也会越高。但是，若随着股价的走高，股价在布林通道内的相对位置没有走高反而是相对下降了，那就意味着股价与布林线之间存在相对顶背离的情况。这同样意味着股价的上升趋势难以持续，未来很可能会出现下跌走势。在上升趋势中，相对高点指的是股价相对于布林线上轨线的高点。

下面来看一下弘信电子的案例。

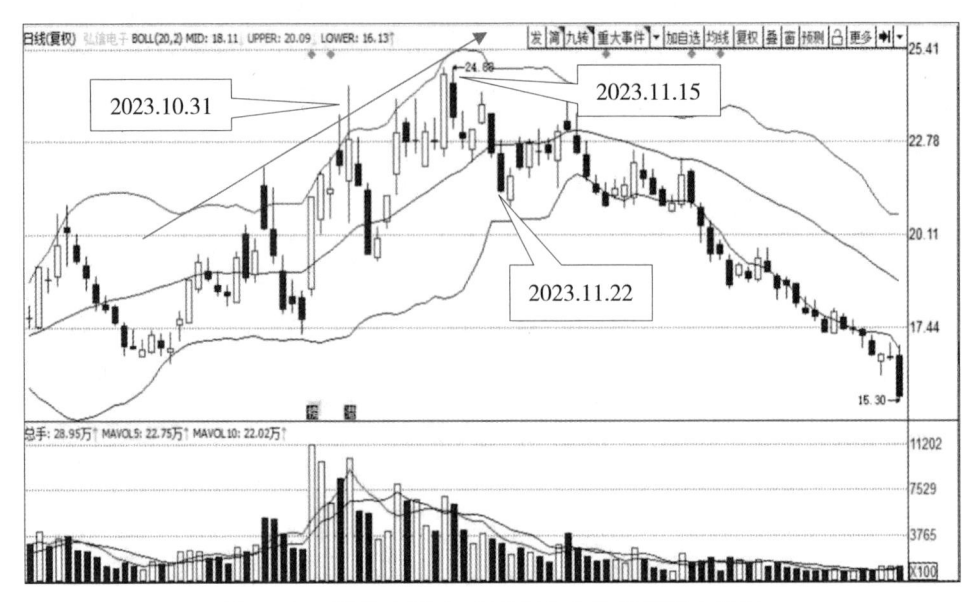

图 2-26　弘信电子（300657）布林线指标走势图

如图 2-26 所示，弘信电子的股价在 2023 年下半年出现了一波振荡上涨走势。到了 10 月底 11 月初，该股股价的上涨趋势有所减缓，未来有滞涨下跌的可能。

从该股股价走势与布林线上轨线的相对位置中也可以看出，弘信电子的股价在 2023 年 10 月 31 日和 11 月 15 日分别创下两个高点，后一个高点明显高于前一个；与此同时，随着股价的走高，布林线上轨线也同步走高，只是股价 K 线相对布林线上轨线的位置却没有创出新高。10 月 31 日的股价 K 线一度向上突破了布林线上轨线，而 11 月 15 日的股价 K 线却距离布林线上轨线还有一段距离。从相对位置来看，10 月 31 日的相对位置要比 11 月 15 日的更高，这就意味着股价与布林线上轨线之间存在明显的相对顶背离状况，这是一种股价上涨无法持续的信号。

11 月 22 日，该股股价向下跌破了布林线中轨线，此后开启了一波下跌行情。

第三章

布林线与底部、顶部形态识别

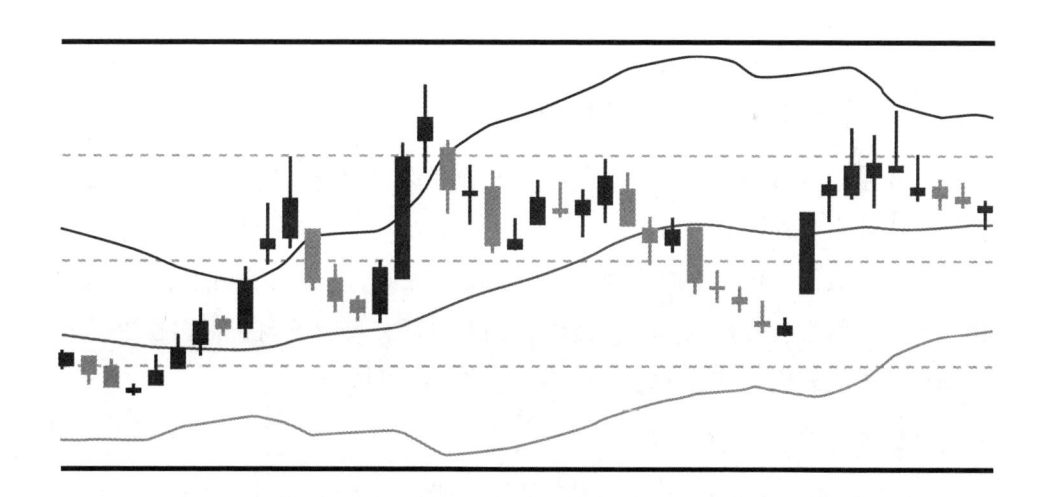

在振荡交易中，股价振荡的底部形态与顶部形态对投资者的买入交易与卖出交易至关重要。在布林线指标体系的设计中，识别股价振荡的底部与顶部也是其核心内容之一。

第一节　布林线与底部形态识别

股价经过一波下跌进入底部区域后，因多空双方力量对比的变化，以及市场情绪需要修复的时间不同，股价 K 线在底部区域停留时间不同，最终形成的形态也会有所区别。与此同时，股价进入底部区域后，布林线指标也会随着股价 K 线的波动呈现出一些比较经典的或非常具有代表性的形态，此时投资者将两者结合，就会相对容易地识别出股价的底部，从而采取相应的交易行动。

一、基础底部形态与布林线指标

事实上，大部分股价 K 线底部的形成都不是一蹴而就的，要经过反复的振荡，待散户对股价的启动已经不再抱有信心时，主力才会启动拉升。当然，这种上涨与股价下跌途中的反弹有时确实难以区分，主力也是利用了这一点，让投资者误将反转当成反弹，待主力稍稍拉升后，反手洗盘，很多投资者就会交出手中的筹码，其后主力才会放心地大幅拉升股价。

1. 股价 K 线的底部特征

股价 K 线在筑底过程中，一般会经过如图 3-1 所示的过程。

从图 3-1 中可以看出，股价 K 线在下跌过程中，大都会经历下跌、反弹、再下跌、再反弹，直至最后反转的过程。在此期间，一般会表现出下面几个典型特征。

第一，股价下跌势能有所不足。股价 K 线再也不像之前下跌的那么猛烈了，这是空方实力不足的一个标志。

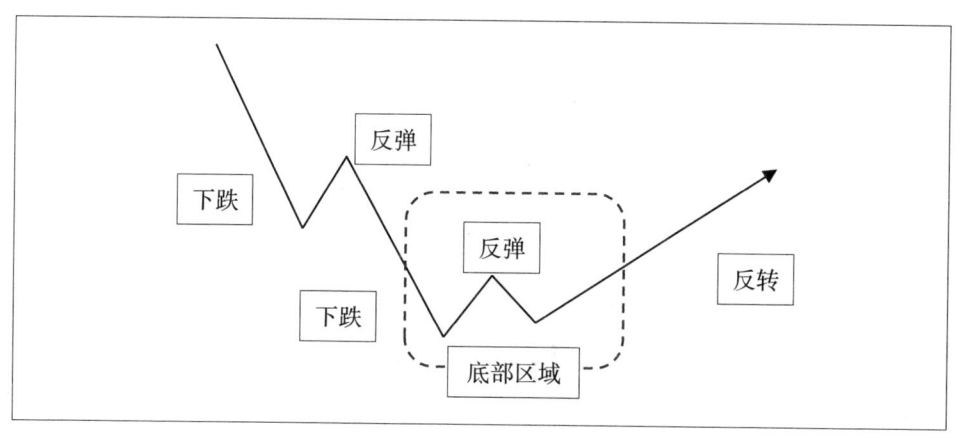

图 3-1 简化版的底部模式

第二，缩量止跌是底部与中期反弹的显著区别。股价进入底部区域后，很多投资者不愿意继续卖出手中的股票，而主力为了低成本建仓，也不愿意大幅拉升股价，因此股价在振荡过程中，成交量会出现一定的萎缩，而股价有时可能会出现小幅下跌，有时甚至是振荡走高的。量价底背离也多在此阶段出现。

第三，经典底部形态，如W底、三重底、头肩底等形态会频频出现。当然，在底部形态出现时，投资者也不能用经典形态的走势去对照现实中K线的走势。在实战中，有些K线完成的底部形态并不标准，有时候甚至是四不像，但仍不妨碍对股价进入底部区域的预判。

第四，不只是成交量，其他技术指标，包括本书所讲的布林线指标，也会在底部区域形成某些特殊的形态，比如股价K线与技术指标出现底背离等。

2. 借助布林线指标分析K线底部特征

与其他技术指标相似，当股价K线进入底部区域后，布林线指标也会发出异常交易信号，这就为投资者辨识股价底部提供了重要参考。

下面来看一下常山北明的日K线走势图。

从图 3-2 中可以看出，常山北明的股价K线在 2024 年 7 月到 8 月期间，形成了两个明显的短期低点，第一个低点明显低于后一个。从K线形态上来看，这属于典型的W底形态。观察布林线指标，其在K线出现W底形态时，也显现了某些比较有代表性的特征。通过对上述典型特征的总结，有利于投资者更加准确地判断 K 线底部区域的来临。

图 3-2　常山北明（000158）布林线指标走势图

第一，从 K 线两个低点与布林线下轨线的位置关系可以看出，当 K 线第一个低点出现时，股价 K 线已经收在了下轨线外；第二个低点在相对布林线下轨线位置上要高于第一个。这也是 K 线进入底部后，布林线指标的一个典型特征。

第二，从布林通道下轨线位置来看，第二个低点出现时，下轨线位置要高于第一个，这也是股价触底后存在反弹可能的一个信号。

第三，布林线中轨线出现放平或拐头向上迹象，且布林通道开始由发散到收缩，也是股价即将结束下跌趋势的一个典型特征。

总之，投资者通过对布林线指标上述典型特征的识别，可在股价 K 线没有形成典型的底部形态时，提早对股价触底做出预判。

3.布林线指标底部特征

在识别股价 K 线底部模式方面，布林线指标除了与股价 K 线结合外，还可以通过自身的布林通道形态判断股价是否已经进入筑底。

下面来看一下上海艾录的案例。

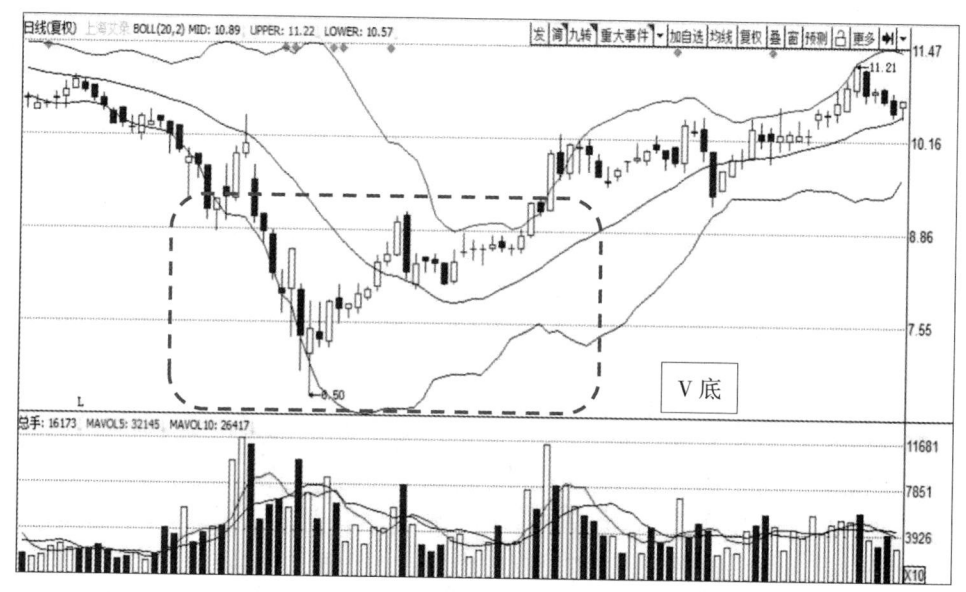

图 3-3　上海艾录（301062）布林线指标走势图

从图 3-3 中可以看出，上海艾录的布林通道在 2024 年 1 月到 3 月期间形成了明显的 V 底形态，或者说近似于一个双底结构。总之，布林通道也如股价 K 线一样，给人一种触底反弹的感觉。

通过对以上案例的分析，可以总结出以下两点。

第一，布林通道可以像股价 K 线一样走出经典的底部形态，这些底部形态在预示股价未来走势方面同样比较准确。

第二，通常情况下，布林通道所形成的底部形态在时间上相对较长，更适合中长线交易者，而不适合短线交易者。

二、底部反转形态与布林线指标

股价经过一波快速下跌进入底部区域后，若没有长时间的停留，立即转入反攻形态，就会在 K 线图上形成一个近似 V 形的反转形态。

V 形底，又称尖底，出现在一段下跌行情的末尾。其形态表现为：股价先是经过一段快速下跌行情，下跌到一定幅度后掉头向上，又开始了一段快速上涨行情，从而形成了一个形状像英文字母 V 的底部走势。如图 3-4 所示。

V 形底的出现往往源于突发性的利好消息，因而对其的判断也较为困难，但不可否认的是，它是一个较为强烈的底部信号，投资者需要高度关注、有效把握。

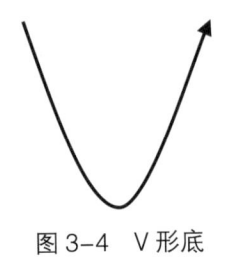

图 3-4　V形底

其操作要点包括如下几点。

第一，当股价已经下跌了一段时间后，出现了 V 形底形态，则反转信号的可靠性较高，投资者可以在底部放量反弹时积极买进，但要控制好仓位。

第二，参照 V 形底形态买入股票的投资者应该将止损位设定在 V 形底的底端，一旦股价跌破这一位置，说明上涨趋势被破坏，应该果断止损离场。

第三，在 V 形底形成的过程中，股价上涨的同时会伴随着成交量的明显放大。成交量越大，看涨的信号就越强烈，之后上涨的空间就越大。

第四，由于布林通道喇叭口的缩放与股价的波动幅度直接相关，而股价走出 V 形底过程中，无论是下跌过程，还是反弹上攻过程，都属于股价波动比较剧烈的情况，这就意味着在股价触底反弹过程中，布林通道的喇叭口会一直呈现放开态势，同时股价触底后出现了反弹，没有继续向下打压，因而布林通道的喇叭口虽然敞开却不会继续放大了。一般情况下，布林线下轨线会保持横向运行，而上轨线会随着中轨线的下移而出现下行态势，但整体上喇叭口呈现横向扩展的形态。布林通道重新加速收缩后，也就意味着新的行情开始酝酿了。

如图 3-5 所示，厦门信达的股价在 2024 年 1 月到 2 月期间走出了触底反弹的 V 形底形态。观察 2 月 8 日该股股价的低点可知，股价 K 线的最低点一度触及了布林线下轨线，在此之前，布林通道的喇叭口一直呈放大态势。此后，该股股价出现了持续反弹走势，在 K 线图上留下了一个近似 V 形的底部形态，而布林通道的喇叭口却没有明显的收缩，特别是下轨线呈现了横向扩展态势。在此期间，激进型投资者可择机入场考虑抢反弹操作，特别是股价向上突破布林线中轨线时，入场也是相对安全的。

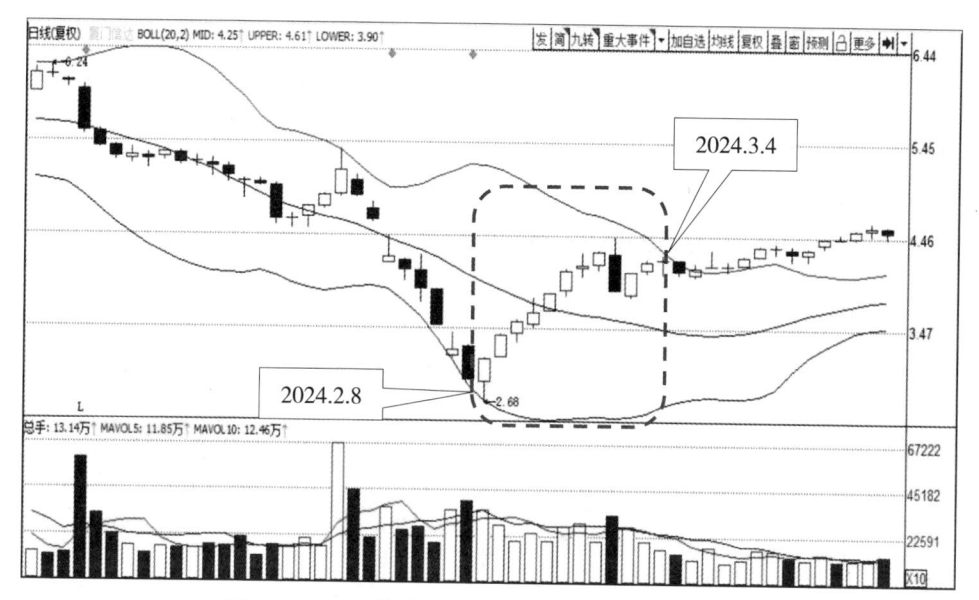

图 3-5　厦门信达（000701）布林线指标走势图

3月4日，该股股价处于布林线上轨，布林通道的喇叭口开始出现收缩态势，这就意味着股价的触底反弹结束了，股价很可能会重新选择突破方向，先前抢反弹入场的投资者可考虑离场了。未来股价能否延续反攻上行趋势，还需进一步的明确信号。

三、布林线识别 W 底模式

通常情况下，股价经过一段时间的快速下跌后，股价 K 线经常会呈现突破布林线下轨的态势，此后经过反弹整理，再度下跌时，无法再度突破布林线下轨线时，往往就是底部区域形成的一个标志，此时股价 K 线经常会呈现 W 底形态。

按照布林线下轨线的分析方法，股价 K 线触及下轨后出现反弹，本身也是一个看涨的信号。投资者在不容易判断股价 K 线与布林线下轨线的关系时，也可以借助布林通道喇叭口的变化辅助判断。具体研判要点包括以下几点。

第一，股价 K 线走出 W 底形态时，若第二个底明显高于第一个底，则可增强股价上涨的概率。

第二，随着股价走出 W 底形态，尽管第二个底低于第一个底，但股价在布林通道内的相对位置却是第二个高于第一个（比如，第一个底的股价 K

线处于布林通道下轨线之外或者踩到了下轨线，而第二个底尽管股价更底，但由于布林通道的喇叭口更大，股价K线距离下轨线还有些距离），则可确认股价未来上涨的概率更大。

第三，股价K线二次触底之后出现反弹走势，布林通道同步在收缩之后再度打开，则基本可以判断股价已经正式开启了上升通道。

下面来看一下赤峰黄金的案例。

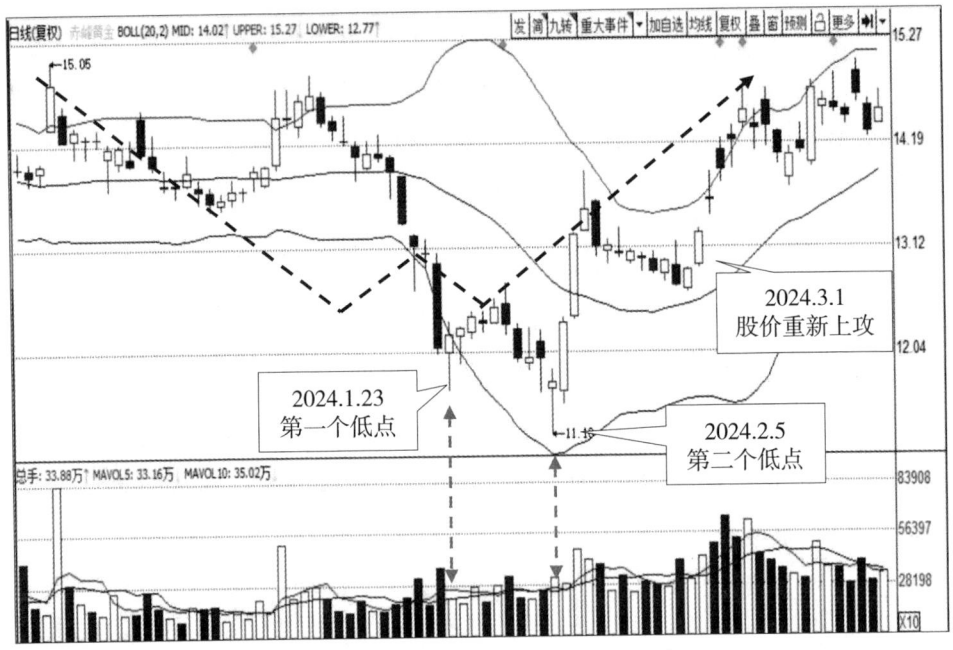

图3-6　赤峰黄金（600988）布林线指标走势图

如图3-6所示，赤峰黄金的股价在2024年1月23日和2月5日分别创下了两个短期低点。观察1月23日的低点可知，股价K线已经突破了布林线下轨。到了2月5日，股价K线尽管远远低于1月23日的低点，却没有触及布林线下轨，说明下跌势能有所不足。结合股价K线所构成的W底形态，可以预判股价短线上行将成为大概率事件。

2024年3月1日，该股股价经过一波回调后，遇中轨线重新上攻，布林通道的喇叭口也由收缩形态开始重新敞开，意味着股价波动重新开始放大，股价上升行情开启的概率很大，投资者可积极入场做多。

四、布林线识别头肩底模式

从某种意义上来说，头肩底形态更像是 W 底形态的一种扩展，其他很多底部形态，也可以看成是 W 底形态的一种变形和延续。因此，在分析这类股价 K 线与布林线的关系时，也存在某些相近的地方。

股价经过一段时间的快速下跌后，股价 K 线经常会呈现突破布林线下轨的态势，此后股价经过反弹整理，再度下跌时，股价 K 线可能已经创下新低，但没有再突破布林线下轨，从布林线指标的角度（相对高度）来分析，此低点其实并未创新低。此后，股价经历一波盘整后，再度创出阶段低点，这个低点要高于前一个低点，从布林线指标的角度来看，可能此时股价 K 线连布林线中轨都没有跌破。也就是说，从布林线指标的角度来看，头肩底的"右肩"本身就是一个没有多大意义的回调。因为按照布林线指标的操作要求，当股价自低点启动时，若已经向上突破了布林线中轨，那么投资者就应该进场了。

下面来看一下商络电子的案例。

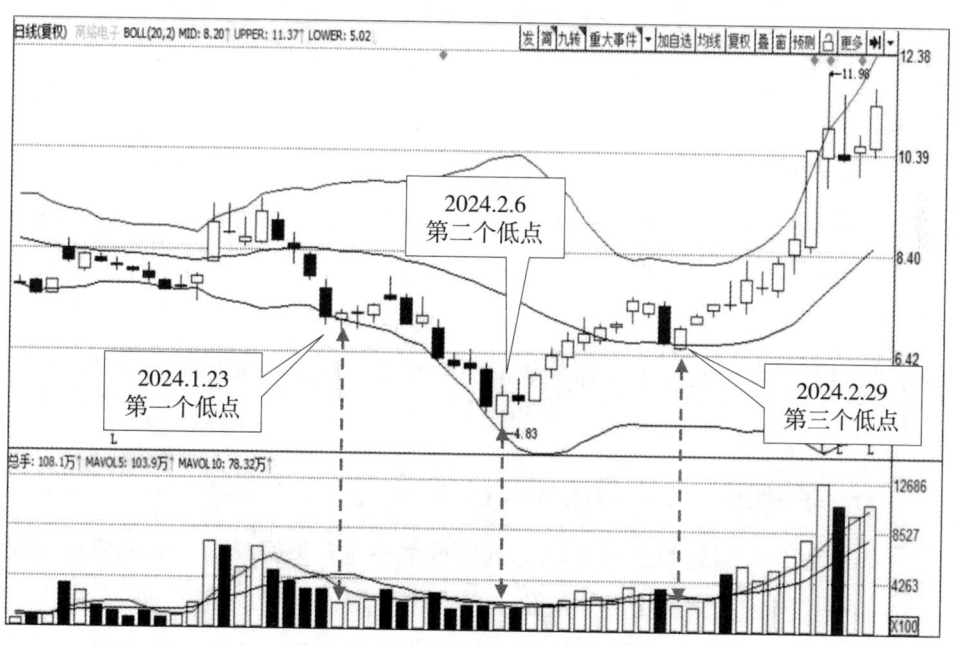

图 3-7　商络电子（300975）布林线指标走势图

如图 3-7 所示，商络电子的股价在 2024 年 1 月 23 日、2 月 6 日和 2 月 29 日分别创下了三个短期低点。观察 1 月 23 日的低点可知，股价 K 线一度跌破了布林线下轨。2月6日，尽管股价创下了阶段新低，但从布林线指标的角度来看，股价K线刚刚触及布林线下轨就出现了反弹。也就是说，相对布林通道来说，2月6日的低点并不比1月23日的低点更低，甚至还要高一点。到了2月29日，该股股价再次创出一个回调低点，不过该低点并未有效跌破布林线中轨，这属于典型的行情走强信号，投资者可提早进场建仓该股。

细心的投资者可以发现，商络电子的股价事实上在2月29日（创出新低不久）就已经向上突破了中轨线，这已经属于看多信号了，激进型投资者此时就应该开始建仓，无须等到头肩底的右肩成立后再买入股票。此后，若股价K线落于布林线中轨之上更佳。

也就是说，通过布林线指标与头肩底形态结合，投资者可以先一步预判股价上涨行情启动，有助于锁定投资收益。

第二节　布林线与顶部形态识别

股价经过一波上涨进入顶部区域后，因多空双方力量对比的变化，以及主力出货需要的时间不同，股价K线在顶部区域停留时间不同，最终形成的形态也会有所区别。与此同时，股价进入顶部区域后，布林线指标也会随着股价K线的波动呈现出一些比较经典的或非常具有代表性的形态，此时投资者将两者结合，就会相对容易地识别出股价的顶部，从而采取相应的交易行动。

一、基础顶部形态与布林线指标

事实上，大部分股价K线顶部的形成都不是一蹴而就的，而是要经过反复的振荡。当然，这种振荡与股价上涨途中的回调有时确实难以区分。主力也是利用了这一点，让投资者误将反转当成回调，待主力出货完毕后，再将散户套于高位。

1. 股价 K 线的顶部特征

股价 K 线在筑顶过程中，一般会经过如图 3-8 所示的过程。

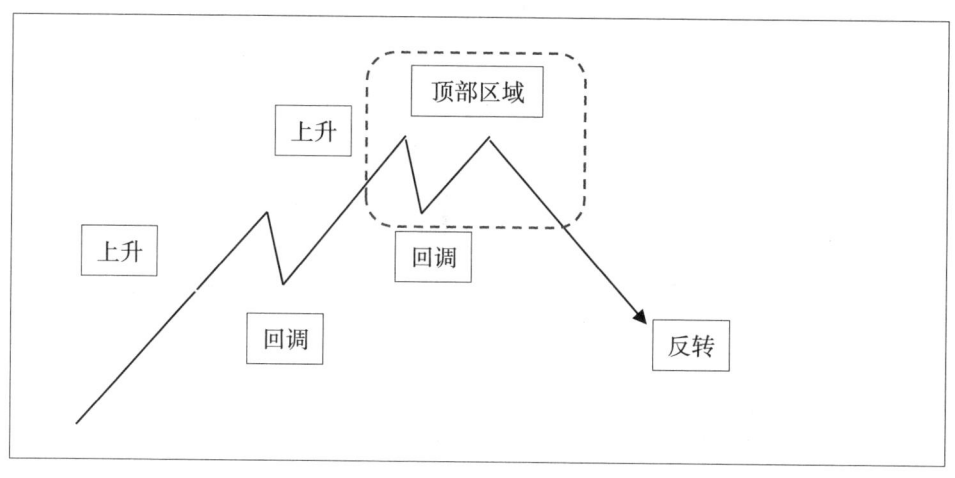

图 3-8　简化版的顶部模式

从图 3-8 中可以看出，股价 K 线在上行过程中，都会经历上升、回调、再上涨、再回调，直至最后反转的过程。在此期间，一般又会表现出以下几个典型特征。

第一，股价上涨势能有所不足。股价 K 线再也不像之前上涨的那么猛烈了，这是多方实力不足的一个标志。

第二，放量滞涨，是顶部与中期回调的显著区别。股价进入顶部区域后，主力的首要目标是出货，因此股价在振荡过程中，成交量会出现显著的放大，而股价有时可能会出现小幅上涨，有时甚至是振荡走低的。量价顶背离也多在此阶段出现。

第三，经典顶部形态，如 M 顶、三重顶、头肩顶等形态会频频出现。当然，在顶部形态出现时，投资者也不能用经典形态的走势去对照现实中 K 线的走势。在实战中，有些 K 线完成的顶部形态并不标准，有时候甚至是四不像，但不妨碍对股价进入顶部区域的预判。

第四，不仅仅是成交量，包括其他技术指标，还包括本书所讲的布林线指标，都会在顶部区域形成某些特殊的形态，比如股价 K 线与技术指标出现顶背离等。

2. 借助布林线指标分析 K 线顶部特征

与其他技术指标相似，当股价 K 线进入顶部区域后，布林线指标也会发出异常交易信号，这就为投资者辨识股价顶部提供了重要参考。

下面来看一下佩蒂股份的日 K 线走势图。

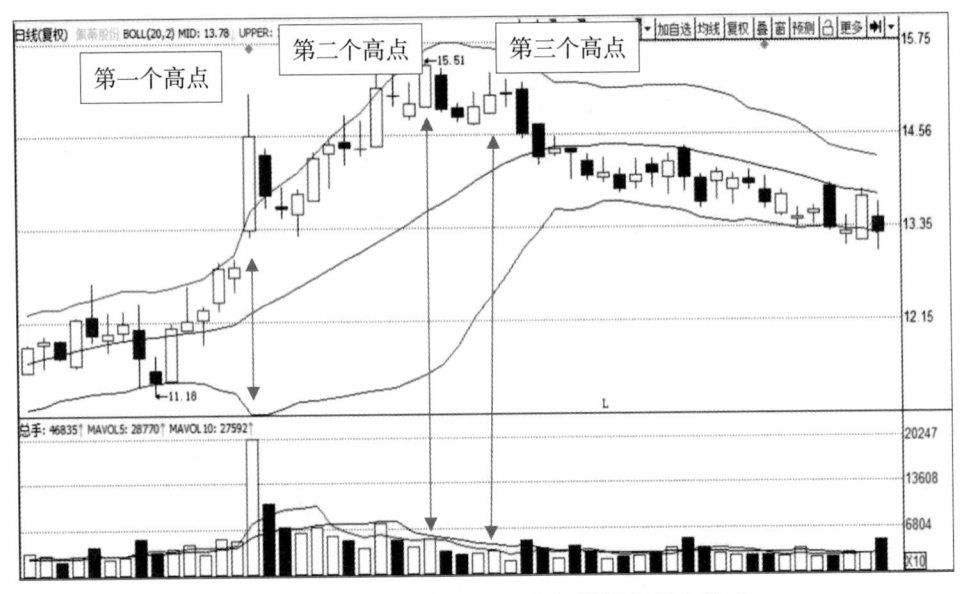

图 3-9 佩蒂股份（300673）布林线指标走势图

从图 3-9 中可以看出，佩蒂股份的股价 K 线在 2024 年 4 月到 5 月期间，形成了三个明显的短期高点，中间的高点明显高于其他两个。从 K 线形态上来看，这属于典型的头肩顶形态。观察布林线指标，在 K 线出现头肩顶形态时也显现了某些比较有代表性的特征。通过对上述典型特征的总结，有利于投资者更加准确地判断 K 线顶部区域的到来。

第一，从 K 线三个高点与布林线上轨的位置关系可以看出，K 线第一个高点出现时，股价 K 线已经收在了上轨线外，第二个高点尽管绝对位置要高于第一个高点，但其收于布林线上轨线内，第三个 K 线高点尽管绝对位置仍要高于第一个高点，但其连布林线中轨线都没有站稳。也就是说，从与布林线指标的相对位置关系来看，K 线所形成的三个高点，其实是一个比一个低的。这也是 K 线进入顶部后，布林线指标的一个典型特征。

第二，布林线中轨出现放平或拐头向下迹象，且布林通道开始由发散变为收缩，这也是股价即将结束上涨趋势的一个典型特征。

总之，投资者通过对布林线指标上述典型特征的识别，可在股价 K 线没有形成典型的顶部形态时，提早对股价触顶做出预判。

3. 布林线指标顶部特征

在识别股价 K 线顶部模式方面，布林线指标除了与股价 K 线结合外，还可以通过自身的布林通道形态判断股价已经进入筑顶阶段。

下面来看一下节能环境的案例。

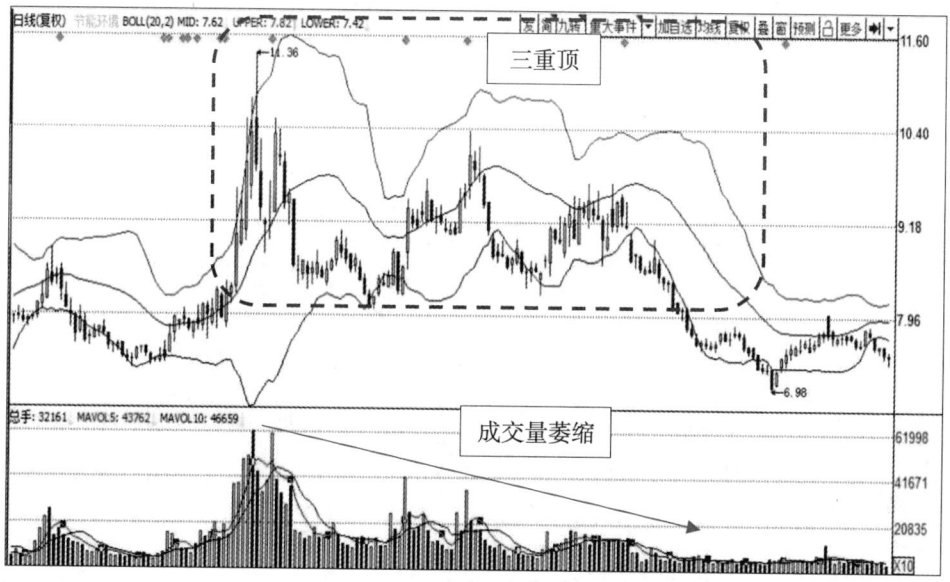

图 3-10　节能环境（300140）布林线指标走势图

从图 3-10 中可以看出，节能环境的布林通道在 2023 年 5 月到 9 月期间，形成明显的三重顶形态。事实上，股价 K 线在顶部区域所完成的更近似于一个三重顶结构，不过这个顶部区域完成的时间相对长一些。同时，布林通道在走出三重顶结构时，成交量同步出现萎缩走势。

分析以上案例，可以总结出以下几点。

第一，布林通道可以像股价 K 线一样走出经典的顶部形态，这些顶部形态在预示股价未来走势方面同样比较准确。

第二，通常情况下，布林通道所形成的顶部形态在时间上相对较长，更适合中长线交易者，而不适合短线交易者。

第三，随着布林通道顶部形态的完成，成交量一般都会呈现萎缩态势，这属于顶部形态的共同特征。

二、顶部反转形态与布林线指标

股价经过一波快速上涨进入顶部区域后，若没有长时间的停留，立即转入反转下跌形态，在K线图上就会形成一个近似倒V形的反转形态。

倒V形顶，又称尖顶，出现在一段上涨行情的末尾。其形态表现为：股价先是经过一段快速上涨行情，上涨到一定高度后掉头向下，又开始了一段快速下跌行情，从而形成了一个形状像倒置的英文字母V的顶部走势。如图3-11所示。

图3-11 倒V形顶

倒V形顶的顶部十分尖锐，常在几个交易日之内便构筑完成，而且转折点形成时通常都伴有很大的成交量。它属于一个较为强烈的顶部信号，投资者需要高度关注，有效把握。

其操作要点包括如下几点。

第一，当股价已经上涨了一段时间后，出现倒V形顶形态，则反转信号的可靠性较高，投资者看到此形态后应及时卖出股票。

第二，倒V形顶的卖点很难把握。一般情况下，从最高点快速向下回落的两三天里，经验丰富的投资者已经能预感到倒V形顶的来临，会果断实施减仓操作。因此，当出现放量下跌时，投资者也应该迅速跟进卖出，因为越往后损失会越大。

第三，在倒V形顶形成的过程中，股价从顶部开始下跌时会伴随着成交量的明显放大。成交量越大，看跌的信号就越强烈，之后下跌的空间就越大。

第四，形成倒V形顶时，前期上涨的速度越快、幅度越大，后期的下跌就会越猛烈，相应的跌幅也就会越大。

第三章 布林线与底部、顶部形态识别

第五，倒 V 形顶的顶部位置常常会出现射击之星、吊颈线、黄昏之星、乌云盖顶等 K 线或 K 线组合，投资者可以借助这些转势信号来识别倒 V 形顶。

第六，由于布林通道喇叭口的缩放与股价的波动幅度直接相关，而股价走出倒 V 形顶的过程中，无论是上涨过程还是下跌过程，都属于股价波动比较剧烈的情况，这就意味着在股价触顶回落过程中，布林通道的喇叭口会一直呈现放开态势，由于股价触顶后出现了回撤，没有继续向上攀升，因而布林通道的喇叭口虽然敞开，却不会继续放大了。一般情况下，布林线的上轨线会保持横向运行，而下轨线会随着中轨线的上移而出现上行态势，但整体上喇叭口呈现横向扩展的形态。布林通道重新加速收缩后，也就意味着新的行情开始酝酿了。

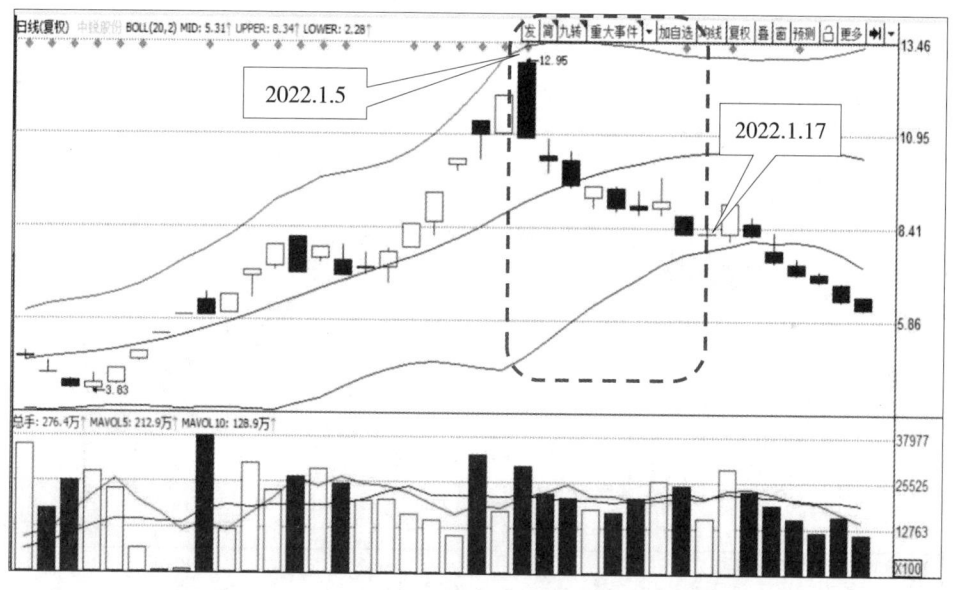

图 3-12　中锐股份（002374）布林线指标走势图

如图 3-12 所示，中锐股份的股价在 2021 年 12 月到 2022 年 1 月期间走出了触顶回落的倒 V 形顶形态。观察 2022 年 1 月 5 日该股股价的高点可知，股价 K 线最低点一度触及了布林线上轨，在此之前，布林通道的喇叭口一直呈放大态势。此后，该股股价出现持续反弹的走势，在 K 线图上留下了一个近似倒 V 形的顶部形态，而布林通道的喇叭口却没有明显的收缩，特别是上轨线呈现了横向扩展态势。在此期间，投资者宜进行减仓或清仓操作。

1月17日，该股股价触及布林线下轨，布林通道的喇叭口开始出现收缩态势，这就意味着股价的触顶回落结束了，该股股价很可能重新选择突破的方向。

至于未来股价上涨还是下跌，还需要更加明确的信号。

三、布林线识别 M 顶模式

通常情况下，股价经过一段时间的快速上涨后，股价 K 线经常会呈现突破布林线上轨的态势，此后，股价经过回调整理再度上攻时，无法再度突破布林线上轨线时，往往就是顶部区域形成的一个标志，此时股价 K 线经常会呈现 M 顶形态。

按照布林线上轨线的分析方法，股价 K 线触及上轨线后出现回落，本身也是一个看跌信号。

下面来看一下天益医疗的案例。

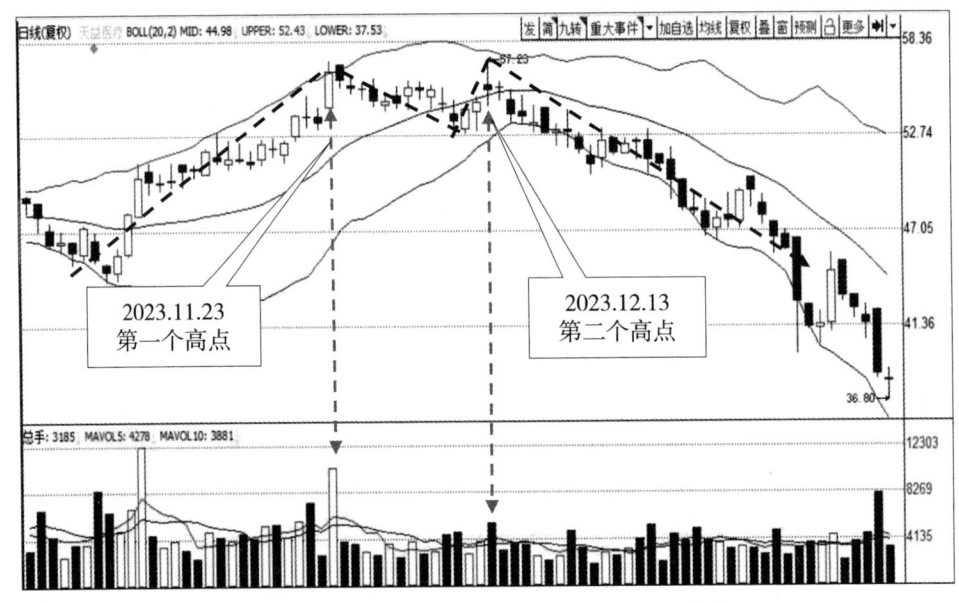

图 3-13　天益医疗（301097）布林线指标走势图

如图 3-13 所示，天益医疗的股价在 2023 年 11 月 23 日和 12 月 13 日分别创下了两个短期高点。观察 11 月 23 日的高点可知，股价 K 线已经突破了布林线上轨，而到了 12 月 13 日，尽管股价 K 线所创下的最高点要高于前一个，但股价 K 线却没有触及布林线上轨，说明第二个高点的势能要远远弱于第一个。结合股价 K 线所构成的 M 顶形态，可以预判股价短线下行将成为大概率事件。

四、布林线识别头肩顶模式

从某种意义上来说，头肩顶形态更像是 M 顶形态的一种扩展，其实其他很多顶部形态，也可以看成是 M 顶形态的一种变形和延续。因此，在分析这类股价 K 线与布林线的关系时，也存在某些相近的地方。

股价经过一段时间的快速上涨后，股价 K 线经常会呈现突破布林线上轨线的态势，此后股价经过回调整理再度上攻时，股价 K 线可能已经创下新高，但没有再突破布林线上轨线，从布林线指标的角度（相对高度）来分析，此高点其实并未创新高。此后，股价经历一波调整后，再度创出阶段高点，这个高点要低于前一个高点，从布林线指标的角度来看，可能此时股价 K 线连布林线中轨线都没有突破。也就是说，从布林线指标的角度来看，头肩顶的"右肩"本身就是一个没有多大意义的反弹。因为按照布林线指标的操作要求，当股价自高点回落时，若已经跌破了布林线中轨线，那么投资者就应该离场了。

下面来看一下天赐材料的案例。

如图 3-14 所示，天赐材料的股价在 2024 年 3 月 13 日、4 月 3 日和 5 月 9 日分别创下了三个短期高点。观察 3 月 13 日的高点可知，股价 K 线完全突破了布林线上轨，到了 4 月 3 日，股价 K 线冲破布林线上轨后又出现了回落，尽管股价 K 线要比 3 月 13 日的高点更高。此后，该股股价出现了明显的回落，4 月 16 日，股价 K 线跌破了中轨线。到了 5 月 9 日，股价再次创出一个反弹高点，不过该高点刚刚能够突破布林线中轨，这属于典型的行情走弱信号，投资者宜卖出手中的股票。

细心的投资者可以发现，天赐材料的股价事实上在 4 月 16 日（创出新高不久）就已经跌破了中轨线，这已经属于看空信号了，保守型投资者此时就应该开始减仓甚至清仓了，无须等到头肩顶的右肩成立后再卖出股票。对此，布林格曾经说过：最理想的模式就是头肩顶的左肩形成时，股价 K 线已经突破了布林线上轨，而右肩落于布林线上轨之内。当然，若股价 K 线落于布林线中轨之下更佳。

布林线指标：振荡交易技术精解

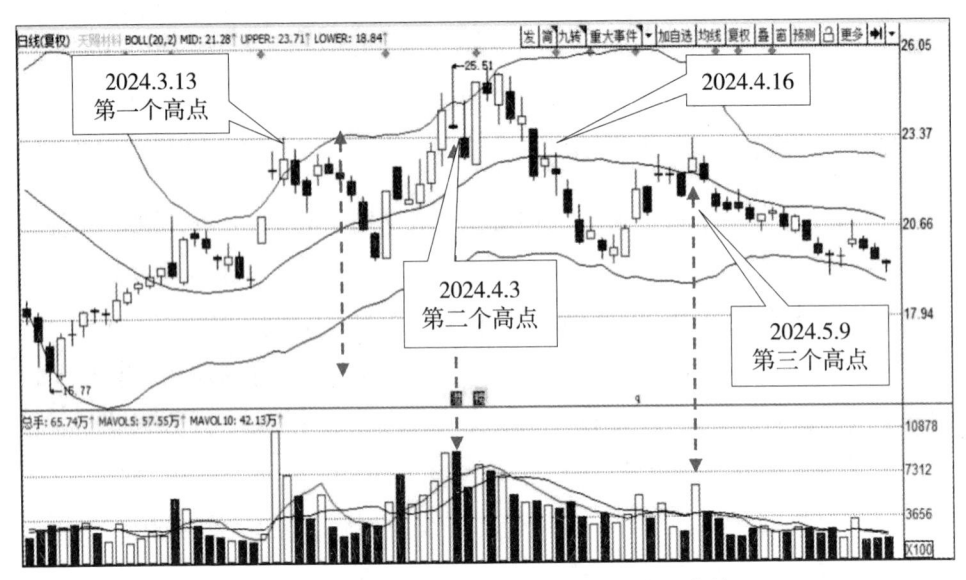

图 3-14　天赐材料（002709）布林线指标走势图

也就是说，通过布林线指标与头肩顶形态结合，投资者可以先一步预判股价下跌行情启动，有助于锁定投资收益。

第四章

布林线指标追涨战法

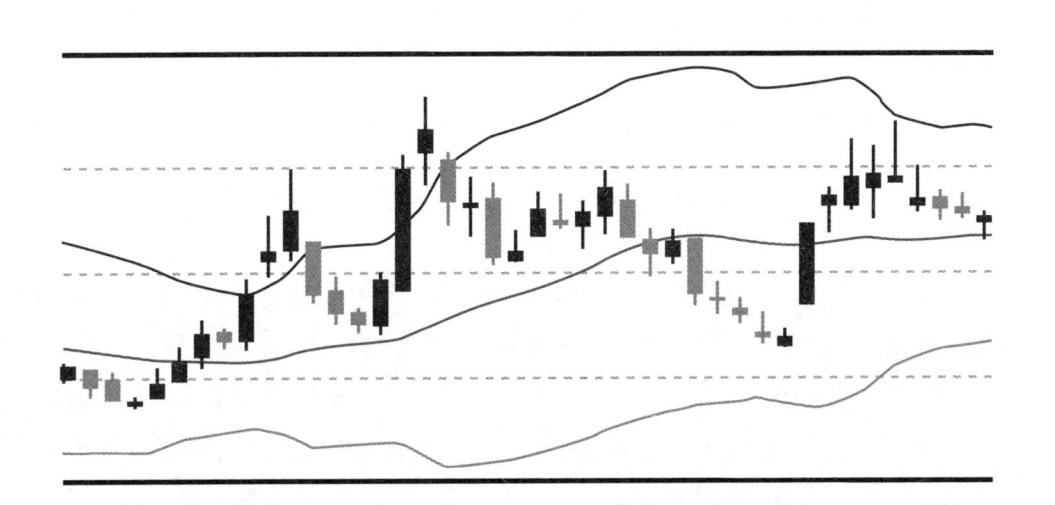

短线交易是以捕捉股价短线波动带来的利润为目标的交易行为。从交易效率最大化的角度来看，找到已经进入上升期的股票，无疑是短线获利的最佳选择。在布林线指标系统中，各条轨道线对股价的支撑与阻力作用，恰好可以作为投资者进行短线交易的支持和依据。

第一节　布林线突破追涨战法

基于布林线指标的短线突破战法，通常是围绕布林线中轨和上轨展开的。尽管股价自下而上重新回归到布林线通道内，也可以看成一种突破，但由于此时股价跌幅过大，此时的突破更多的属于股价的一种修复，而非主动的突破。因此，本节介绍的布林线突破追涨战法，也是围绕中轨线和上轨线进行的。

一、股价放量突破中轨线

股价放量突破中轨线，是股价中期波段启动最显著、最主要的一个特征。后文讲解的很多实战操作技术都与其有关。

股价 K 线放量完成对布林线中轨线的突破，意味着股价中线走强的趋势基本确立。

从图 4-1 中股价 K 线与布林线之间的位置关系，可以看出如下几个特征。

第一，股价经过一段时间的振荡整理后，出现加速上攻的态势。从 K 线形态上来看，这属于典型的触底回升走势。股价的触底回升能否最终演化为股价运行趋势的反转，其实主要就是看能否完成对中轨线的有效突破。

第二，股价 K 线对中轨线的有效突破需要具备这样两个特征：其一，成交量温和放大；其二，股价突破中轨线后能够站稳中轨线（连续三个交易日没有跌破中轨线）。

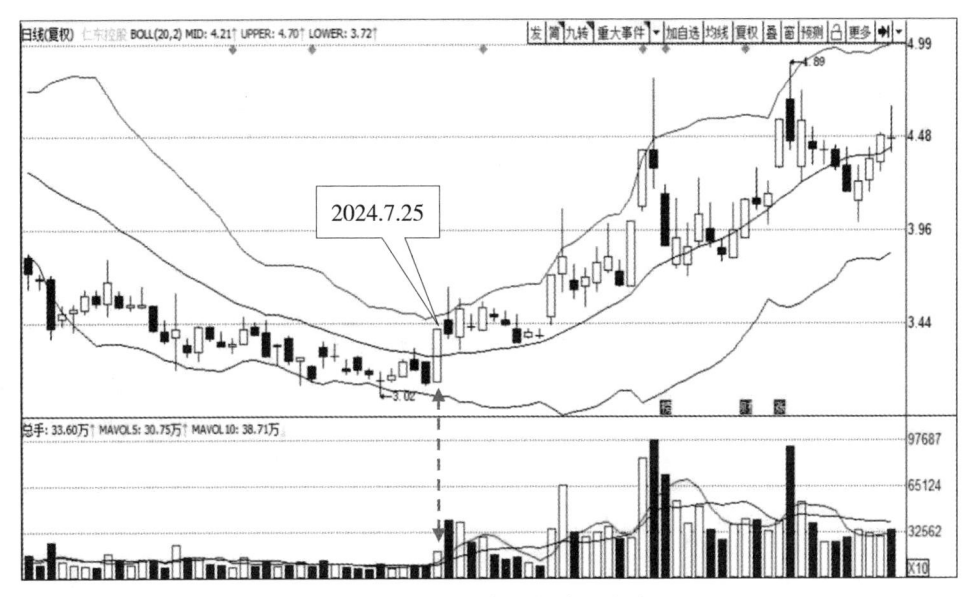

图 4-1　股价放量突破中轨线

第三，当股价突破中轨线时，布林通道的喇叭口迅速放大，这也是股价进入高波动区间的一个显著特征。投资者可借助布林通道宽度指标来观察布林通道喇叭口的波动情况。

第四，从成交量方面来看，当股价向上突破时，成交量出现了明显的放大，这也是股价进入上行通道的显著特征。

第五，当股价完成对中轨线的突破后，中轨线的方向也会呈现拐头向上的态势，说明股价中线运行趋势已经进入上升通道，比较有利于投资者进行中线交易。

基于以上判断，投资者可以在股价向上突破中轨线时入场追涨，并在股价跌破中轨线时，执行卖出操作。

下面来看一下越秀资本的案例。

如图 4-2 所示，越秀资本的股价在 2024 年 5 月到 7 月期间，出现了一波横向盘整走势。该股股价在振荡过程中布林通道的喇叭口越来越窄，说明股价波动幅度越来越小，正在选择未来的突破方向，投资者宜密切关注该股其后的走势。

2024 年 6 月底，该股股价触底后出现了小幅上涨，股价一直运行在中轨线与下轨线之间的区域，由于布林通道的喇叭口继续收缩，投资者可将其看成股价的正常盘整。

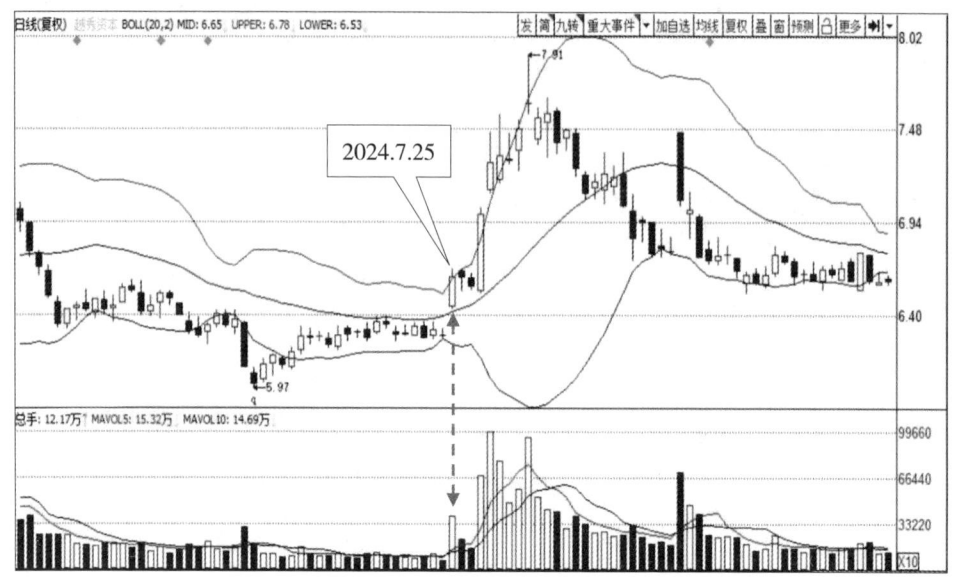

图 4-2　越秀资本（000987）布林线指标走势图

7月25日，该股股价放量向上突破了布林线中轨，说明股价进入快速上涨区间。此时的布林通道喇叭口开始放大，股价的波动幅度开始放大，这是股价启动上涨的一个较为明确的迹象。与此同时，布林线中轨线也开始呈现拐头向上态势，这是股价启动的一个标志。

综合以上分析，投资者可在股价放量向上突破中轨线时，开始入场建仓。其后，若股价有效跌破中轨线，则可考虑清仓。

二、中轨线支撑再破上轨线

强势股自有强势股的走法。股价自下而上突破中轨线，说明股价已经开始显露出走强的迹象。其后股价出现回调，且在回调至中轨线位置时，因受中轨线支撑而重新上攻，并且又进一步突破了布林线上轨，这就标志着股价进入了强势上攻周期。

从图 4-3 中股价 K 线与布林线之间的位置关系，可以看出如下几个特征。

第一，股价在突破中轨线后经过一段时间的振荡回调，且在回调过程中成交量出现了萎缩态势，这是调整的基本属性。

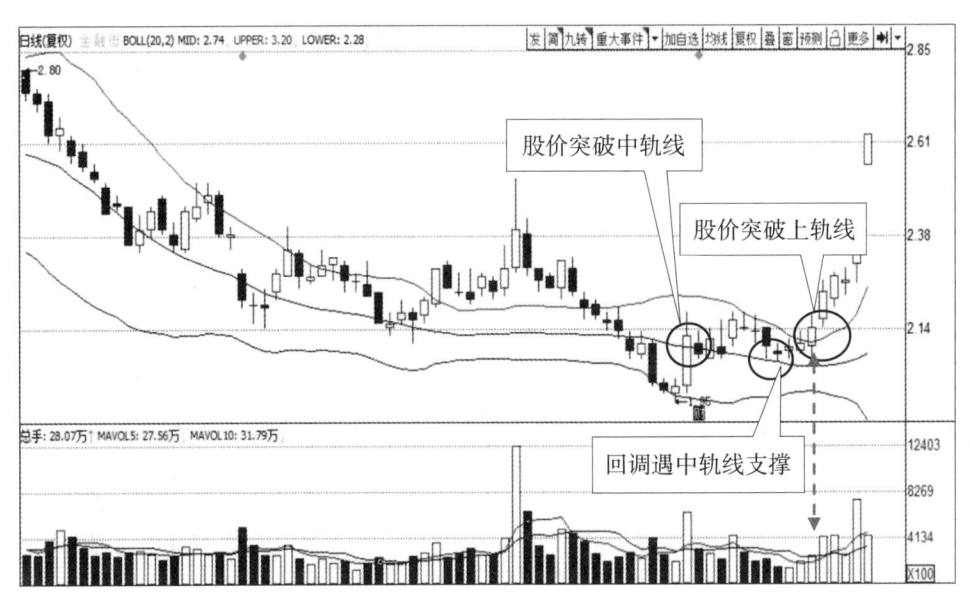

图 4-3　股价突破并回踩中轨线后突破上轨线形态

第二，股价 K 线在回调至中轨线位置时，因受中轨线的支撑而重新上攻，这属于典型的股价走强信号。

第三，股价在获得中轨线支撑后不久就向上突破了上轨线，意味着股价进入强势上涨区间，激进型短线交易者可入场建仓。

第四，当股价加速上攻后，布林通道的喇叭口迅速放大，这也是股价进入高波动区间的一个显著特征。

第五，从成交量方面来看，当股价向上突破时，成交量出现了明显的放大，这也是股价进入上行通道的显著特征。

基于以上判断，激进型短线交易者可以在股价向上突破上轨线时入场追涨，并在股价重新回到布林通道内部时择机减仓。

下面再来看一下银邦股份的案例。

如图 4-4 所示，银邦股份的股价在 2022 年 5 月到 6 月期间，出现了一波振荡盘整走势。该股股价在振荡过程中，布林通道的喇叭口越来越窄，说明股价波动幅度越来越小，正在选择未来的突破方向，投资者宜密切关注该股其后的走势。

2022 年 5 月 20 日，该股股价向上突破了布林线中轨线，这是一个股价转强的信号，不过鉴于此时布林通道的喇叭口还处于收缩状态，投资者可少量建仓。

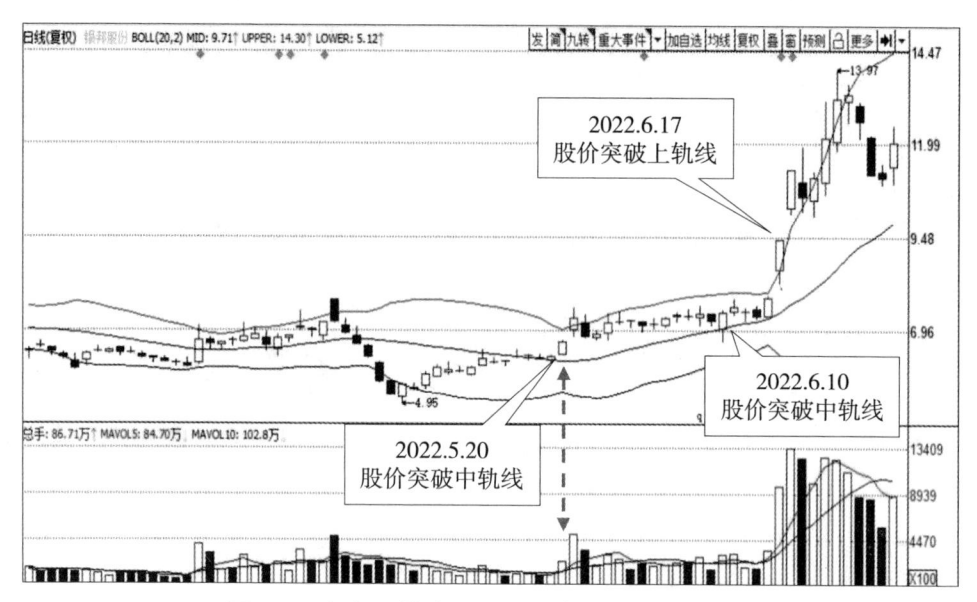

图 4-4　银邦股份（300337）布林线指标走势图

其后，该股股价出现了调整走势。6月10日，银邦股份的股价回调至布林线中轨时，因受中轨线的支撑而重新上攻，并于6月17日向上突破了布林线上轨，标志着股价已经转入强势上攻状态。

观察布林通道可知，此时布林通道的喇叭口开始放大，且成交量也同步放大，以上诸多信号都说明该股已经进入快速上升通道，激进型短线交易者可迅速入场买入该股。

三、下轨线支撑再破中轨线

股价短线回落，也可能是为了更多的向上攀登。处于小幅上升趋势内的股票，在某一时段内出现回落走势，股价K线在触及布林线下轨后受到支撑反向上攻，并快速完成了对布林线中轨的突破，很可能意味着股价将出现新一波的上升趋势。

从图4-5中股价K线与布林线之间的位置关系，可以看出如下几个特征。

第一，股价在出现下跌走势前，已经呈现出一段时间的横向振荡上行态势，且在回调过程中成交量出现了萎缩态势，这是调整的基本属性。

第二，股价K线在回调至下轨线位置时，因受下轨线的支撑而重新上攻，这属于典型的股价由弱转强的信号。

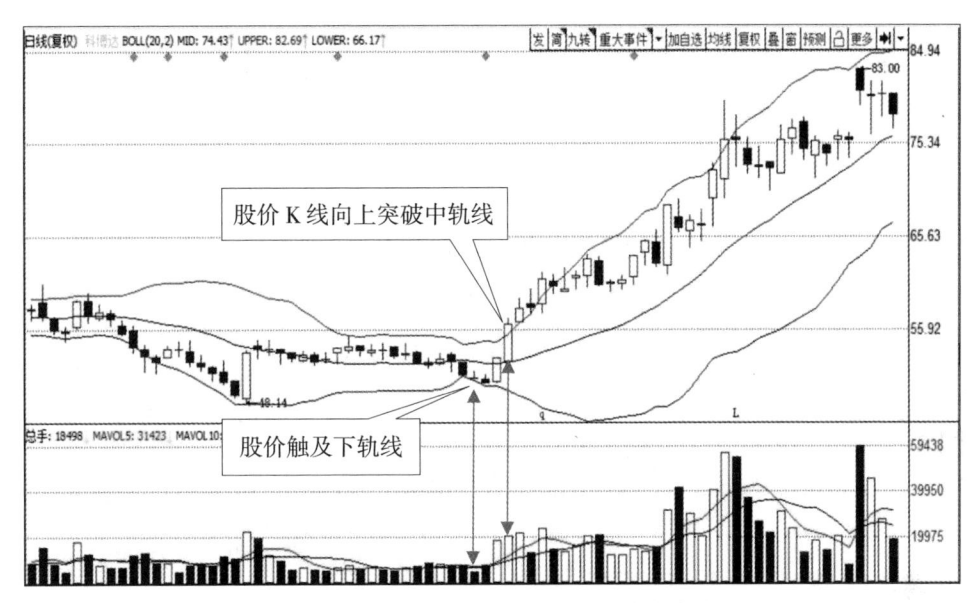

图 4-5　股价突破并回踩下轨线后突破中轨线形态

第三，股价在获得下轨线支撑后不久就向上突破了中轨线，意味着股价很可能转为强势，但仍需其他信号的辅助判断。

第四，当股价加速上攻后，布林通道的喇叭口迅速放大，这也是股价进入高波动区间的一个显著特征。

第五，从成交量方面来看，当股价向上突破时，成交量出现了明显的放大，这也是股价进入上行通道的显著特征。

基于以上判断，激进型短线交易者可以在股价向上突破中轨线时入场追涨。

下面来看一下春秋电子的案例。

如图 4-6 所示，春秋电子的股价在 2023 年 8 月到 9 月期间，出现了一波振荡上扬走势。该股股价在振荡上升过程中，布林通道的喇叭口越来越窄，说明股价波动幅度越来越小，正在选择未来的突破方向，投资者宜密切关注该股其后的走势。

2023 年 9 月 22 日，处于上升趋势中的股价没有突破前日的高点，此后连续三个交易日，该股股价持续下跌，并在 9 月 26 日触及了布林线下轨，给人一种股价将要进入下跌趋势的感觉。

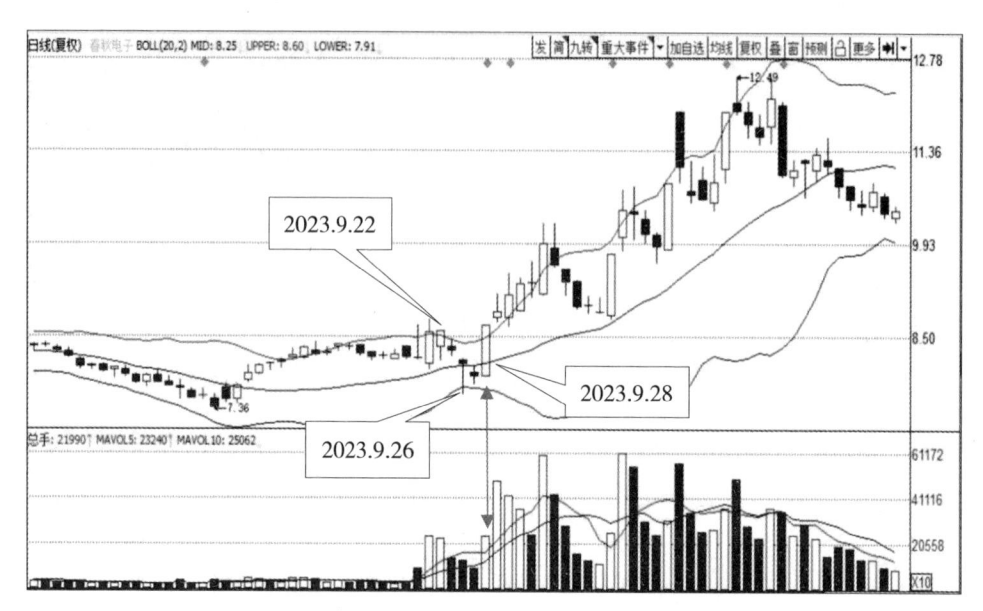

图 4-6　春秋电子（603890）布林线指标走势图

次日，该股股价再度感受到了来自布林线下轨的支撑，收出一根小阴十字线。9 月 28 日，该股股价大幅放量上攻，并向上突破了布林线中轨，标志着股价已经转入强势上攻状态。

观察布林通道可知，此时布林通道的喇叭口开始放大，且成交量也同步放大，以上诸多信号都说明该股已经进入快速上升通道，激进型短线交易者可迅速入场买入该股。

第二节　布林线支撑战法

股价经过一波上涨后出现回调走势，若能在某一重要点位获得足够的支撑，那么股价继续上升的概率将会大大增加。在布林线指标体系中，三条轨道线都具有一定的支撑作用，但相对而言，中轨线的支撑力度更强一些。

一、回调中轨线遇支撑

在布林线指标中，中轨线的支撑作用是最强的。股价的上涨行情不是一蹴而就的，在其上涨过程中，可能会出现若干次回调整理，若股价回调至中轨线位置，因受中轨线支撑而再度上升，意味着股价中线仍可看高一线。

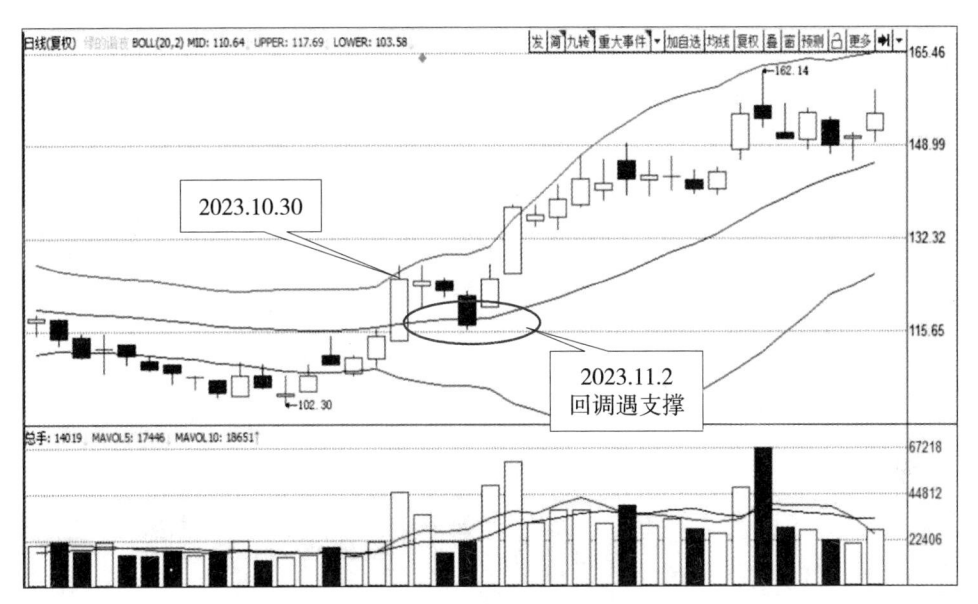

图 4-7　股价回调遇中轨线支撑

从图 4-7 中股价 K 线与布林线之间的位置关系，可以看出如下几个特征。

第一，股价自 2023 年 10 月中旬起进入上升通道。股价 K 线在 2023 年 10 月 30 日向上突破了中轨线，说明股价处于强势上升趋势，持股投资者只需耐心持股即可。

第二，2023 年 11 月 2 日，该股股价回调至布林线中轨位置，因中轨线的支撑而重新上攻，说明中轨线的支撑能力很强。股价偶尔跌破中轨线，并快速拉起，仍可认定中轨线对股价的支撑有效。

第三，观察该股的成交量可知，当股价向中轨线回调时，成交量呈现萎缩状态。其后，当股价受到支撑上攻时，成交量同步放大，这属于典型的量价同步形态，说明股价运行比较健康，未来还有继续上攻的可能。

第四，从布林通道的情况来看，当股价回调时，布林通道同步收缩。而股价遇支撑上扬时，布林通道的喇叭口开始重新放大，这也是股价启动的一个显著特征。

基于以上判断，投资者更可以在股价回调遇中轨线支撑而重新上升时入场加仓，并在股价跌破中轨线时执行卖出操作。

下面看一下德必集团的案例。

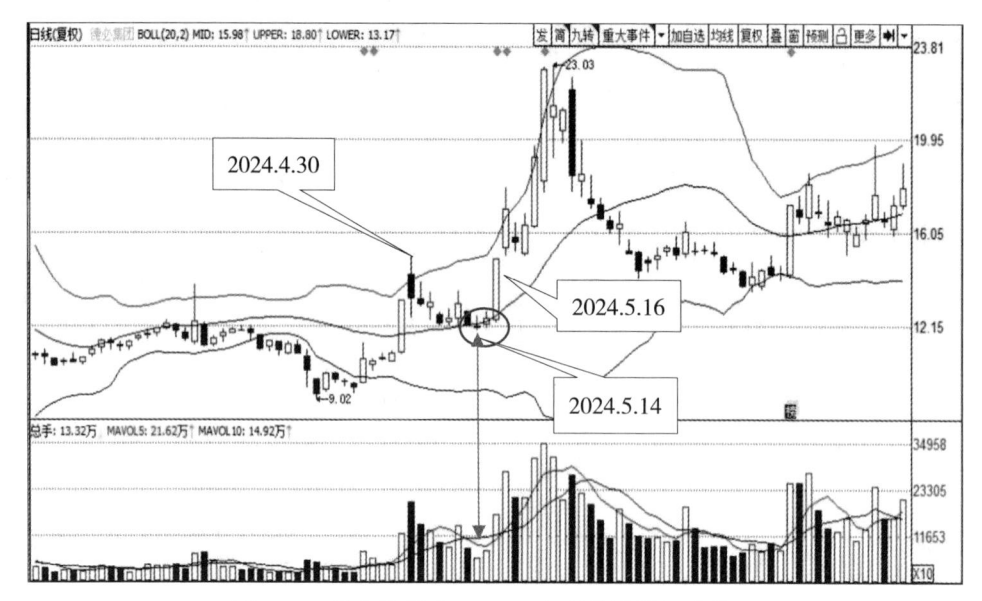

图 4-8　德必集团（300947）布林线指标走势图

如图 4-8 所示，德必集团的股价自 2024 年 4 月中旬启动了一波上涨行情。该股股价在 4 月 30 日向上突破布林线中轨后，出现了一波振荡回调走势。

5 月 14 日，该股股价触及了布林线中轨，因受中轨线的支撑而重新上攻。观察该股的成交量变化情况可知，在股价回调时，成交量呈现萎缩态势，当股价遇支撑上攻时，成交量开始放大，这属于一种良性的量价结构。

此时观察该股的布林通道可知，在 4 月底股价突破布林线中轨线时，布林通道的喇叭口呈现出明显的放大态势，而到了股价回调时，布林通道的喇叭口保持了敞开，这与股价大幅回撤直接相关。

5 月 16 日，该股股价因受布林线中轨支撑而发力放量上攻，布林通道的喇叭口加速敞开，则是对股价上升的确认，此时投资者可继续持股或加仓。

二、股价回调遇上轨线支撑

通常情况下，股价突破布林线上轨，意味着股价进入强势上升区间。其后，若股价出现回调，且回调至上轨线位置，因受上轨线支撑而再度上行，这也是一个比较清晰的趋势走强信号。

图 4-9　突破回调遇上轨线支撑

从图 4-9 中股价 K 线与布林线之间的位置关系，可以看出如下几个特征。

第一，股价在向上突破布林线上轨后，与上轨线形成了较大的距离，说明股价涨势过猛，本身存在调整的需求。

第二，股价 K 线调整至布林线上轨线位置时，因受上轨线支撑（偶尔跌破上轨线并重新回到上轨线上方亦可）而重新上攻，说明股价的调整已经结束。这种在上攻期间出现的短暂调整，往往是追涨资金最喜欢的操作，这里往往成为最佳的入场点。

第三，从成交量方面来看，当股价向上突破时，成交量出现了明显的放大，而当股价出现回调时，同步呈现出较为明显的萎缩，这也是股价未来上攻的基础，若此时成交量出现放大，则未来能否上涨需要打个问号。

第四，股价遇上轨线支撑重新上攻时，成交量若能同步放大，则可增强买入信号的有效性。

下面来看一下万达电影的案例。

如图 4-10 所示，万达电影的股价在 2024 年 2 月底出现了一波横向调整走势。进入 3 月后，该股股价开始呈现强势。

3 月 4 日，该股股价跳空突破布林线上轨线，随后出现了回调。随着股

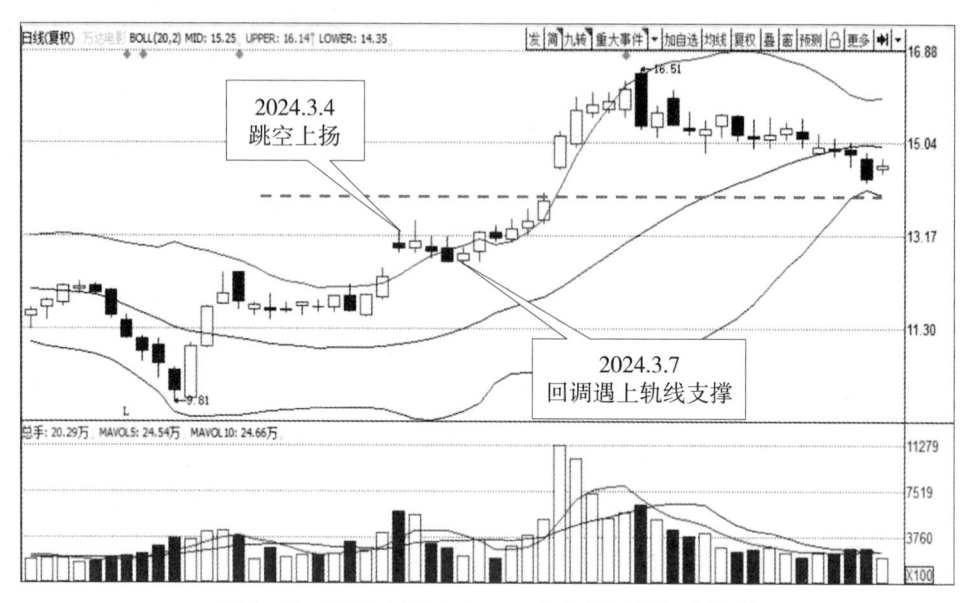

图 4-10 万达电影（002739）布林线指标走势图

价的横向振荡，布林通道的喇叭口逐渐萎缩，说明股价正在选择突破方向。

3月7日，当股价回调至布林线上轨位置时，因受上轨线的支撑（一度跌破了布林线上轨，但很快又重新回到了布林线上轨线的上方）而重新上行。此后，该股股价重拾升势，并沿着布林线上轨线振荡上行。这也是股价上行的买入信号。激进型短线交易者可据此入场买入股票，但要控制好仓位，毕竟此时风险较高。

第三节　布林线擒龙战法

通常来说，股价的大幅上攻必然伴随着对布林线上轨线的突破。也就是说，股价短线大幅走高，虽然能够引发布林通道上轨线的同步上移，但其上移速度势必难以跟上股价上攻的速度，这也造成了股价对上轨线的突破。因此，利用布林线捕捉龙头股的方法或技术也多与布林线上轨线直接相关。

一、股价脚踩上轨线

在布林线指标体系中，股价 K 线向上突破布林线上轨线是一个重要的信号，即股价进入强势上攻区间。此后，若股价能够脚踩上轨线上行，则说明股价处于强势上攻状态。很多短线牛股都具备这一典型的特征。

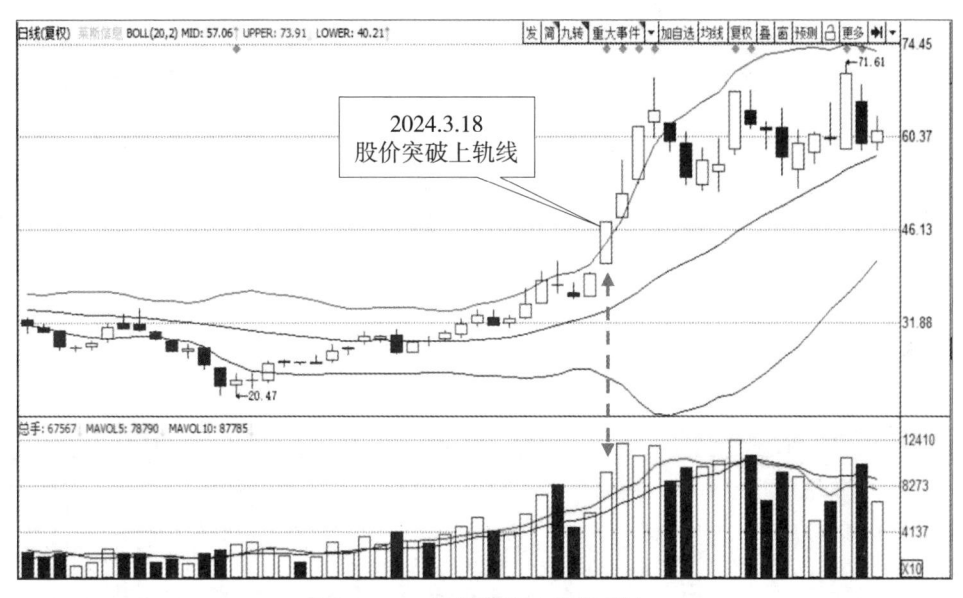

图 4-11　股价脚踩上轨线形态

从图 4-11 中股价 K 线与布林线之间的位置关系，可以看出如下几个特征。

第一，股价经过一段时间的振荡上升后，出现了加速上攻态势。从 K 线形态上来看，这属于典型的慢牛加速形态，股价的上涨趋势非常明显。

第二，股价 K 线突破布林线上轨之前，已经在很长时间内出现了沿上轨线运行的态势，这本身也是一种强烈的看涨信号。3 月 18 日股价对上轨线的突破，只是股价短线冲锋的一个信号。

第三，当股价加速上攻后，布林通道的喇叭口迅速放大，这也是股价进入高波动区间的一个显著特征。

第四，从成交量方面来看，当股价向上突破时，成交量出现了明显的放大，这也是股价进入上行通道的显著特征。

第五，股价脚踩布林线上轨线固然是强势的显著特征，但也很可能属于最后的疯狂。一旦股价重回布林通道内部，很可能会出现一波调整，甚至是反转。

基于以上判断，激进型短线交易者更可以在股价向上突破上轨线时入场追涨，并在股价回归布林通道内时执行减仓操作。

下面来看一下同花顺的案例。

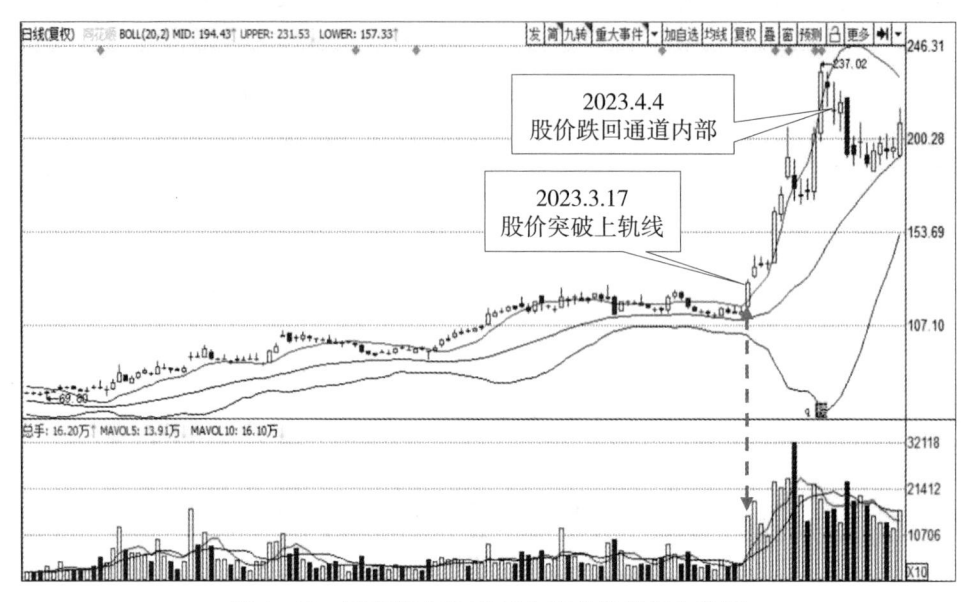

图 4-12　同花顺（300033）布林线指标走势图

如图 4-12 所示，同花顺的股价在 2023 年 1 月到 3 月期间，出现了一波横向盘整走势。该股股价在振荡过程中，布林通道的喇叭口越来越窄，说明股价波动幅度越来越小，正在选择未来的突破方向，投资者宜密切关注该股其后的走势。

2023 年 3 月 17 日，该股股价在前几个交易日振荡上行的基础上再度上攻，并顺利突破布林线上轨，说明股价进入快速上涨区间。观察当日的成交量可知，当日成交量放大比较明显，这也是股价即将启动大幅上攻的迹象。

此后，该股股价一直脚踩布林线上轨运行，这是典型的持续强势信号。持有该股的投资者只需持股待涨。

4 月 4 日，同花顺的股价正式跌回布林通道内部，投资者可考虑适当减仓，若其后股价跌破中轨线，则宜清仓。

二、上轨线突破前高

布林线上轨会因股价波动幅度的放大而向上运动，同理，当股价经过一波上涨后，出现回调，布林线的上轨线势必也会随之回撤。其后股价再度上行，布林线上轨线也会随之上扬，若上轨线突破前期高点，意味着股价可能会迎来新一波的短线上攻行情。该技巧与股价突破前期高点的技法在理论上有些相似，即股价上升动能已经超越了上一次，那么未来继续上攻的概率就会变得非常大。

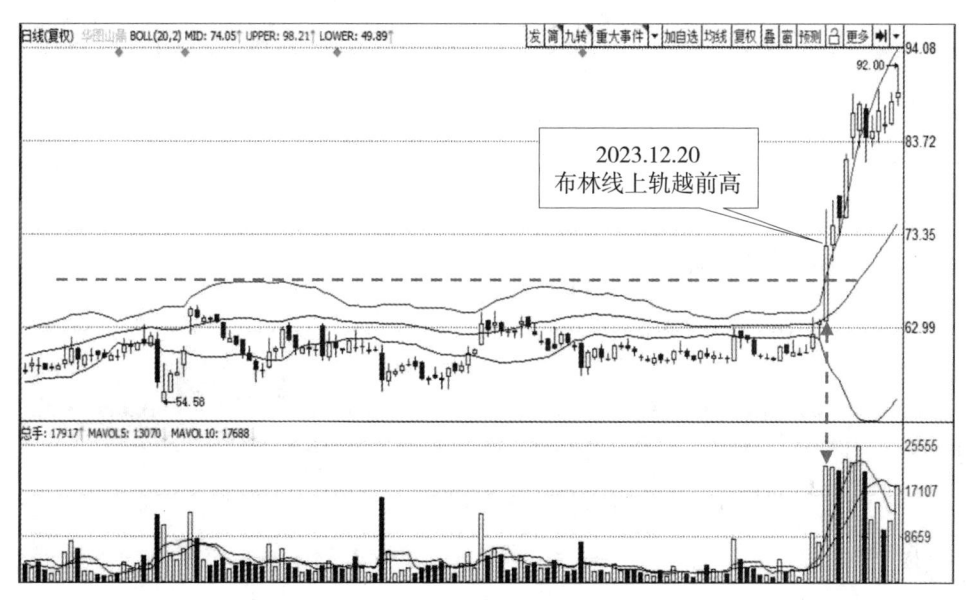

图 4-13 布林线上轨越前高

从图 4-13 中股价 K 线与布林线之间的位置关系，可以看出如下几个特征。

第一，股价在创出前期高点之后出现调整，当布林线上轨突破前期高点时，股价也同步突破了前期高点。也就是说，在大多数情况下，股价 K 线与布林线是同步创出新高的，当然有时也存在不一致。

第二，布林线上轨突破前高的同时，股价 K 线同步向上突破了上轨线，这也是股价短线强势的一个显著特征。此时若股价仍停留在上轨线内部，紧贴上轨线，则股价未来上涨所持续的时间可能会更长。

第三，从成交量方面来看，当股价向上突破时，成交量出现了明显的放大，若能突破前期高点更佳。

第四，布林线上轨完成对前期高点的突破后，若股价出现回调，且回踩至上轨线或中轨线位置再度上扬，投资者可考虑加仓买入。

下面来看一下云南城投的案例。

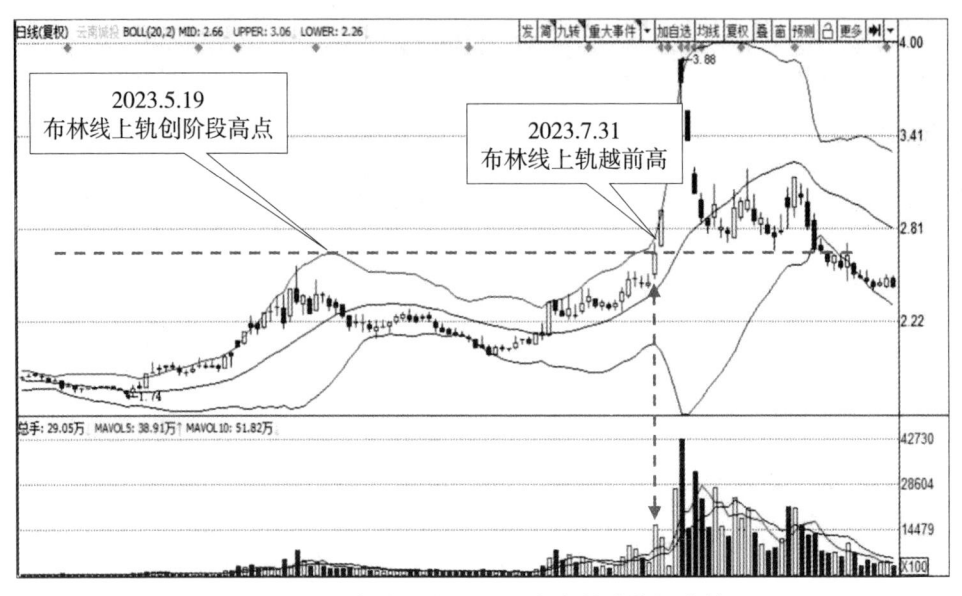

图 4-14　云南城投（600239）布林线指标走势图

如图 4-14 所示，云南城投的股价在 2023 年 5 月 19 日创出阶段高点后出现了回调整理。与此同时，布林线的上轨线也在创出高点后拐头向下收缩。

其后，该股股价经过几个月的横向盘整，布林通道的喇叭口呈现明显的收缩状态。进入 2023 年 7 月后，该股股价自低位启动上攻，股价 K 线向上突破了布林线中轨，来到了上轨线附近，与此同时，布林线上轨拐头向上突破了 2023 年 5 月 19 日所形成的阶段高点，说明布林线上轨线在 7 月 31 日创出了新高。

观察股价 K 线的走势可以发现，7 月 31 日当天该股股价也突破了 2023 年 5 月所形成的高点。也就是说，此时布林线上轨与股价 K 线双双突破了前期高点，这属于典型的短线强势信号。

投资者可据此入场买入该股。观察股价 K 线与布林线上轨的位置关系可以看出，股价 K 线虽然贴近上轨线但并未突破上轨线，只是沿着上轨线向上运行，说明该股股价上攻可能会持续较长时间，投资者可积极入场做多。

三、股价翻身上攻突破上轨线

股价翻身突破，是指股价从下跌（或假跌）状态，突然转为强势上攻状态的一种形态，这是黑马股启动前常见的运行态势。很多投资者还没有从股价下行的态势中回过神来，股价就已经进入了强势上攻区间。

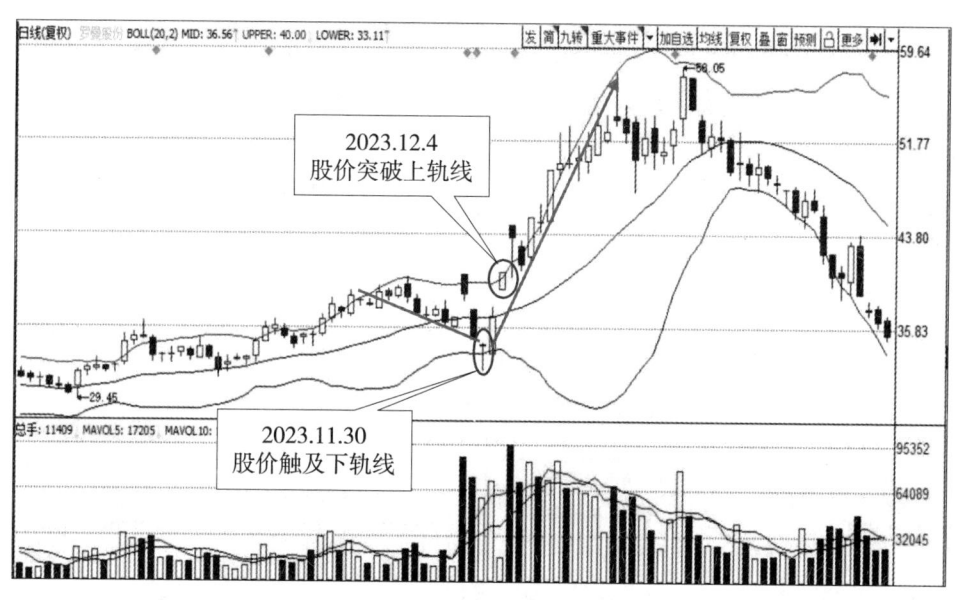

图 4-15　股价翻身上攻突破上轨线形态

从图 4-15 中股价 K 线与布林线之间的位置关系，可以看出如下几个特征。

第一，股价经过一段时间的横向盘整后，出现了一波下行走势，给人一种即将向下突破的感觉。股价 K 线甚至已经触及了布林线下轨线，这是典型的行情转弱信号，投资者是不应该入场的。

第二，当投资者对其走势不抱希望时，该股股价突然反向上攻，连续向上突破布林线中轨和上轨，强势特征一览无余。

第三，当股价反向上攻后，布林通道的喇叭口迅速放大，这也是股价进入高波动区间的一个显著特征。

第四，股价 K 线从下轨线到突破上轨线所用的时间非常短（一般在 5 个交易日以内），这也是这类股票走势的一个典型特征。若持续时间过长，则无法体现股价短线运行的强势。

第五，从成交量方面来看，当股价向上突破时，成交量出现了明显的放大，这也是股价进入上行通道的显著特征。

基于以上判断，投资者可在股价向上突破中轨线时建仓买入，激进型短线交易者可以在股价向上突破上轨线时进行加仓。有些情况下，突破中轨线与突破上轨线是在同一天完成的。

下面再来看一下首药控股的案例。

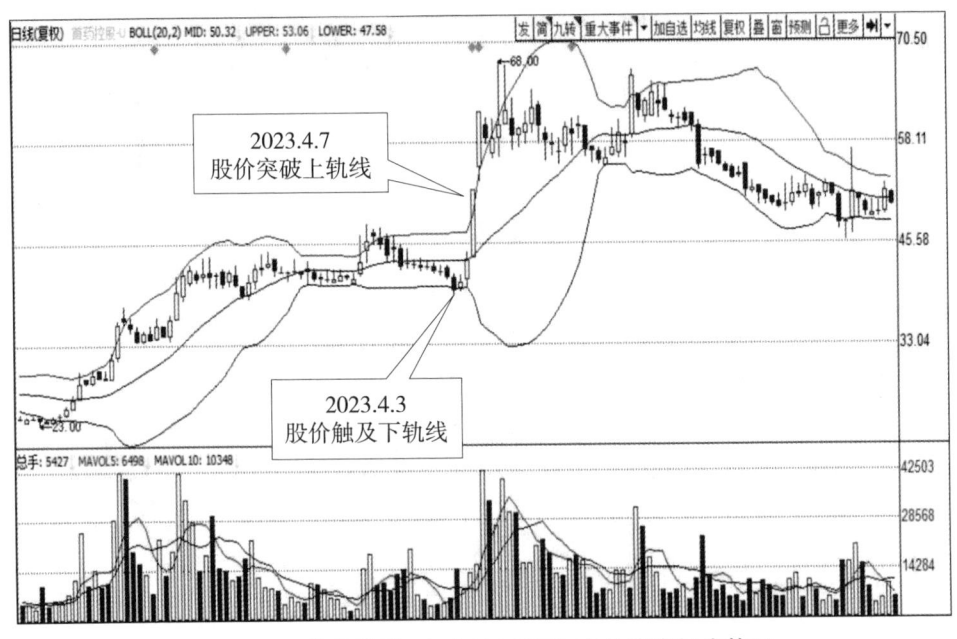

图 4-16 首药控股 –U（688197）布林线指标走势图

如图 4-16 所示，首药控股的股价在 2023 年 3 月到 4 月期间经过一波拉升后，出现了振荡盘整走势。该股股价在振荡过程中，布林通道的喇叭口越来越窄，说明股价波动幅度越来越小，正在选择未来的突破方向，投资者宜密切关注该股其后的走势。

2023 年 3 月下旬，该股股价出现了下跌走势。4 月 3 日，该股股价更是一度跌破了布林线下轨，弱势尽显，给人一种股价即将启动快速下跌的感觉。与此同时，该股的成交量出现连续萎缩的态势。

其后，该股股价振荡回升。4 月 7 日，股价更是连续向上突破了布林线中轨线和上轨线，强势股特征开始显现。观察布林通道可知，此时布林通道的喇叭口开始放大，且成交量也同步放大。以上诸多信号都说明该股即将进入快速上升通道，激进型短线交易者可迅速入场买入该股。当然，由于此时该股股价已经向上突破上轨线，投资者宜保持合理的仓位，控制风险。

此后，该股股价沿布林线上轨运行，投资者可在股价回归布林通道内部时减仓，并在股价跌破布林线中轨时清仓。

四、股价跳空突破上轨线

股价运行于布林线上轨下方，某一交易日股价 K 线向上跳空越过布林线上轨后，运行于布林线上轨上方，说明股价进入强势上攻区间。这是股价进入强势上升阶段的典型特征，短线交易者可考虑追涨买入。

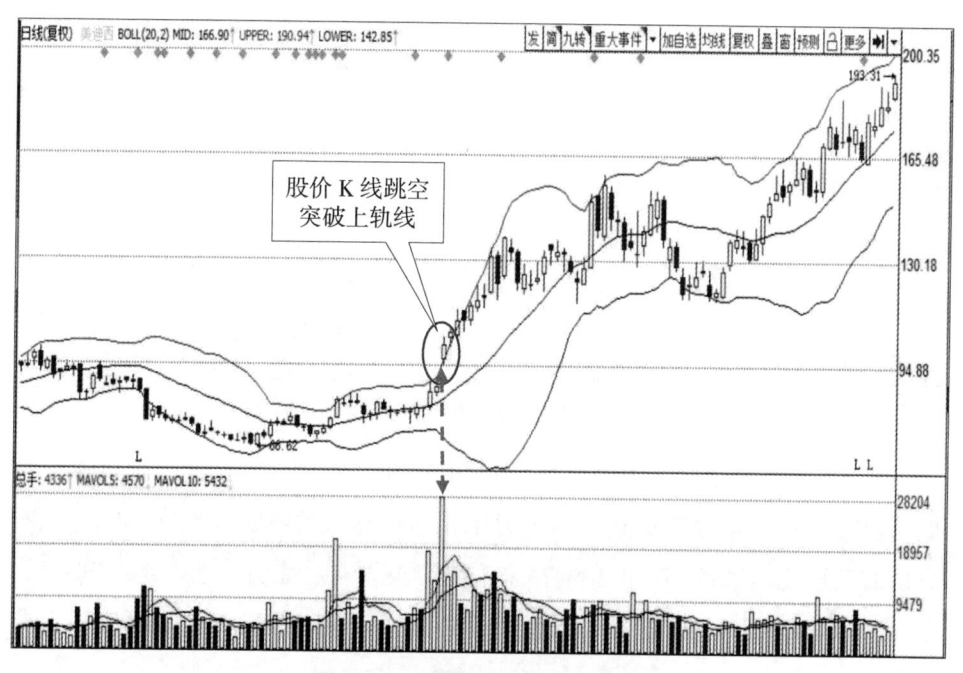

图 4-17 股价跳空突破上轨线

从图 4-17 中股价 K 线与布林线之间的位置关系，可以看出如下几个特征。

第一，股价先是在布林线上轨下方运行，某一交易日股价跳空向上，越过了布林线上轨。股价 K 线与前一日 K 线要有明显的跳空缺口。

第二，股价跳空之前，并未出现明显的上行趋势，布林通道出现了明显萎缩，且布林通道的喇叭口逐渐收缩。这是一种股价选择方向的态势。布林通道的喇叭口越窄，未来启动上涨后的爆发力越强。

第三，从成交量方面来看，当股价向上突破时，成交量出现了明显的放大，这也是股价进入上行通道的显著特征。

第四，股价K线跳空突破之后，若能够站稳在布林线上轨之上，则可认定突破有效，短线交易者可追涨入场。

下面来看一下艾力斯的案例。

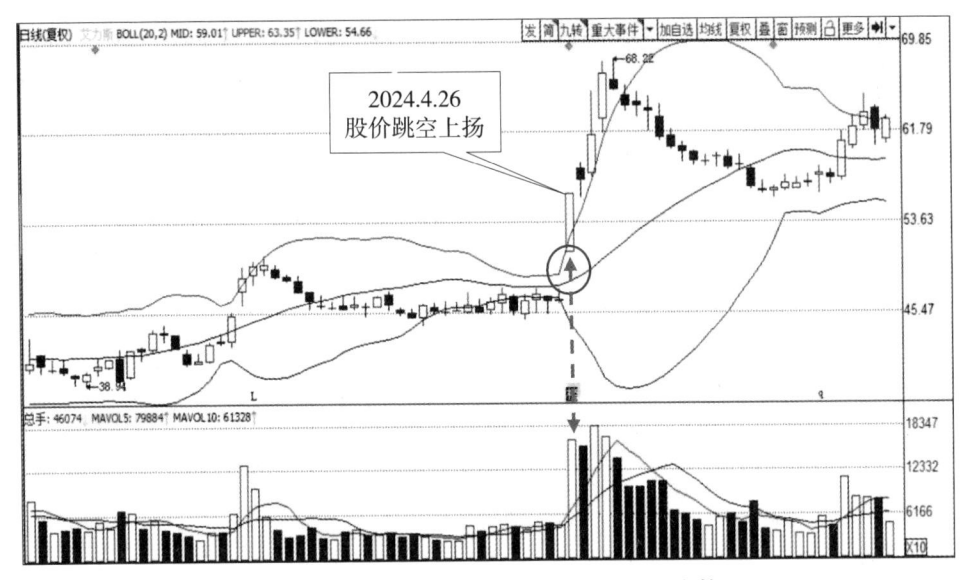

图4-18　艾力斯（688578）布林线指标走势图

如图4-18所示，艾力斯的股价在2024年3月到4月期间，出现了一波振荡盘整走势。该股股价在振荡过程中，布林通道的喇叭口越来越窄，说明股价波动幅度越来越小，正在选择未来的突破方向。特别是进入4月份之后，布林通道的喇叭口越来越小，说明股价一旦选定突破方向，波动幅度将会非常大。

4月中旬以后，该股股价事实上已经运行在了布林线下轨线的下方，且呈横向小幅盘整态势。4月26日，该股股价放量跳空向上突破了布林线上轨，与此同时布林通道的喇叭口开始放大，这属于典型的股价起涨信号。

此后，该股股价重新沿布林线上轨上行。投资者可在股价完成跳空上扬之后，开始追涨买入该股。

第五章

布林线指标波段交易战法

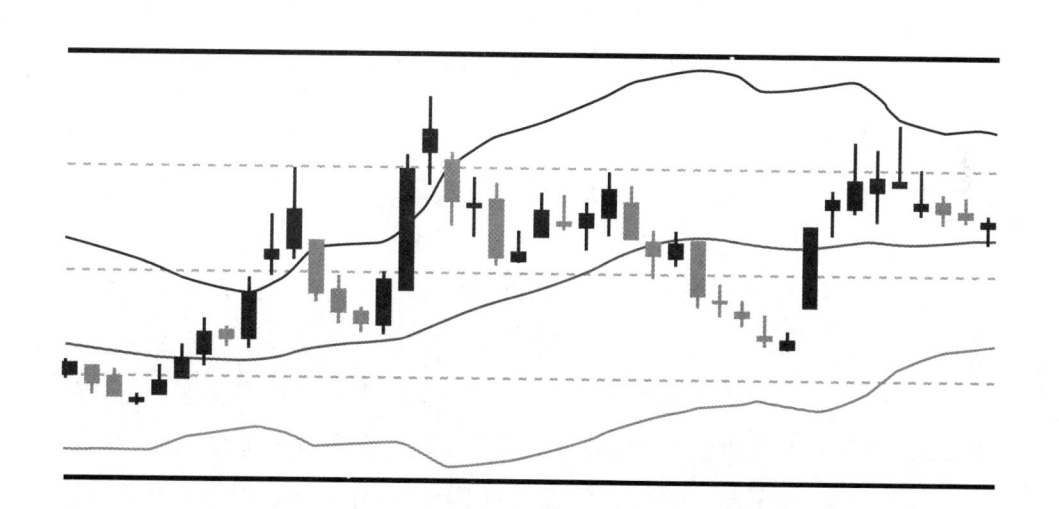

波浪式振荡永远是股市的主旋律。股价上涨与下跌都不会永远持续下去，上涨一段时间后，股价就会转入下跌通道；反之，下跌一段时间后，股价不可避免地会朝着相反的方向运行。

及时抓住股价的上升阶段，并从股价启动下跌伊始撤出，是布林线指标的核心用途之一。布林线指标独特的设计理念，可以帮助投资者确认行情与趋势、股价的突破与支撑、股价的相对高点与低点等，这些在一定程度上都能够帮助投资者快速捕捉到股价的上升波段，回避下跌波段。

第一节　布林线波段交易基础战法

随着股价的波动，股价 K 线与布林通道以及各条轨道线会呈现出各类不同的组合，而其中一些经典的组合往往会为股价未来的上攻指明方向。

一、股价步步为营式起飞

股价自低位启动上攻后，先是发力向上突破中轨线，站稳中轨线后，又再度切换赛道，强势上攻，开始沿着上轨线，甚至脚踩上轨线运行。

根据图 5-1 中股价 K 线与布林线之间的位置关系，可以看出如下几个特征。

第一，股价先是在布林线中轨与下轨之间的区域进行横盘整理，此时布林通道的喇叭口开始逐渐收缩，属于典型的市场选择突破方向的时段。

第二，某一交易日，股价 K 线发力向上突破了中轨线，但与投资者的期待不同，股价并未立即大幅上攻，而是重新转入了横向振荡趋势。此后，股价 K 线一直在中轨线附近横盘振荡，布林通道的喇叭口比之前稍有打开后又重新转入收缩态势。

第三，经过一波横向调整后，股价再度启动，并向上完成了对上轨线的

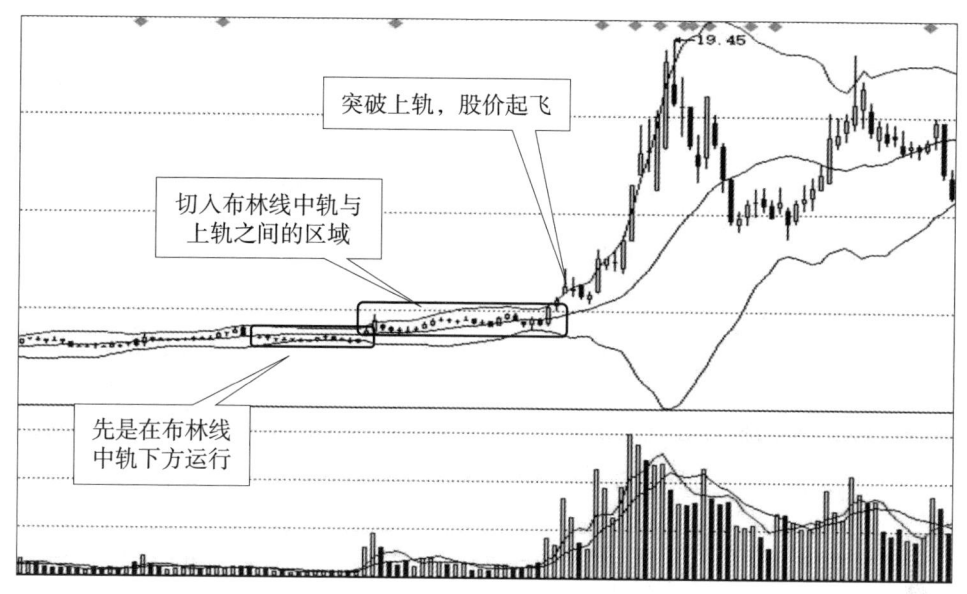

图 5-1 股价步步为营式起飞

突破。与此同时，成交量呈现出放大态势，布林通道的喇叭口也开始大幅敞开，这往往意味着一波新的大行情到来了。

第四，布林线上轨完成对前期高点的突破后，若股价出现回调，且回踩至上轨线或中轨线位置再度上扬，投资者可考虑加仓买入。

下面来看一下协创数据的案例。

如图 5-2 所示，协创数据的股价自 2023 年 10 月 24 日触及阶段底部后开始振荡反弹。该股股价先是在布林线中轨与下轨之间的区域横向振荡，成交量同步萎缩，布林通道的喇叭口同步出现萎缩态势，给人一种股价正在选择突破方向的感觉。

2023 年 11 月 6 日，该股股价小幅放量上攻，并完成了对布林线中轨的突破，给人一种股价即将上升的感觉。此后，该股股价并未上升，而是继续延续了横向盘整态势，股价 K 线沿着布林线中轨横向盘整，成交量再度萎缩，给人一种行情不明的感觉。

11 月 15 日，正当所有投资者对该股行情抱有疑虑的时候，股价 K 线突然大幅放量上攻，并完成了对布林线上轨的突破。与此同时，布林通道的喇叭口同步拐头向上，标志着股价上攻大幕正式开启。

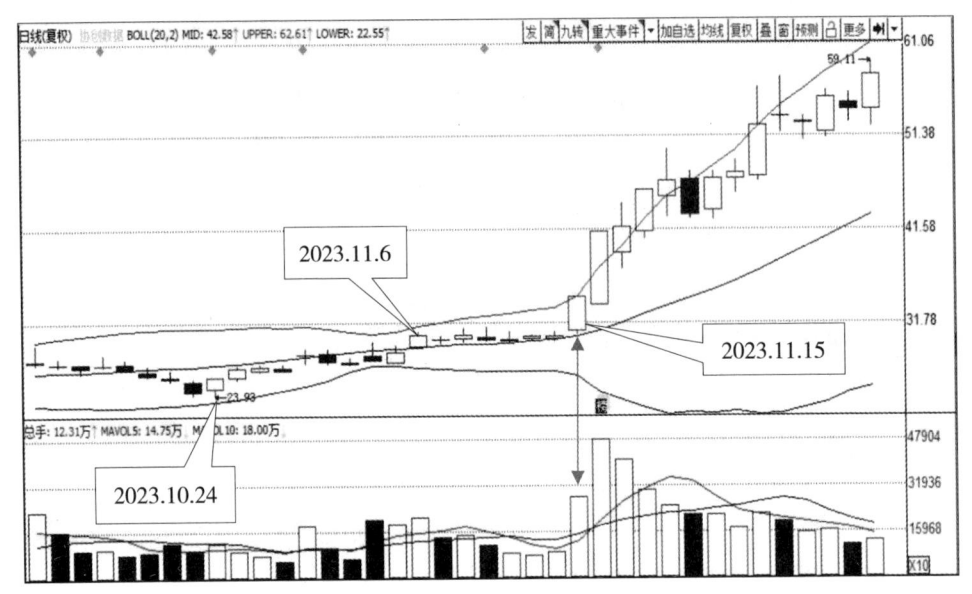

图 5-2 协创数据（300857）布林线指标走势图

此后，该股股价一路沿着上轨线上行，投资者可考虑积极入场追涨操作。

二、布林线芙蓉出水形态

股价经过一段时间的横向振荡，长期处于布林线中轨线下方，且布林通道的喇叭口呈现明显的收缩态势，说明整个市场对该股股价的后市走势并不看好。某一交易日，该股股价突然拔地而起大幅走高，甚至一度突破了布林线上轨。此后，该股股价进入了快速上升通道。

从图 5-3 中股价 K 线与布林线之间的位置关系，可以看出如下几个特征。

第一，股价先是在布林线中轨与下轨之间的区域进行横盘整理，偶尔可能还会跌破下轨线，中轨线就是横在股价 K 线上方的一道天然屏障，给人一种无论如何也突破不了的感觉。

第二，与此同时，布林通道的喇叭口开始逐渐收缩，属于典型的市场选择突破方向的时段。

第三，某一交易日，股价 K 线发力向上突破了中轨线，并直接向上冲击布林线上轨，且布林线喇叭口同步出现放大形态，这往往也意味着一波新的大行情来到了。

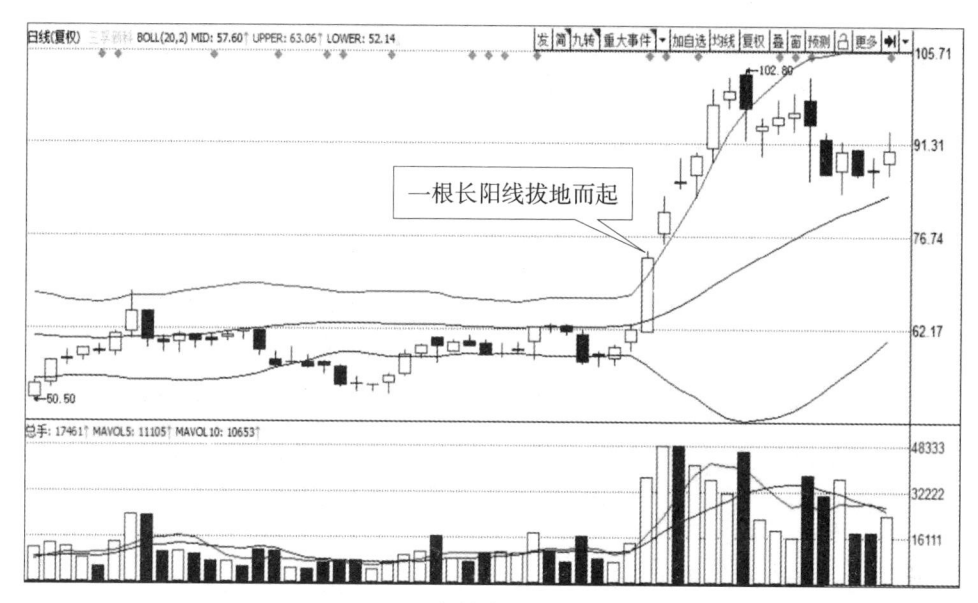

图 5-3　布林线芙蓉出水形态

第四，股价完成突破当日，投资者即可考虑追涨买入。若股价出现回调，且回踩至上轨线位置再度上扬，投资者可考虑加仓买入。

下面来看一下上海贝岭的日 K 线走势图。

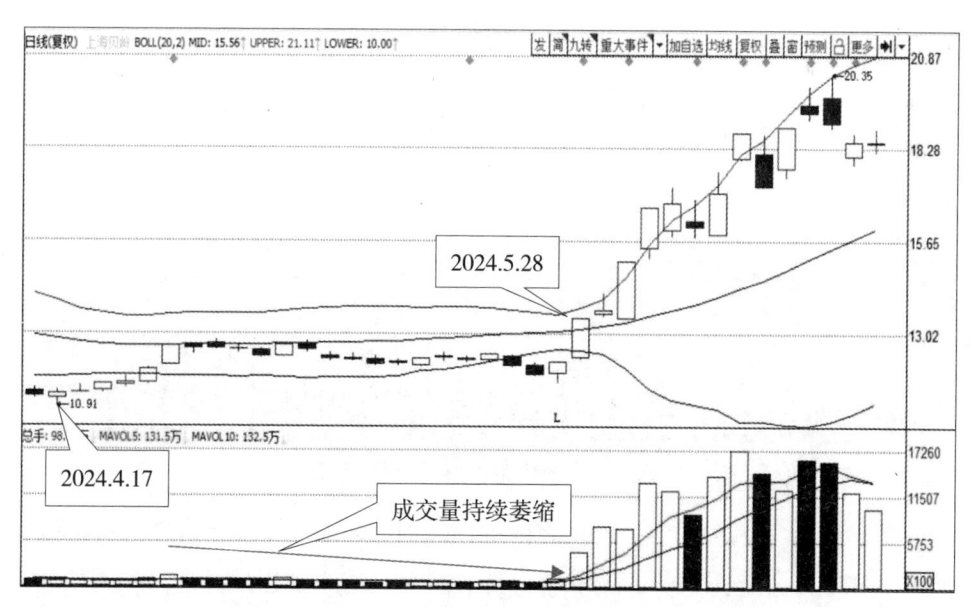

图 5-4　上海贝岭（600171）布林线指标走势图

如图 5-4 所示，上海贝岭的股价自 2024 年 4 月 17 日触及阶段底部后开

- 95 -

始振荡反弹。该股股价先是在布林线中轨与下轨之间的区域横向振荡，偶尔还跌破了布林线下轨，成交量同步萎缩，布林通道的喇叭口同步出现萎缩态势，给人一种股价走势不佳的感觉。

2024年5月28日，该股股价突然大幅上攻，并以涨停报收，在K线图上留下了一根光头大阳线，且当日完成了对布林线中轨的突破。此后，该股股价持续上攻，并迅速上行至布林线上轨线附近，这是典型的股价走强信号。

与此同时，布林通道的喇叭口同步拐头向上，标志着股价上攻大幕正式开启。此后，该股股价一路沿着上轨线上行，投资者可考虑积极入场追涨操作。

三、股价沿中轨线上方通道运行

股价在某一时刻完成对布林线中轨的突破后，一直沿着中轨振荡上行。在此期间，股价即使偶尔出现回调，也能在中轨线附近获得足够的支撑，这就说明股价正运行在上升通道，投资者耐心持股即可。

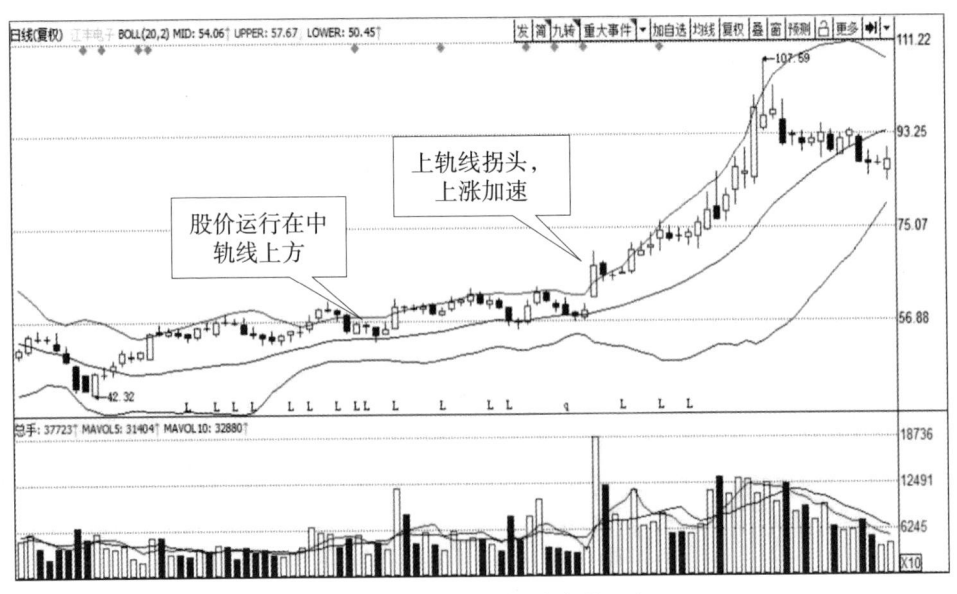

图 5-5 股价沿布林线中轨运行

股价运行于中轨线与上轨线之间的区域时，尽管可能也会出现回调走势，但因整体上处于上升趋势，投资者应持股待涨，减少卖出操作。

其操作要点如下。

第一，股价向上突破中轨线，并一直在中轨线与上轨线之间区域运行。

第二，股价偶尔出现回调走势，但并未跌破布林线中轨。

第三，布林通道呈向右上方倾斜态势，且布林线喇叭口并未出现异常放大或收缩。

第四，股价在上升过程中，若出现长阳加速态势，布林通道的喇叭口开始放大，上轨线拐头上行，则可考虑追加仓位。此后，股价也可能会面临较大的回调压力。

第五，若某一个交易日股价有效跌破中轨线，且布林线喇叭口开始放大，则可考虑放弃持股策略。

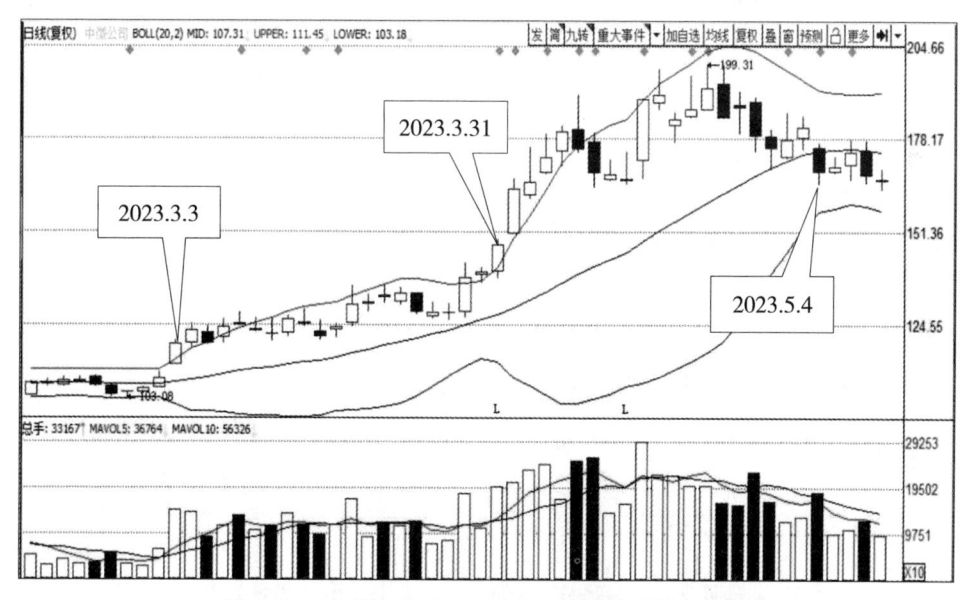

图 5-6　中微公司（688012）布林线指标走势图

如图 5-6 所示，中微公司的股价在 2023 年 3 月初结束了底部盘整走势，并开启上升模式。

2023 年 3 月 3 日，该股股价继续了前几个交易日的上升态势，高开高走，放量突破布林线中轨，说明股价已经进入强势上升通道，投资者可考虑买入该股。此后，该股股价一路振荡上升，且一直运行于中轨线与上轨线之间，说明股价走势极强，投资者应持股待涨，尽量减少卖出操作。其间该股股价也曾几次向下回调，均因中轨线的支撑而再度上升。

2023 年 3 月 31 日，该股股价延续了之前两个交易日的上攻，并完成了对上轨线的突破，意味着股价上涨行情可能会加速，投资者可考虑加仓买入。

2023年5月4日，中微公司的股价跌破中轨线，且此后并未反弹至中轨线以上，说明股价运行趋势将发生转变，投资者可在此时卖出该股。

四、布林通道突然收缩+突破中轨线

股价处于盘整或下行趋势时，若布林通道突然收缩，说明股价正在重新选择运行的趋势。也就是说，股价未来可能会迎来一个拐点，并借此进入新的上升或下跌通道。此后，若股价突然收出一根长阳线，完成对中轨线的突破，则意味着股价将迎来一波大幅上升行情。如图5-7所示。

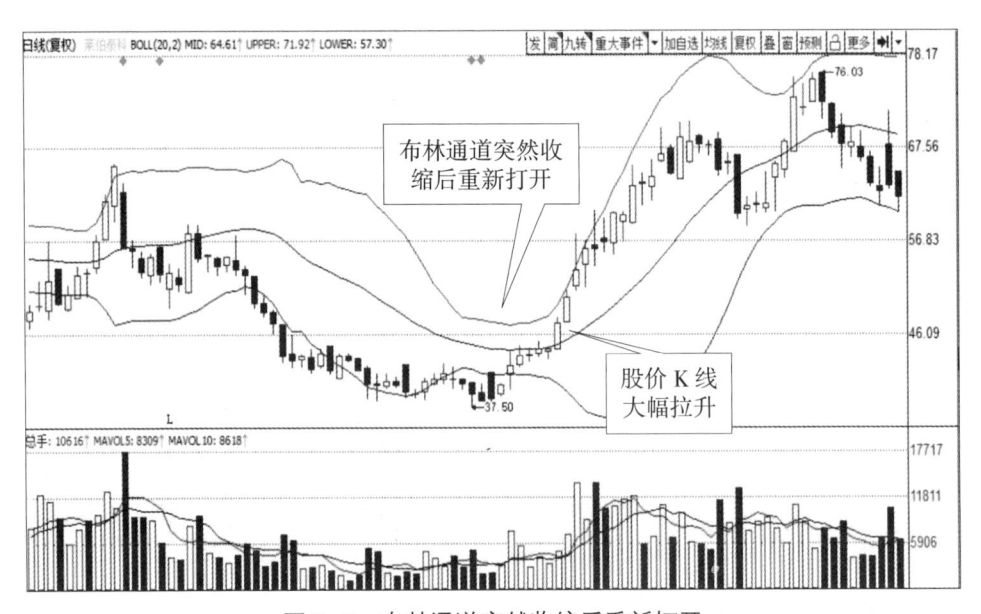

图5-7 布林通道突然收缩后重新打开

其操作要点如下。

第一，当股价按照某一趋势运行，布林通道的缩放处于比较稳定的状态，即收缩和放大比较有规律，且幅度不大。

第二，股价突然降低波动幅度，布林通道异常缩小，即相对于之前的运行态势，布林通道收缩幅度较大。

第三，股价重新开始大幅波动时，就是股价选定新的突破方向之时。

第四，股价若向某一方向运行，必然会突破中轨线，甚至达到上轨线，而布林通道又会再度放大，此时就是较佳的入场机会。

图 5-8　百奥泰（688177）布林线指标走势图

如图 5-8 所示，百奥泰的股价自 2024 年年初开始启动了一波振荡下跌走势，随着股价的持续走低，布林通道的喇叭口在经历了放大之后开始回缩。

进入 2024 年 9 月后，该股股价开始进入振荡整理阶段，布林通道的喇叭口也同步萎缩。9 月中旬，股价波动幅度大幅减弱，布林通道的喇叭口突然出现极度收缩形态，这往往意味着股价要重新选择突破方向了，投资者可保持对该股的关注。

9 月 20 日，该股股价突然大幅下跌，布林通道的喇叭口开始放大，正当投资者认为股价有可能下跌时，股价却很快出现反向突破。9 月 26 日，该股股价自布林线中轨放量上涨，并完成了对上轨线的突破，这意味着股价很可能会进入上升通道。此后，股价开始沿上轨线运行，说明大幅上涨的概率很高，投资者可执行买入操作。

五、股价暴跌后向上突破下轨线

通常情况下，股价跌破下轨线的情形并不会长期保持。也就是说，当股价跌破下轨线后，很快就会反弹至布林通道内部，若此时布林通道出现收缩，股价乖离率过大，则说明股价回升的可能性极大。

布林线指标：振荡交易技术精解

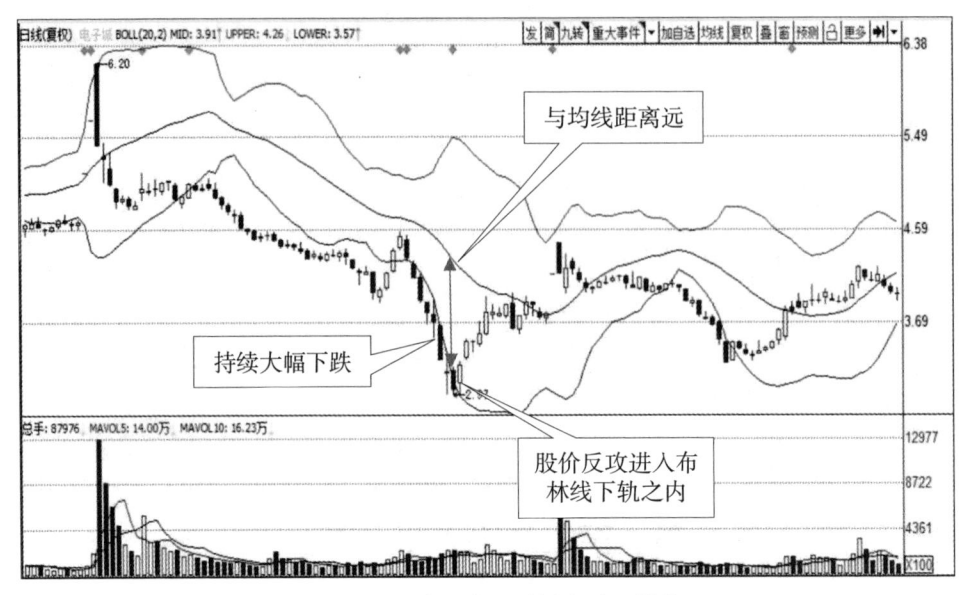

图 5-9 股价暴跌后重新突破下轨线

股价跌破布林线下轨线后继续走低，股价 K 线距离均线较远时，就有了反弹的需求。此后，股价若能成功向上突破布林线下轨线，则意味着股价极有可能展开一波反弹走势，这也是投资者一个较佳的入场机会。

该技巧的操作要点如下。

第一，股价向下跌破布林线下轨。

第二，布林通道的喇叭口持续放大数日后，上轨线出现拐头向下迹象。

第三，股价距离均线较远，存在反弹需求。

第四，股价收阳线或假阴线后，向上突破布林线下轨时，说明股价已经见底，投资者可少量建仓该股。

如图 5-10 所示，茶花股份的股价在 2024 年 2 月初随着大盘的下跌出现了暴跌走势，股价一路沿布林线下轨下跌，甚至一度跌破下轨线。

2024 年 2 月 6 日，该股股价触底反弹，并以阳线报收，且当日股价 K 线距离均线已经有了较大的距离，存在很大的反弹可能。

2 月 8 日，该股股价再度上攻，与此同时，布林线上轨线开始拐头向下，这是股价下行趋势即将终结的一个信号。

2 月 9 日，该股股价大幅放量上攻，并成功突破了下轨线，这属于典型的看涨信号。投资者可考虑追涨买入该股。

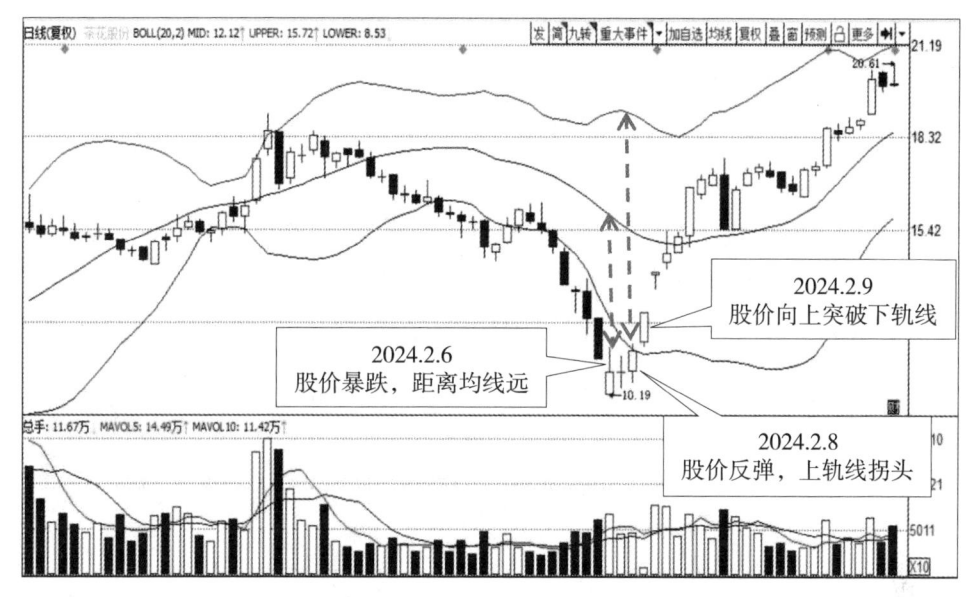

图 5-10　茶花股份（603615）布林线指标走势图

六、量价底背离 + 股价突破布林线下轨线

股价经过一段时间的下跌或回调后，股价与成交量形成底背离，当股价自下而上突破布林线下轨或股价遇布林线下轨受到支撑反弹时，是较佳的买入点位。如图 5-11 所示。

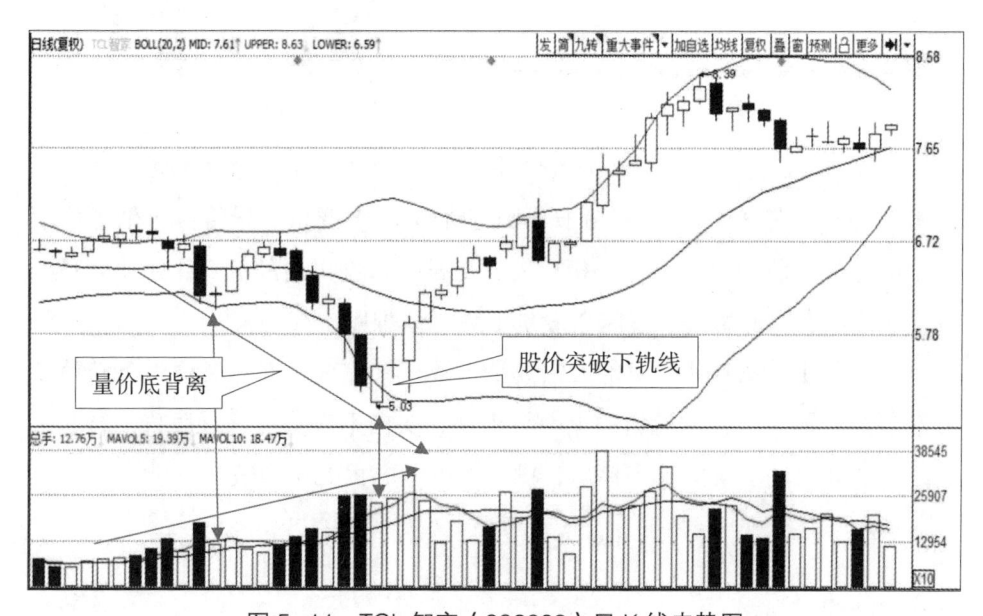

图 5-11　TCL 智家（002668）日 K 线走势图

该技巧的具体操作要点如下。

第一，股价沿下轨线运行，并在创下低点时一度跌破下轨线。

第二，股价连续创出新低时，成交量的量柱却并未随之创出新低，说明成交量与股价形成了底背离。

第三，布林通道的喇叭口持续放大数日后，上轨线出现拐头向下迹象。

第四，成交量与股价形成底背离后，股价自下而上突破下轨线或股价遇下轨线支撑反弹时，就是该股的最佳买入点位。

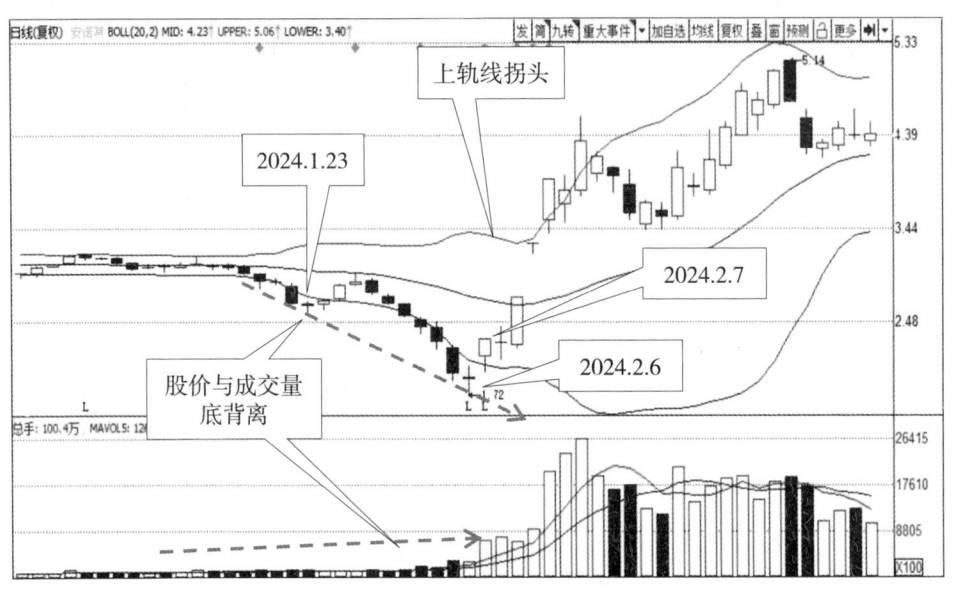

图 5-12 安诺其（300067）布林线指标走势图

如图 5-12 所示，安诺其的股价在 2024 年年初期间出现了一波振荡下跌走势，并在 1 月 23 日和 2 月 6 日分别创下了两个低点。尽管两个低点中后一个明显低于前一个，但与之相对的成交量并未创出新的低点，说明股价与成交量之间存在底背离，意味着股价下跌行情难以持续。

2 月 7 日，安诺其的股价大幅放量上攻，并完成了对布林通道下轨线的突破。与此同时，布林通道的上轨线出现拐头向下态势，这是股价下行趋势终结、重新启动上攻的一个标志，投资者可考虑积极入场做多。

第二节　布林线波段交易组合战法

股价 K 线与布林通道若是出现一些经典形态，可能预示着股价将迎来一波波段上升行情。

一、三线翘头战法

三线翘头形态，是指布林线三条指标线全部拐头向上的一种形态。一般情况下，股价由盘整转为上涨后，布林通道的喇叭口会呈放大态势，布林线下轨会先朝下运行，而当三线全部拐头向上，则意味着股价整体运行趋势已经进入上升趋势，持股投资者只需耐心持股待涨即可。

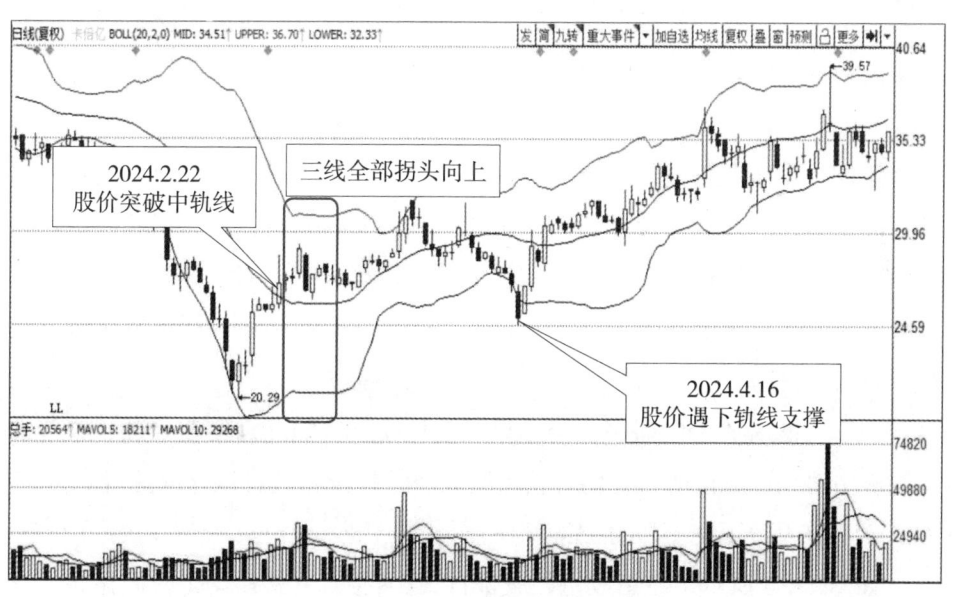

图 5-13　三线翘头形态

如图 5-13 所示，卡倍亿的股价自 2024 年初启动了一波振荡下跌走势。该股股价经过几个月的下跌后，在 2024 年 2 月中旬出现了反弹迹象。

2 月 22 日，该股股价向上突破了布林线中轨。此后，布林线三条指标线出现了三线翘头形态，预示股价已经进入了上升趋势，投资者可积极准备加仓。

该股股价在上涨过程中也曾出现了较大规模的回调，甚至一度跌破了中轨线。4月16日，该股股价在回调至布林线下轨位置后，因受下轨线的支撑而重新上攻。鉴于此时股价仍处于上升趋势中，投资者可积极加仓。

此后，该股股价出现了一波振荡上扬行情。

从图5-13中股价K线与布林线之间的位置关系，可以看出如下几个特征。

第一，股价经过一段时间的反弹后，向上突破中轨线并站稳中轨线后，说明多方已经掌握了股价波动的主动权，未来股价上升的概率在加大。

第二，股价上攻过程中，成交量出现了明显的放大，这是股价上行的基本保障。

第三，通常情况下，股价向上运行初期，由于布林通道的喇叭口会呈现放大迹象，下轨线会有一个向下的动作。不过，若下轨线很快就结束下行并拐头向上，且中轨线、上轨线同步上行，则意味着整个股价运行趋势已经进入了上升趋势。

第四，由于股价连续上攻了一段时间，三线翘头时，股价很可能会有一个回调动作，一般只要没有跌破中轨线就可以继续持仓；反之，若股价跌破了中轨线，但整体运行趋势没有破坏，即三根轨道线仍旧上行，投资者就可以继续持股（或小量减仓）。投资者也可以在股价回调遇中轨线或下轨线支撑而重新上升时，入场加仓。

第五，随着股价的振荡上扬，只要布林线下轨的低点逐渐抬升，股价没有跌破中轨线，就说明股价仍处于上行趋势，投资者就可以继续持股。

下面来看一下兆新股份的案例。

如图5-14所示，兆新股份的股价自2024年1月初启动了一波振荡下跌走势。到了7月份，该股股价出现了明显的底部盘整迹象，布林通道随之出现收缩状态，这也可能属于股价正在选择突破方向的一种形态。

7月30日，该股股价向上突破了布林线中轨。此后，布林线三条指标线出现了三线翘头形态，预示着股价已经进入了上升趋势，投资者可积极准备加仓。

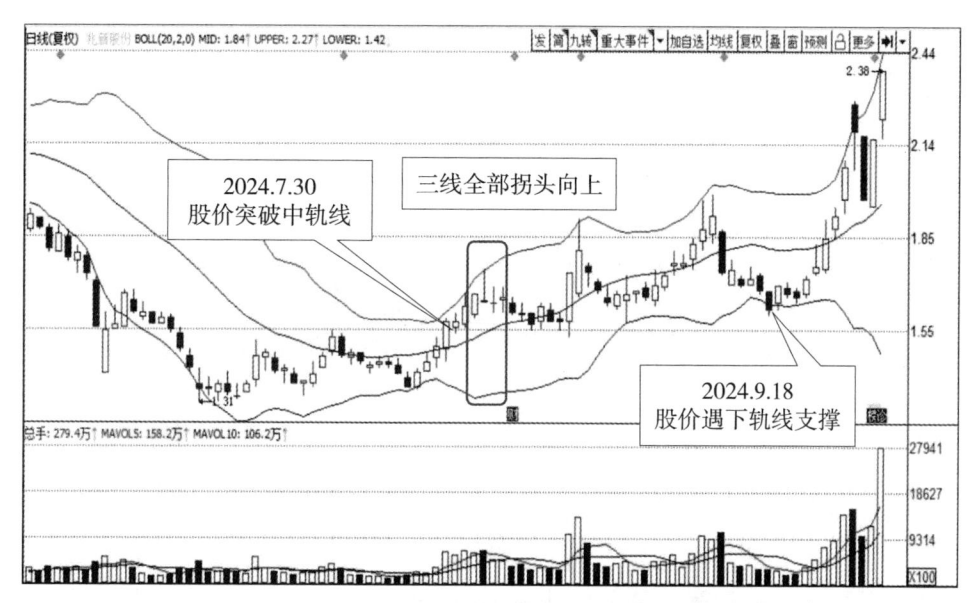

图 5-14　兆新股份（002256）布林线指标走势图

9月18日，该股股价在回调至布林线下轨位置后，因受下轨线的支撑而重新上攻，鉴于此时股价仍处于上升趋势中，投资者可积极加仓。

此后，该股股价出现了一波振荡上扬行情。

通过以上案例，投资者还可以发现这样一个规律：股价完成对中轨线的突破之后，三线开始翘头，此后股价常常会出现一个深度回调动作。同时，三线翘头形态出现后，尽管股价进入了上升趋势，但整体上属于温和上升走势，而非短线暴涨，这种上升势头很可能会持续较长时间，非常适合波段交易者参与其中。

二、潜龙出水战法

潜龙出水战法，是指股价经过一段相对较长时间的下跌，布林通道逐渐收缩，且开始逐渐出现横向运行态势，此后股价波动幅度突然放大，布林通道喇叭口突然放大，股价向上突破中轨线，直至上轨线，有时会突破上轨线。意味着股价横向运行态势终结，将迎来一波上升行情。

如图 5-15 所示，浙江世宝的股价自 2022 年 4 月中旬开始进入横向盘整区间。该股股价横向振荡期间，布林通道的喇叭口逐渐收缩。

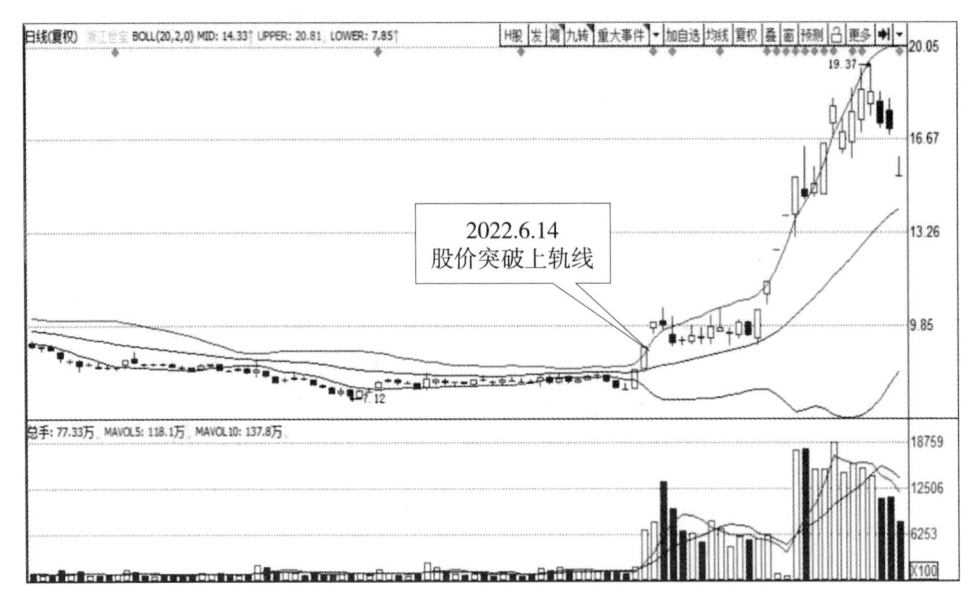

图 5-15　潜龙出水形态

2022 年 6 月 14 日，该股股价突破布林线上轨。与此同时，布林通道的喇叭口突然放大，并开始呈现敞开态势。

此后，布林通道随着股价的波动而呈现有规律的缩放，但布林通道始终向右上方倾斜，说明该股股价进入了振荡上扬趋势，中长线投资者可择机入场建仓。

从图 5-15 中股价 K 线与布林线之间的位置关系，可以看出如下几个特征。

第一，股价经过一段时间的下跌后开始横向整理，其波动范围也会随之减弱，布林通道的喇叭口呈现收缩状态，且整体上从向右下方倾斜到放平。

第二，股价经常低波动振荡后，突然向上拉升，随后股价进入高波动区间，意味着股价开始进入上升通道。这就如同一条在水下蛰居多时的龙，开始腾空而起。未来股价的涨势必然十分可观。

第三，由于股价在启动前已经经过了较长时间的下跌和横向振荡，因而当股价开始进入高波动区间后，无论股价如何波动，最后大概率还是会呈现上升走势，即或在初期会有一个向下的动作，也会很快向上拉升。股价在大幅向上拉升几个交易日后又反向向下打压，最后还是要向上拉升的，这也与股市只能单向盈利的规则有关。主力想要盈利，还是要向上拉升股价的，向下打压，尽管能够通过融券卖出盈利，但融券的话还是会有量的控制和成本的问题。

第四，面对这类形态的股票，投资者在股价开始进入高波动区间后，可以先试探性少量建仓，当股价向下回调至中轨线或下轨线并反弹时，进行加仓。这类股票上攻的持续时间往往很长，机会有很多，投资者不用着急。

第五，股价在底部盘整过程中，若布林通道的方向开始转向右上方倾斜，则未来上攻的概率更高。

下面来看一下跨境通的案例。

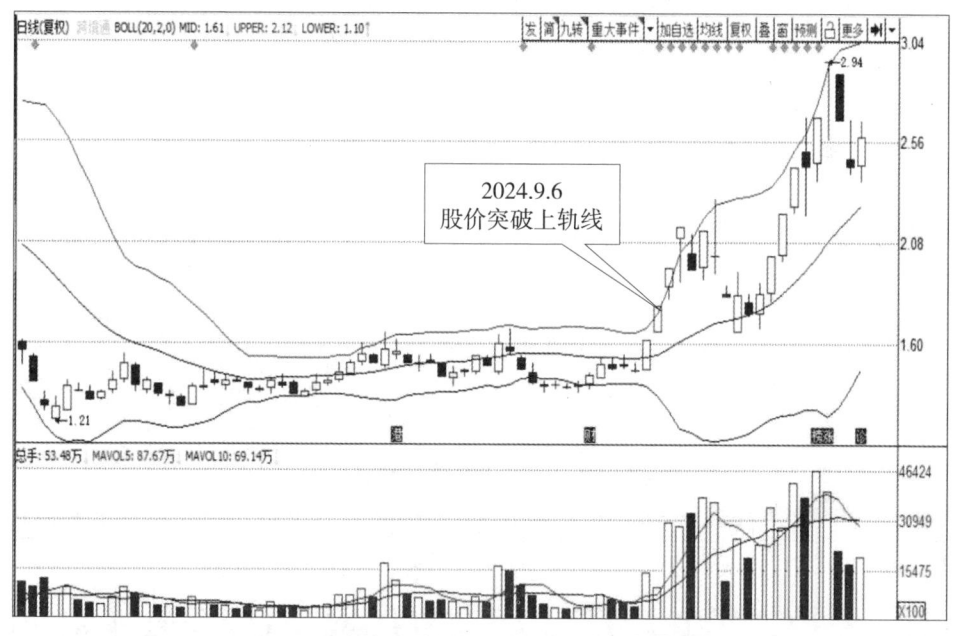

图 5-16　跨境通（002640）布林线指标走势图

如图 5-16 所示，跨境通的股价在 2023 年下半年开始进入下跌通道。进入 2024 年 6 月后，该股股价开始横向振荡盘整走势。随着股价振荡走低，布林通道的喇叭口逐渐收缩。

进入 2024 年 7 月，该股股价开始缓慢上行，但股价波动幅度仍然很小，布林通道的喇叭仍然紧缩。不过，布林通道开始向右上方倾斜，说明股价未来启动上攻的概率很大。

2024 年 9 月 6 日，该股股价放量上攻突破布林线上轨，与此同时，布林通道的喇叭口大幅敞开。也就是说，从此之后，布林通道喇叭口开始呈现敞开态势，且越开越大。

此后，布林通道随着股价的波动而呈现有规律的缩放，但布林通道始终向右上方倾斜，说明该股股价进入振荡上扬趋势，中长线投资者可择机入场建仓。

三、飞龙在天战法

飞龙在天战法，是指股价经过一段时间的振荡上行后，布林通道也随之出现敞开态势，其后随着股价的调整，布林通道的喇叭口进入萎缩状态。此后，股价因在中轨线或下轨线位置受到支撑而反向上攻，意味着股价结束中期调整，将迎来一波上升行情。

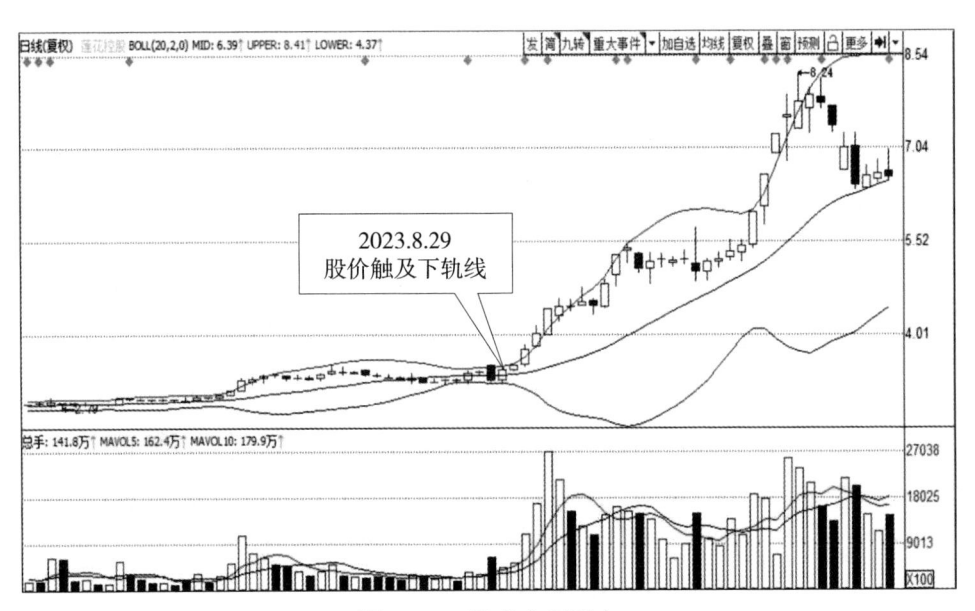

图 5-17　飞龙在天形态

如图 5-17 所示，莲花控股的股价自 2023 年 7 月中旬开始进入上行通道。随着该股股价振荡走高，布林通道的喇叭口呈现了有规律的缩放。

进入 2023 年 8 月，莲花控股的股价开始进入横向振荡调整行情。2023 年 8 月下旬，股价持续回调，布林通道的喇叭口开始逐渐收缩。

8 月 29 日，该股股价触及布林线下轨，与此同时，布林通道萎缩到了极低的水平。此后，随着股价的反弹（甚至突破了布林线中轨），布林通道的喇叭口开始重新放大，说明股价重新进入上升通道，投资者可积极入场做多。

从图 5-17 中股价 K 线与布林线之间的位置关系，可以看出如下几个特征。

第一，股价经过一段时间的上涨后，开始横向整理，其波动范围也会随之减弱，布林通道就会呈现收缩状态，且整体上并未出现下倾状态，这属于主力洗盘的典型特征。

第二，股价经常低波动振荡后，在触及布林线下轨或中轨后反弹，这就确认了下轨线或中轨线对股价的支撑作用。

第三，布林通道的喇叭口萎缩到极低水平，这是股价即将反攻的典型特征。

第四，尽管股价处于上升通道，但鉴于此时股价已经处于高位，投资者需要股价突破中轨线后才能入场交易。

下面来看一下晓程科技的案例。

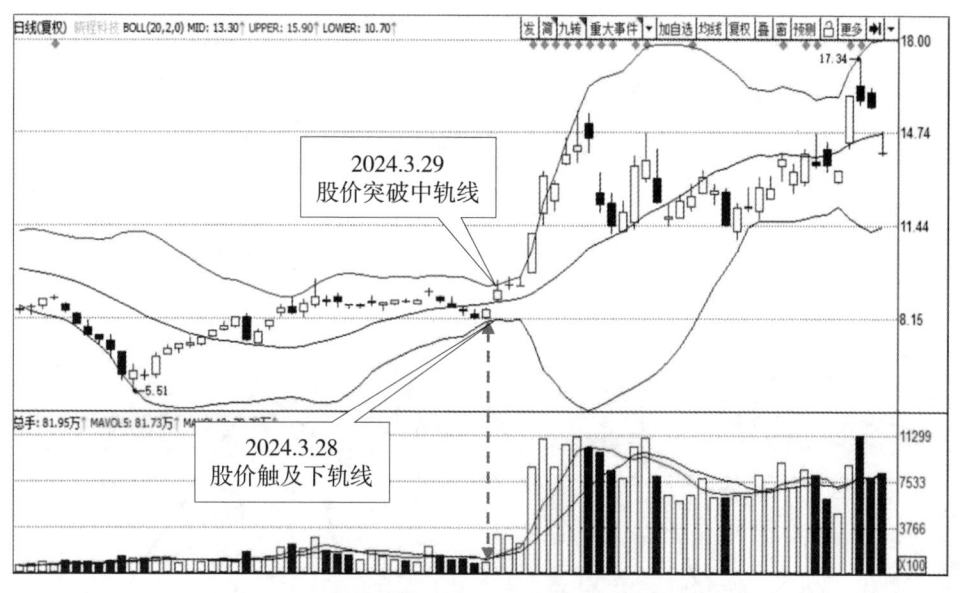

图 5-18　晓程科技（300139）布林线指标走势图

如图 5-18 所示，晓程科技的股价自 2024 年 2 月初触底反弹，开始进入振荡上行通道。进入 2024 年 3 月，该股股价开始横向振荡盘整走势。随着股价振荡调整，布林通道的喇叭口逐渐收缩。

2024年3月28日，该股股价回调至布林线下轨位置，布林通道的喇叭口收缩至极低水平，给人一种股价即将反弹的感觉，投资者可观察其后的股价走势。

3月29日，该股股价放量上攻突破布林线中轨，与此同时，布林通道的喇叭口开始急速放大敞开。说明股价将加大振荡幅度，很可能迎来一波上涨行情，投资者可考虑积极入场做多。

第三节　布林线主升浪战法

主升浪是指艾略特波浪理论中提及的第三浪。第三浪与其他各浪相比，存在一些可以识别的特征，喜欢猎取主升浪的投资者可以通过运用布林线指标与其他技术工具相结合的方法，更好地识别出该浪。

一、主升浪及其特点

在波浪理论体系中，一个完整的波浪循环一般由八个子浪构成，如图5-19所示。

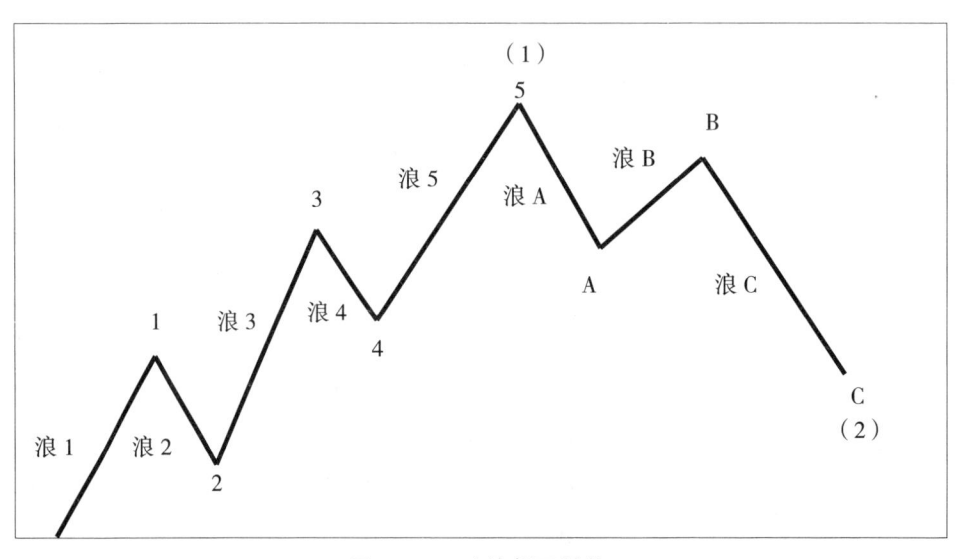

图 5-19　八浪循环结构

第三浪在大多数情况下都是推动股价向上运行最有力的一浪。第三浪的运行时间通常是整个循环中最长的一浪，其上升的空间和幅度也常常是最大的。第三浪的运行轨迹，大多数都会发展成为一涨再涨的延伸浪。在成交量方面，由于第三浪是在市场投资者信心恢复后展开的，因而，伴随着股价的上涨，参与的投资者越来越多，成交量也会呈现出逐步放大的态势。

在第三浪推进过程中，K线图上会出现跳空缺口等向上突破的信号，投资者可以根据这些信号的指示作用买入股票。投资者应该清楚，第三浪是最具爆发力的一浪，因而在股价上涨过程中不能预测其顶部到底有多高，应跟随市场趋势顺势而为，只有等到有清晰的卖出信号出现时，再卖出股票。

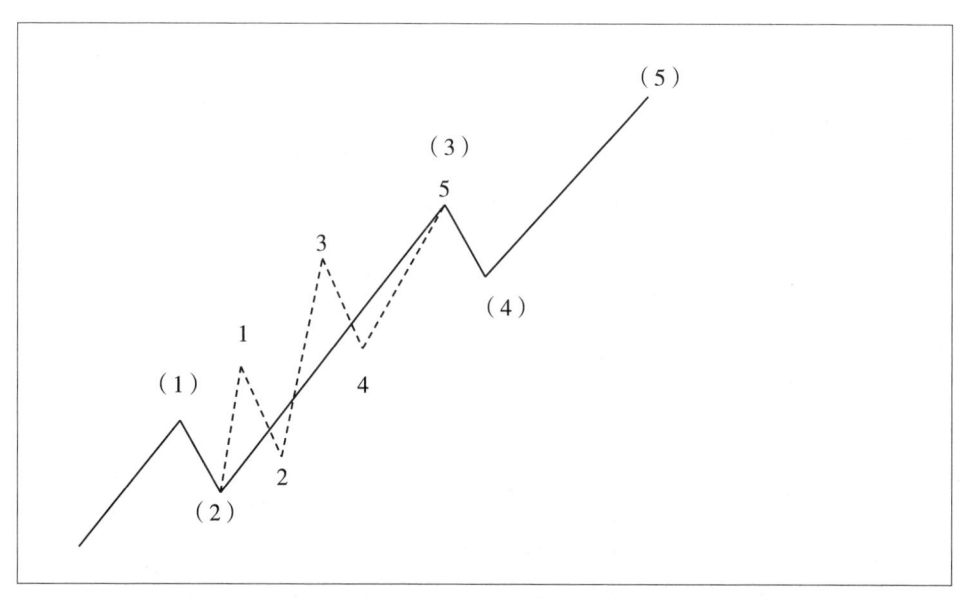

图 5-20　第三浪的延伸浪现象

下面来看一下卧龙电驱的案例。

如图 5-21 所示，卧龙电驱的股价自 2019 年 8 月启动了一波上升走势，其后，该股股价又经历了一波回撤。自 2019 年 11 月 11 日，该股股价掀起了一波主升浪，到 2020 年 1 月 8 日，股价开始启动大幅回撤，才宣布主升浪结束。这一波主升浪，正好处于整个股价上升波浪循环中的第三浪，该波段股价上涨幅度超过 50%，由此可见主升浪的猛烈程度。

正因如此，很多投资者开始倾向于放弃其他各浪，而专注于寻找主升浪。

找准主升浪，其实就相当于找到了股市获利的"金钥匙"。

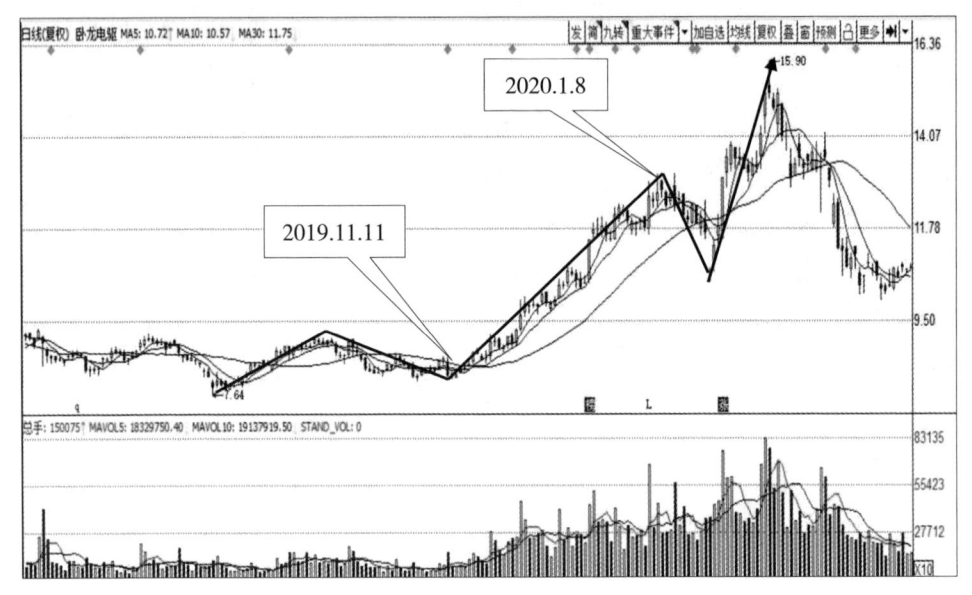

图 5-21　卧龙电驱（600580）日 K 线走势图

二、布林线中轨线识别主升浪

主升浪在股价 K 线走势方面具体这样几个特征：其一，主升浪属于股价二次启动，而非第一次启动；其二，前次股价回调幅度可能会比较大，但绝对不能低于第一次启动的低点；其三，股价二次启动一般会以在某一强支撑点位获得支撑或突破重要阻力位的形式启动。因此，结合布林线指标的一些特征，可以发现主升浪启动时布林线指标的走势特征。

通过图 5-22 中股价 K 线与布林线之间的关系，可以归纳出以下几种利用布林线捕捉主升浪的技法。

第一，当股价自底部启动上行时，股价向上突破中轨线后，很可能在短期内触及布林线上轨，这是由于股价触底低位，布林通道的喇叭口已经出现了明显的收缩，此后股价可能会上升至上轨线附近（有时可能会向上突破上轨线），布林通道随之出现喇叭口放大迹象，这是股价短线启动的迹象，也是第一浪启动的特征。此时，投资者还很难将反弹与第一浪启动相区别。

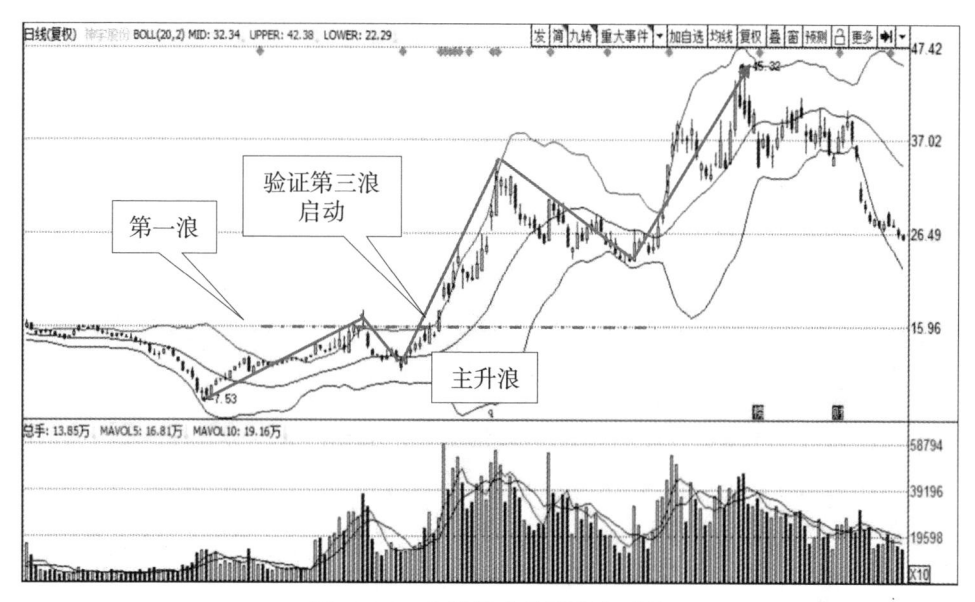

图 5-22 布林线中轨识别主升浪

第二，股价经过一波上扬后，因为股价触及上轨线（有时会突破上轨线）后遇到巨大的抛盘压力，很快会出现回调。在回调过程中，布林通道重新开始收缩，股价 K 线有时会在中轨线位置遇到支撑，有时则可能会在触及下轨线后，才会获得足够的支撑（这与第二浪杀跌幅度较大有关）。

第三，股价再度向上突破中轨线，这是股价重新启动的重要信号，且布林通道的喇叭口势必也要随之重新放大。作为投资者，还不能立即判断出第三浪已经启动，只有布林线上轨线超过了第一浪的高点后，才能认定第三浪已经正式启动了。

第四，主升浪启动后，投资者可将中轨线看成重要的防守屏障。股价运行于中轨线之上，且中轨线向右上方倾斜时，只需耐心持股即可。当股价跌破中轨线，且中轨线拐头向下时，再考虑清仓或减仓。

下面来看一下拓维信息的案例。

如图 5-23 所示，拓维信息的股价自 2022 年 10 月 10 日触底反弹后，开始了一波上升走势，该股股价很快突破中轨线，到达了上轨线附近。随着股价的上行，布林通道的喇叭口开始放大，由于股价上升速度较慢，布林通道喇叭口放大的速度也比较慢。

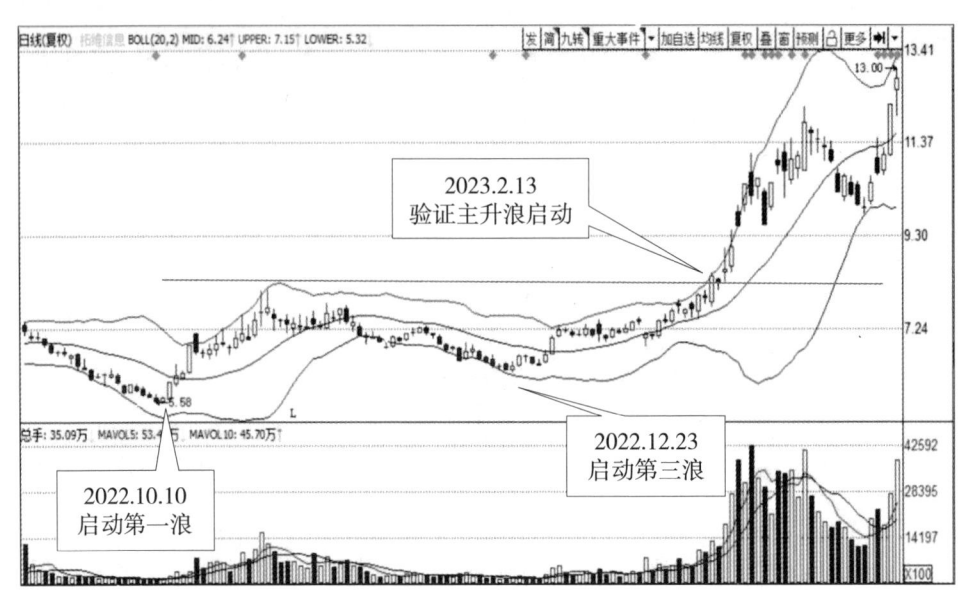

图 5-23　拓维信息（002261）布林线指标走势图

　　此后，该股股价在触及上轨线后出现了回落，布林通道的喇叭口随之出现收缩。到 12 月 23 日，股价回调至下轨线附近时，因受下轨线的支撑而重新上攻，且布林通道的喇叭口随之出现了大幅放大。如果将之前股价的回升与调整看成股价启动的第一浪，那么此时出现的上升很有可能是第三浪。保守型投资者还可以等待进一步明确的信号出现。

　　2023 年 2 月 13 日，该股股价大幅放量上攻，甚至一度触及了布林线上轨，且布林线上轨线已经超过了第一浪的高点，至此投资者可以确认股价的第三浪已经启动，可以考虑追涨加仓入场。

　　此后，投资者可将中轨线看成股价上攻的防守线，若其后股价跌破中轨线，但中轨线没有拐头向下，则可考虑减仓。若中轨线出现拐头向下状态，则说明第三浪存在终结的可能，可考虑清仓操作。

第六章

布林线特色指标与用法

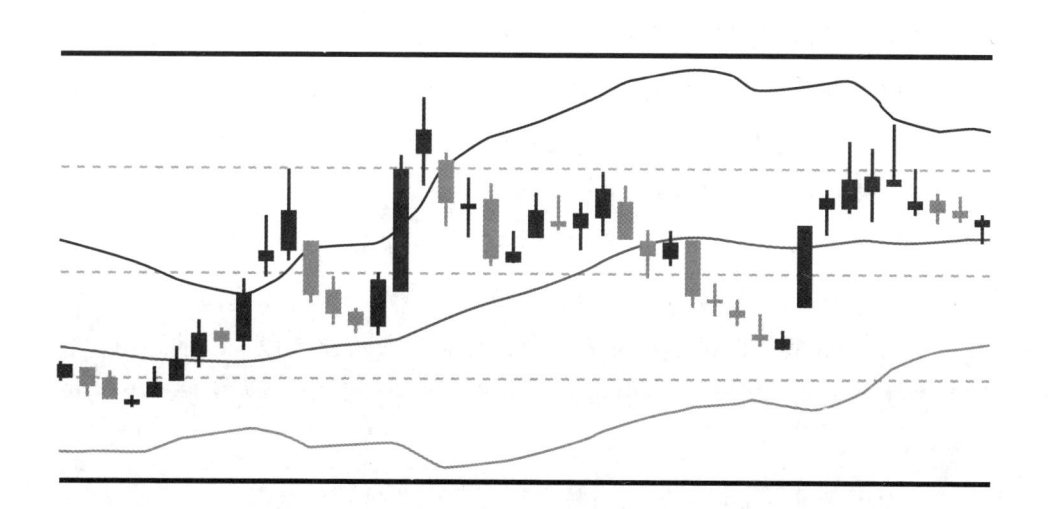

布林线指标与其他技术指标最大的不同之处在于拥有自己的派生指标。通过这些颇具特色的派生指标与布林线指标相结合，无疑可以增强布林线指标在预判股价运行趋势、提示股价交易点位等方面的效果。

第一节　五轨布林线战法精要

布林格到访中国，在接受采访时曾经谈及了一种布林线的变形，即将原来由三根布林线轨道线构筑的布林通道，改成由五根轨道线组成的布林通道。通过增加轨道线的数量，可以进一步压缩股价在不同阶段的波动空间，从而更加及时地调整交易计划。

一、五轨布林线设计原理

相比于普通的三轨布林线，五轨布林线分区更为细致，对于短线交易者来说，这种细致分区对交易有着重要的意义。

下面来看一下申昊科技的股价走势图。

从图6-1中可以看出，股价在2023年1月4日启动大幅上攻，并成功突破布林线中轨。此后，该股股价横向振荡一段时间后，上攻力度加大。到了2月23日，股价跌破了布林线中轨，标志着股价此波段上攻的终结。观察股价走势可以看出，此时股价已经距离其所创的高点位置下跌了较大的幅度。

下面再来看一下应用五轨布林线指标后的股价走势情况。

从图6-2中可以看出，申昊科技的股价在2023年1月4日突破中轨线后，经过一波振荡，又在1月20日向上完成了对第一道上轨线的突破。这属于典型的股价进入强势运行区间的标志，投资者可考虑加仓操作。

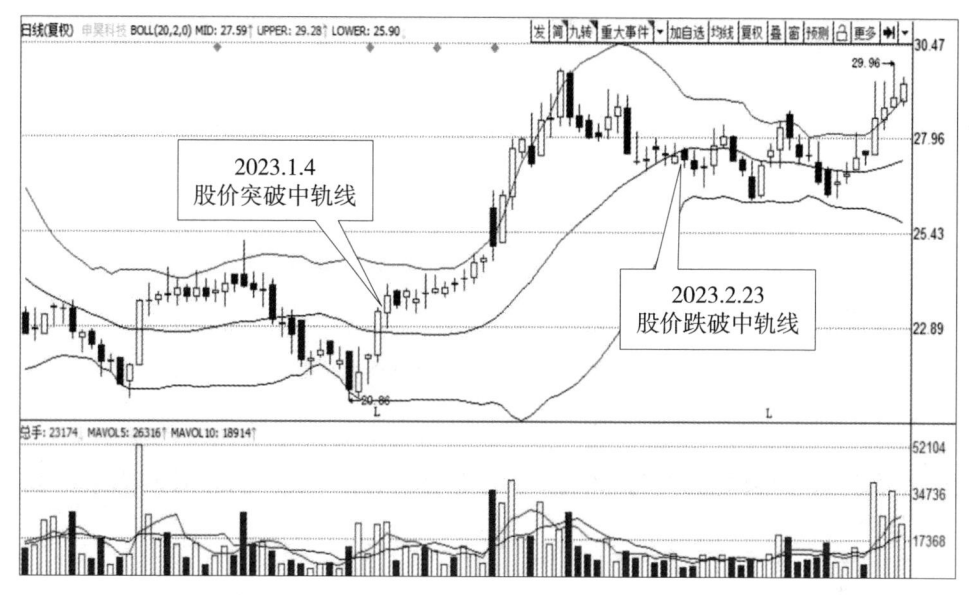

图 6-1　申昊科技（300853）布林线指标走势图一

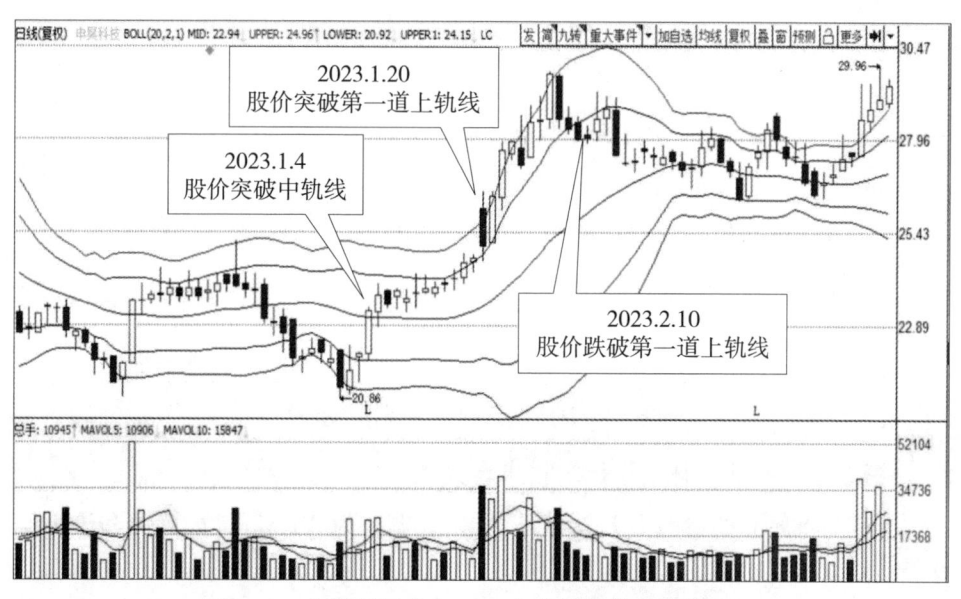

图 6-2　申昊科技（300853）布林线指标走势图二

此后，该股股价持续大幅上攻。2月10日，股价跌破了第一道上轨线，此时投资者就可以考虑减仓或清仓操作了。

对比上述两种布林线的设计思路可以发现，在股票交易，特别是短线交易过程中，若想及时抓住短线波动的利润，就需要让自己所使用的技术分析指标的敏感度更高一些，而五轨布林线恰恰就是从这点入手进行设计的。

二、五轨布林线参数及公式编辑

目前，系统默认的布林线技术参数为（20,2），投资者若需要增加两条指标线，最好对原有的技术参数进行调整，比如调整为（20,1.5），这样就可以在原有的布林线上轨线和下轨线外，再增加两条轨道线，如（20,2.5）。

具体调整方法如下。

第一步，右击K线图中的布林线指标，选择【修改布林线】，系统会跳出如下对话框，如图6-3所示。

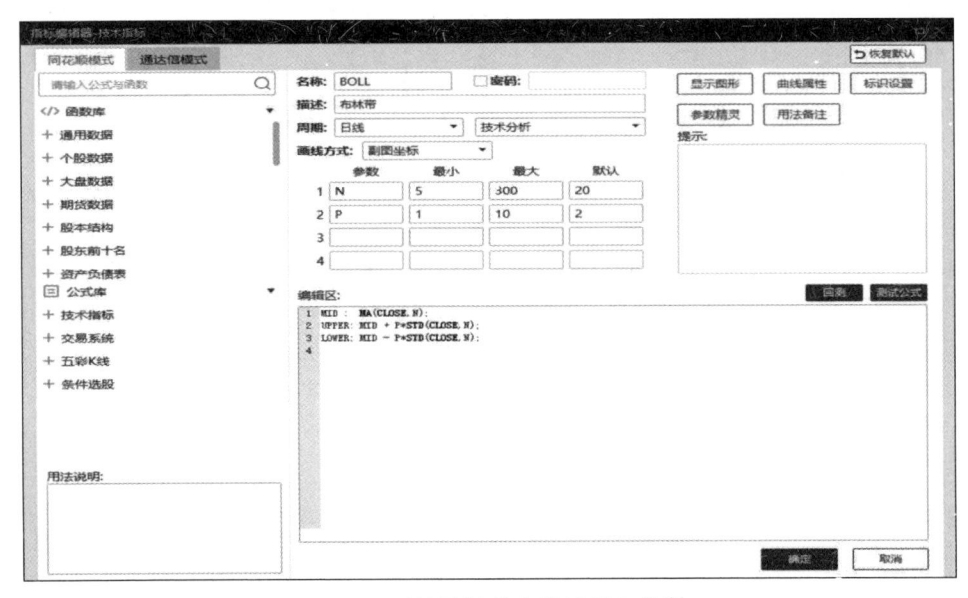

图6-3 系统默认的布林线指标参数

第二步，调整布林线指标的技术参数。

（1）将原有的参数P默认值从"2"，调整为"1.5"，最大值和最小值不变。

（2）新增参数P1，最大值和最小值不变，默认值设置为"2.5"，如图6-4所示。

第三步，在"编辑区"新增如下代码。

UPPER1: MID + P1*STD(CLOSE,N);

LOWER1: MID - P1*STD(CLOSE,N);

第六章 布林线特色指标与用法

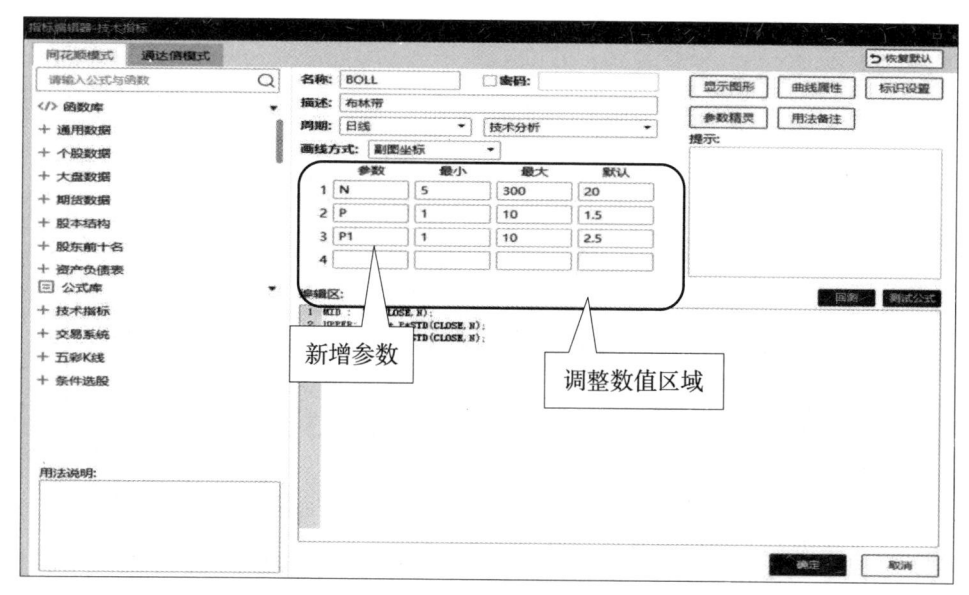

图 6-4 布林线指标参数调整

图 6-5 为调整的示例，仅供参考。

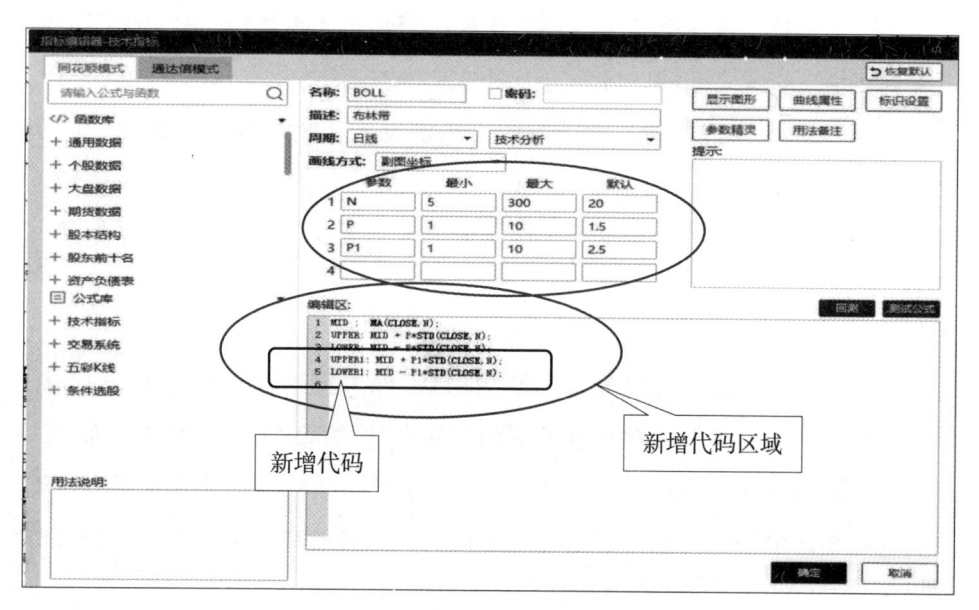

图 6-5 调整后的布林线指标参数

第四步，点击【确定】后，系统会自动生成由五根指标线组成的布林线指标系统，如图 6-6 所示。

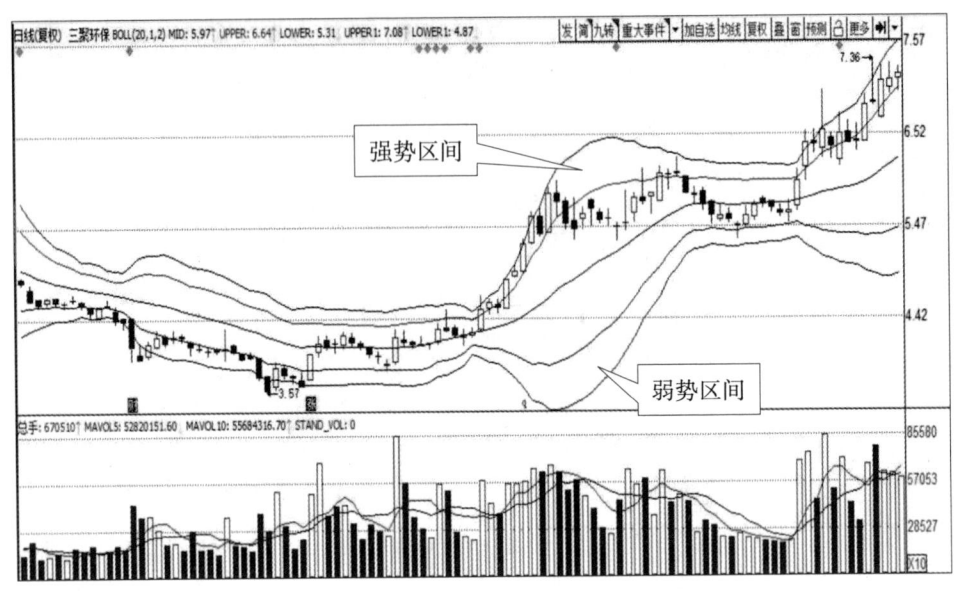

图 6-6　五根轨道线的布林线指标

由五根轨道线构成的布林线指标系统中，投资者可将交易区间进一步细化，将原上轨线上方到新增上轨线之间的区域划定为强势区间，将原下轨线下方到新增下轨线之间的区域划定为弱势区间。

当股价进入强势区间，意味着股价上涨动能将得到极大的强化，属于短线追涨的最佳时机，当然，此时的风险也是极高的；反之，当股价离开强势区间，则意味着股价短线存在回调的风险，短线追涨的资金可采取撤出策略。

上述案例使用的技术参数为（20，1.5）和（20，2.5），实战中投资者也可以根据个人实际需要适当调整参数的取值，如（20，2）和（20，3）等。

五轨布林线并不是简单地在原有的三轨布林线基础上加上两轨，而是一种交易思想和交易思维的转变。从基本交易方面来看，五轨布林线可以压缩股价在布林通道的波动空间，这样就为短线交易者的交易决策提供了较大的支持。

三、用法一：细化股价运行态势

细化股价运行态势，是五轨布林线最主要的一个功能。通过五根轨道线，将整个交易区域划分为五个交易区间，以便于投资者识别股价运行的整体态势。

五轨布林线中的每个分区都有不同的交易含义。

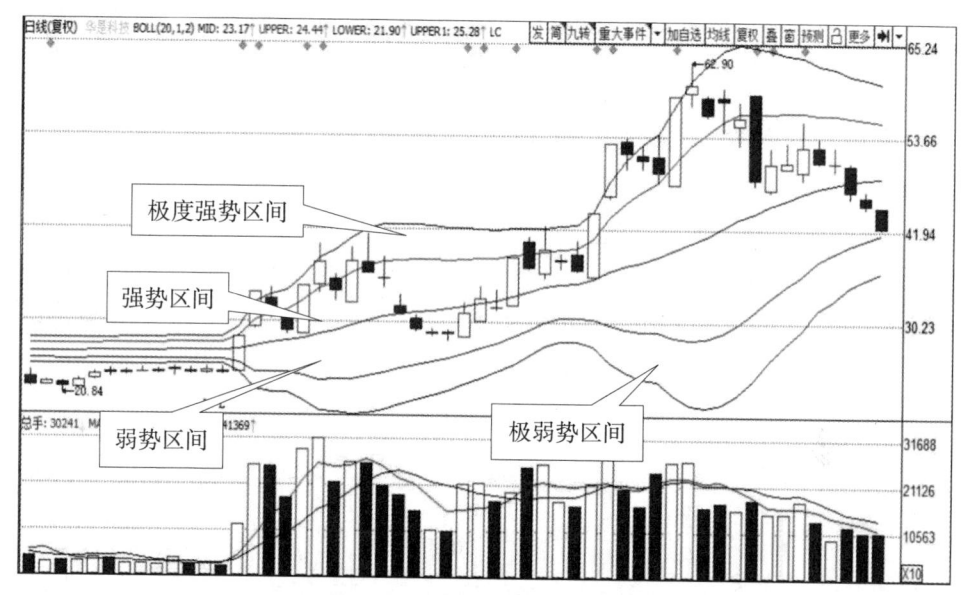

图 6-7　股价运行态势分区

强势区间：即位于布林线中轨线上方至第一道上轨线之间的区域。股价在该区域运行，说明运行态势良好，股价处于温和上涨期间，投资者可耐心持股。

极度强势区间：即位于布林线第一道上轨线上方至第二道上轨线之间的区域。股价在该区域运行，说明股价已经进入快速上攻区间。此阶段可能是投资者获利最大的阶段，同时也是风险最大的阶段。

弱势区间：即位于布林线中轨线下方至第一道下轨线之间的区域。股价在该区域运行，说明运行态势较差，股价处于缓步下跌期间，投资者应及时清仓离场。

极度弱势区间：即位于布林线第一道下轨线上方至第二道下轨线之间的区域。股价在该区域运行，说明已经进入快速下跌区间。此阶段可能是股价下跌最猛的阶段，但也意味着股价可能距离触底反弹不远了。

下面来看一下中公高科的案例。

如图 6-8 所示，中公高科的股价在 2023 年 10 月中旬前出现了一波振荡下跌走势。10月23日，该股股价触及阶段低点后开始反弹。观察此时的布林线指标可以发现，该股股价在创出阶段新低的24.17元时，正是股价触及布林线下轨的时刻。此后，该股股价在此位置获得支撑而开启了一波振荡反弹走势。很快股价就完成了对第一道下轨线的突破，尽管股价仍处于弱势区间，但相对之前的运行态势已经有所加强。

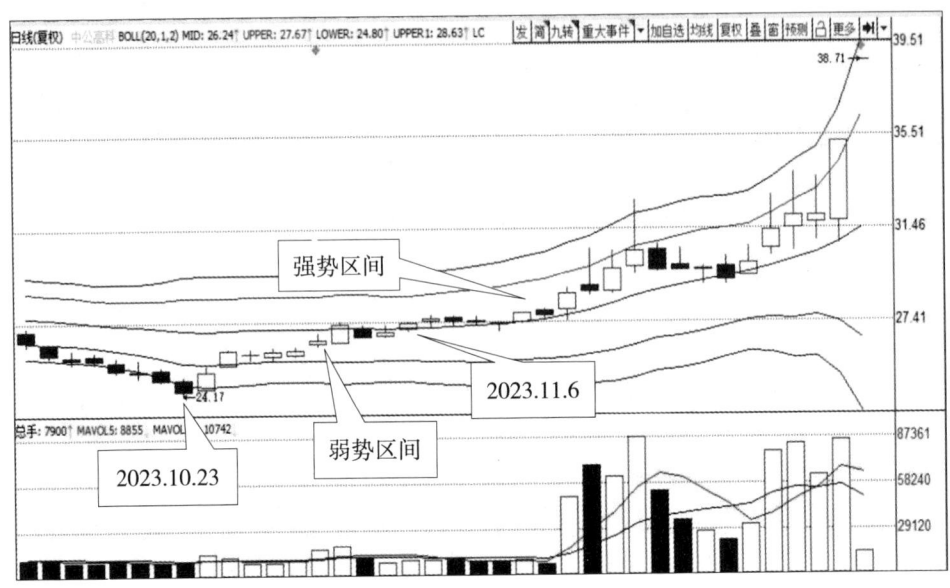

图6-8 中公高科（603860）布林线指标走势图

2023年11月6日，该股股价完成了对布林线中轨线的突破，标志着股价已经彻底从弱势运行转为了强势运行，可以满足投资者入场交易的基本条件了。

四、用法二：捕捉短线强势股信号

对布林通道进行细化分区的目的，在于更加细致地刻画股价运行态势，进而及时捕捉短线强势股的交易信号。

具体操作要点如下。

第一，通常来说，当股价运行于中轨线上方区域时，说明股价呈强势，投资者只需耐心持股即可。当股价自中轨线向上完成对五轨布林线中第一道上轨线的突破，意味着股价将进入新的快速上升周期，这是短线交易者最喜欢的节奏。因此，股价完成对第一道上轨线的突破，就是一个较佳的短线入场点。

第二，与之相对，当股价自上而下跌破第一道上轨线，则意味着股价快速上攻趋势有终结的可能，短线获利盘就可以兑现收益了。

下面来看一下宏柏新材的案例。

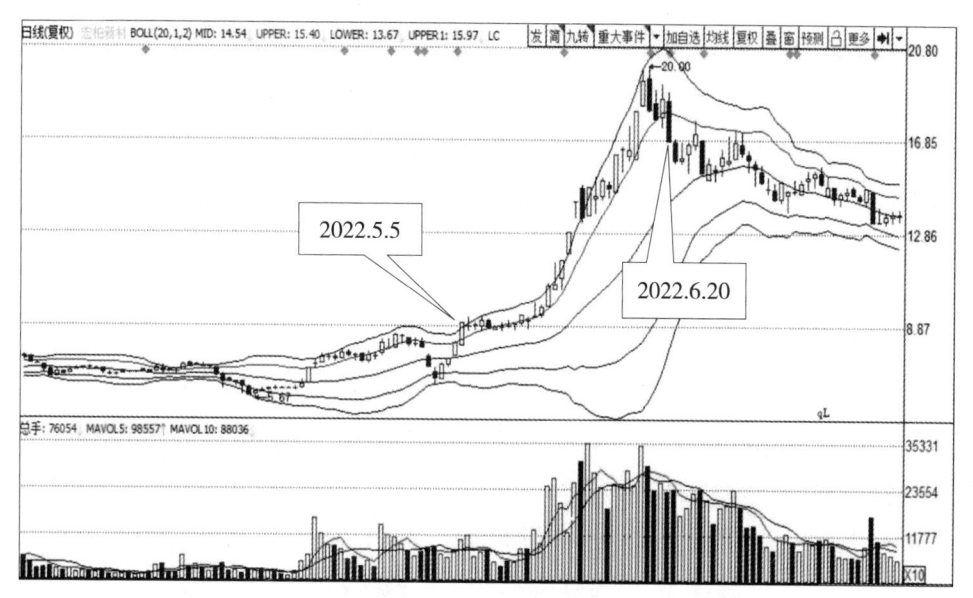

图 6-9　宏柏新材（605366）布林线指标走势图

如图 6-9 所示，宏柏新材的股价在 2022 年年中时段出现了一段时间的横向振荡走势。从 2022 年 4 月底开始，该股股价出现了振荡反弹迹象。

2022 年 5 月 5 日，该股股价在前几个交易日连续上攻的基础上，再度大幅上攻，并完成了对第一道上轨线的突破。此时就是短线交易者最佳的入场机会。此后，该股股价一直运行在极度强势区间内。

2022 年 6 月 20 日，该股股价大幅下跌，并完成了对第一道上轨线的突破，说明股价上攻势头有所减弱，甚至转入下行通道，短线交易者可考虑卖出操作。

第二节　布林线特色指标：%b 指标

从前面对布林线指标的介绍中可以看出，股价 K 线在布林线通道内的相对位置，有时候比股价的绝对点位更重要。因此，布林格在《布林线》一书中给出一个 %b 指标。%b 指标可以告诉投资者当前股价在布林通道内所处的位置，还可以用于辅助识别价格形态。在有些资料中，该指标也叫做布林极限指标（BB 指标）。

一、%b 指标的参数以及公式编辑

%b 指标是一个反映股价 K 线在布林通道内相对位置的指标，因而该指标的计算与布林线上轨、下轨以及最新股价有直接关系。

%b 指标的计算公式如下：

$$\%b = \frac{最新价格 - 下轨线}{上轨线 - 下轨线}$$

当最新价格超过上轨线时，%b 指标就会大于 1；当最新价格低于下轨线时，%b 指标就会小于 0。

目前，大多数证券交易软件并未提供 %b 指标，投资者若要使用该指标，可以尝试通过自行编写公式的方法添加该指标。

下面以同花顺软件为例，介绍自行编写 %b 指标的步骤。

第一步，点击炒股软件中【工具】菜单中的【公式管理】，就会弹出如下对话框，如图 6-10 所示。

第二步，点击【新建】按钮，选择【技术指标】后，就会弹出一个【公式编辑器】，如图 6-11 所示。

第三步：输入信息。

具体内容包括：

（1）名称：%b 指标（投资者可按照个人喜好填写，只要自己能分清就可以）。

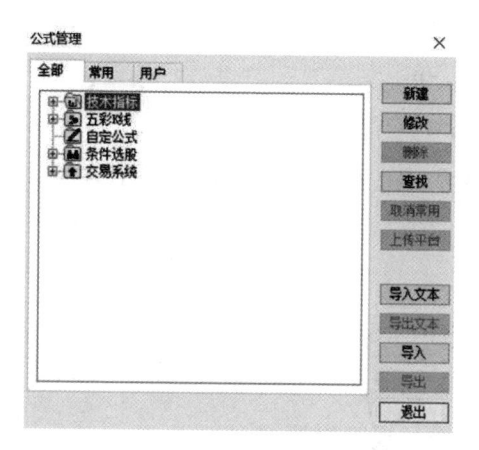

图 6-10　公式管理对话框

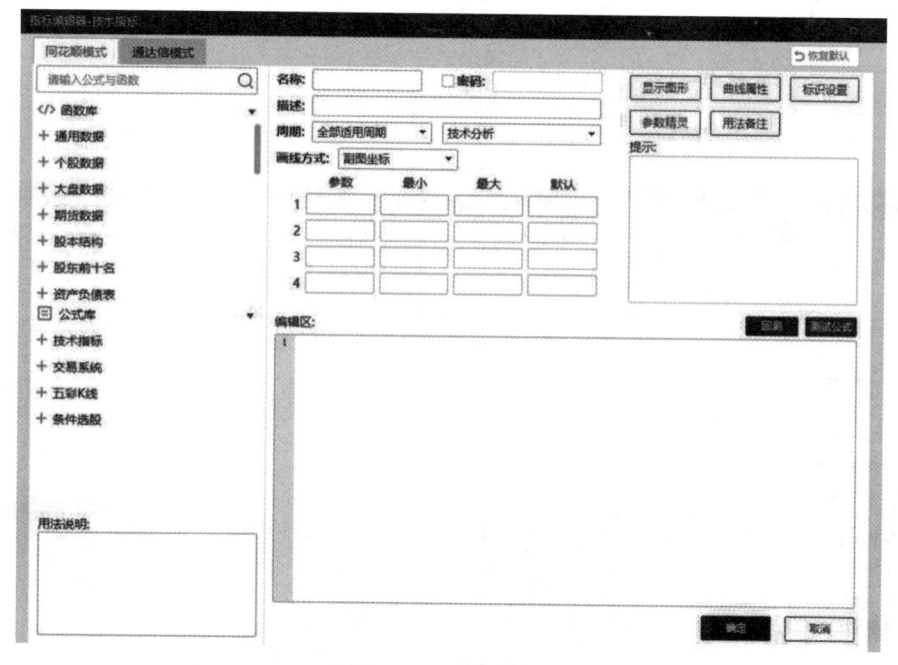

图 6-11　公式编辑器

（2）如果公式中涉及具体的变量，则需要填写参数，若不涉及也可忽略。

（3）公式内容编写（公式的编写方法有很多种，这里介绍的仅供读者参考，如图 6-10 所示）。

具体编写的公式代码如下。

布林线指标：振荡交易技术精解

MID:=MA(CLOSE,N);

TMP:=STD(CLOSE,N);

TOP:=MID+P*TMP;

BOTTOM:=MID-P*TMP;

布林线 B:(CLOSE-BOTTOM)/ (TOP-BOTTOM);

布林线 B1:0;

布林线 B2:1;

其中，MID——20 日均线

　　　TMP——标准差

　　　TOP——布林线上轨线

　　　BOTTOM——布林线下轨线

　　　CLOSE——最新收盘价

　　　布林线 B——%b 指标值

　　　布林线 B1——0 线

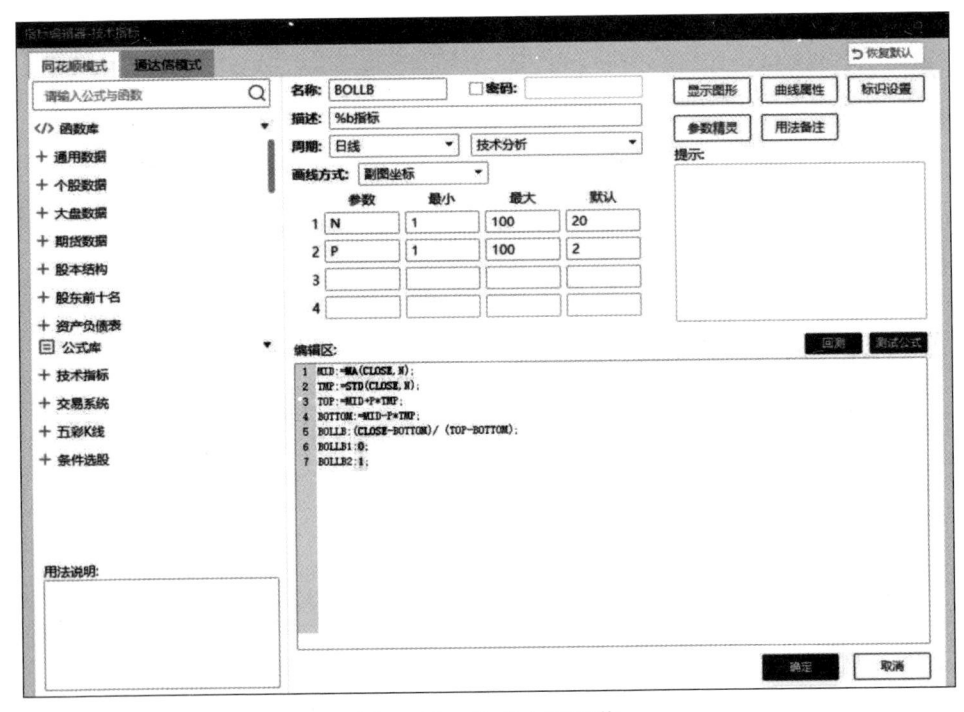

图 6-12　公式内容示范

布林线 B1——1 线

公式编辑保存后，投资者可在 K 线图界面调出相应的指标，如图 6-13 所示。

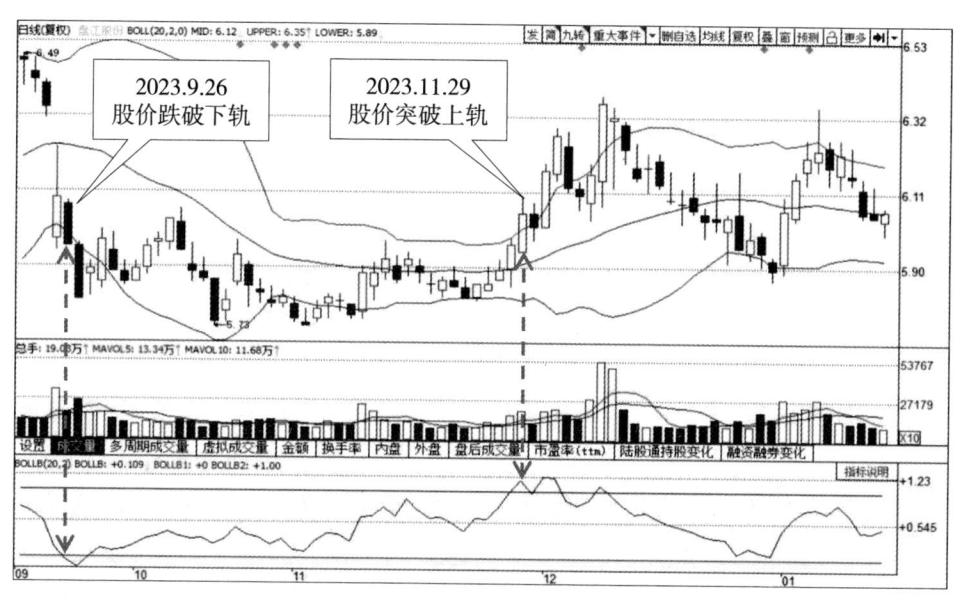

图 6-13　布林线通道与 %b 指标走势图

借助这个公式，投资者可以非常准确地了解股价与布林通道的相对位置关系。同时，利用 %b 指标与股价的背离关系，并结合股价 K 线顶部与底部形态，可以更加准确地识别买点与卖点。其中 1 线与布林线上轨相对应，即当股价向上突破布林线上轨时，%b 指标线也会同步向上突破 1 线；与此相对，0 线则与布林线下轨相对应，即股价向下跌破布林线下轨时，%b 指标线也会同步向下跌破 0 线。

二、%b 指标超过 1 线回撤

%b 指标本质上是一个反映股价与布林通道位置关系的指标。当 %b 指标超过 1 时，表示股价已经越过了布林线上轨。按照布林线上轨的分析方法可知，此时股价事实上已经进入了超买区域，因此当 %b 指标回撤到 1 以内时，意味着股价的回调或回落已经展开，投资者宜采取减仓或清仓操作。

下面来看一下晋亿实业的案例。

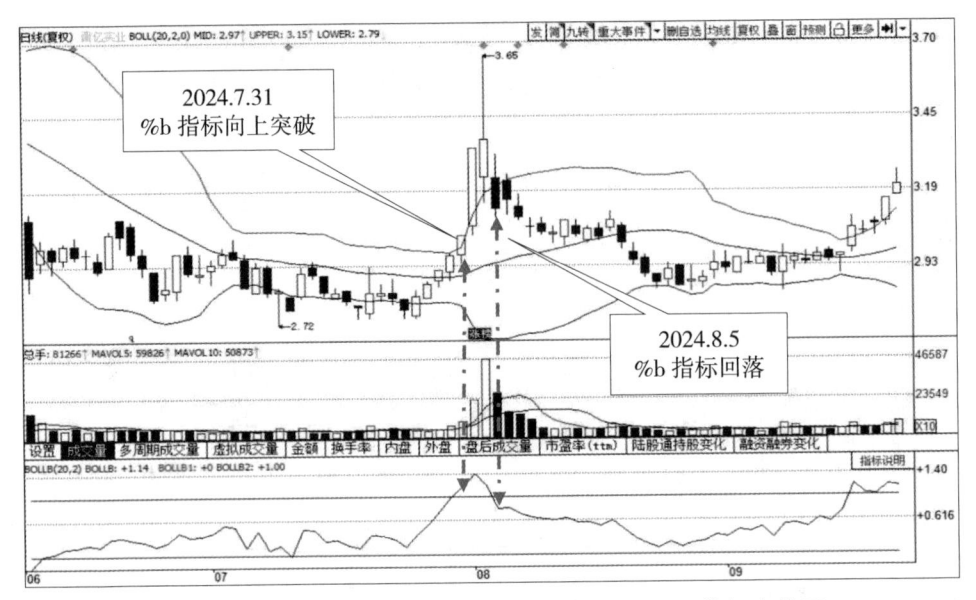

图 6-14　晋亿实业（601002）布林线指标与 %b 指标走势图

如图 6-14 所示，晋亿实业的股价自 2024 年 7 月中旬出现了一波反弹走势。到了 7 月底，这种反弹势头有所加强。

7 月 31 日，该股股价大幅上攻，%b 指标同步向上穿越 1 线，这是股价进入超买区域的信号，也是股价短线急攻的信号。此后的几个交易日，该股股价大幅上攻后出现乏力迹象。

8 月 5 日，该股股价出现调整，回归布林通道内部，而 %b 指标同步拐头向下跌破了 1 线，这属于典型的行情走弱信号，投资者可执行减仓操作。

三、%b 指标跌破 0 线反弹

布林线 %b 指标中的 0 线，对应的就是布林线指标的下轨线。当 %b 指标跌破 0 线时，表示股价已经越过了布林线下轨。按照布林线下轨的分析方法可知，此时股价事实上已经进入了超卖区域，因此当 %b 指标反弹到 0 以内时，意味着股价的反弹或修复已经展开，激进型投资者可考虑少量建仓。

下面来看一下惠威科技的案例。

如图 6-15 所示，惠威科技的股价自 2024 年 6 月初启动了一波振荡上升行情。到了 9 月初，该股股价突然出现拐头下跌走势，且跌势非常迅猛。

第六章　布林线特色指标与用法

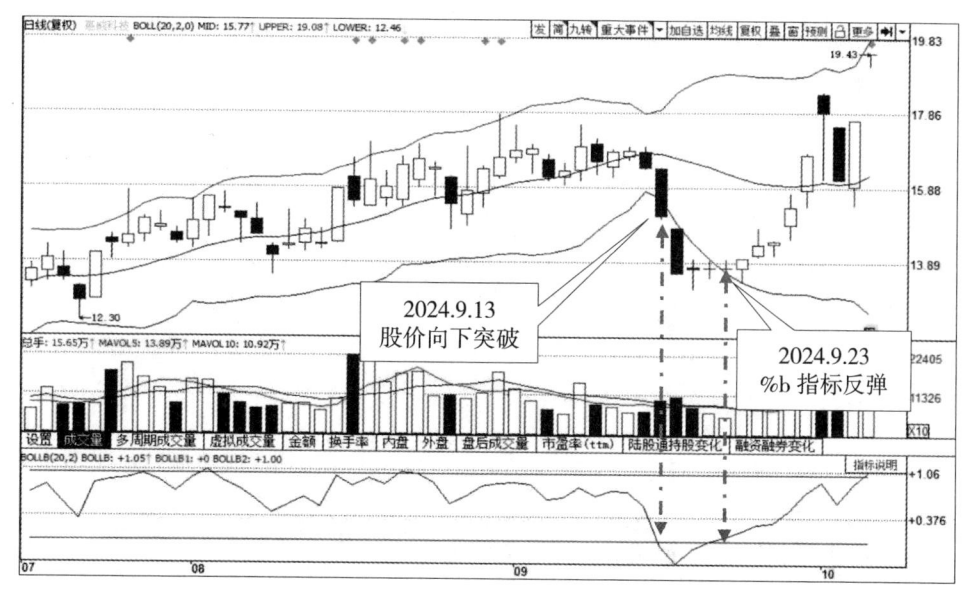

图 6-15　惠威科技（002888）布林线指标与 %b 指标走势图

9 月 13 日，该股股价大幅下跌，%b 指标同步向下穿越 0 线，这是股价进入超卖区域的信号，也是股价短线急跌的信号。此后的几个交易日，股价大幅下跌后出现乏力迹象。

9 月 23 日，该股股价出现反弹，且回归布林通道内部，而 %b 指标同步拐头向上突破了 0 线，这属于典型的行情企稳信号，激进型投资者可少量建仓，保守型投资者可继续等待更为明显的买入信号出现。

四、%b 指标与股价的顶背离

%b 指标，从某种意义上来说，真实地反映了股价与布林通道之间的相对位置关系。而在布林线指标体系中，这种相对的位置关系又是十分重要的。正常来说，股价的 K 线走势与布林通道之间的相对位置关系具有同步性，当二者之间不再同步时，则意味着存在某种程度上的背离。

%b 指标顶背离，是指股价接连创出新高时，%b 指标并没有随之创出新高，说明 %b 指标与股价形成了顶背离。当 %b 指标与股价出现顶背离时，若股价 K 线同步出现顶部形态，说明股价未来下跌的概率很高。

下面来看一下京北方的案例。

如图 6-16 所示，京北方的股价在 2024 年 2 月出现了一波反弹上涨走势。

进入 4 月底，该股股价出现了明显的加速上攻迹象，甚至收出了涨停板。其后，股价出现了明显的筑顶迹象。

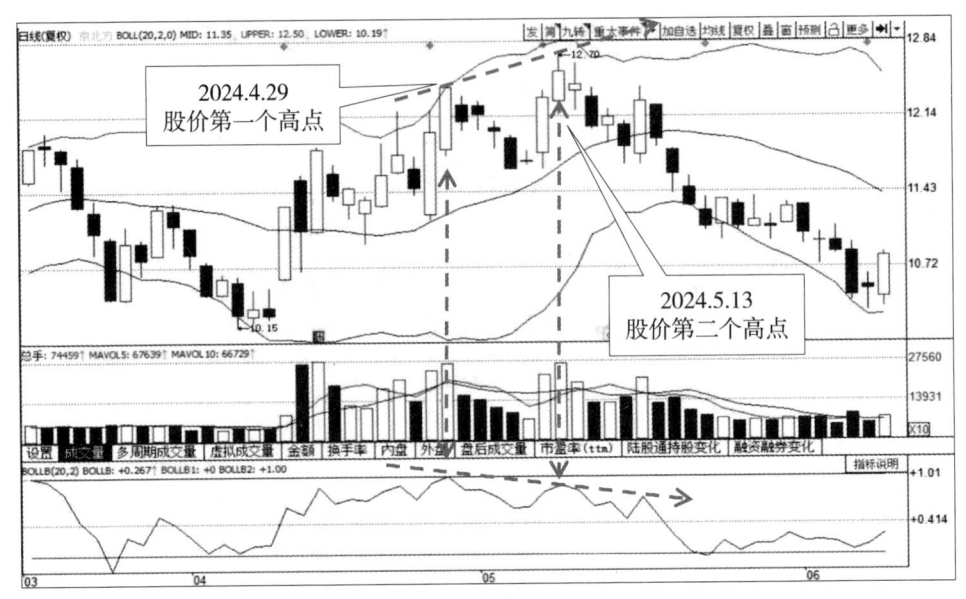

图 6-16　京北方（002987）布林线指标与 %b 指标走势图

4 月 29 日和 5 月 13 日，该股股价分别创下了两个高点，且后一个要高于前一个。与此同时，%b 指标却出现了一波比一波低的走势，说明 %b 指标与股价出现了顶背离，这属于典型的看跌信号。顶背离形成后，当股价自高点回落时，投资者就可以卖出股票了，无需等到股价跌破布林线中轨。

五、%b 指标与股价的底背离

%b 指标底背离，是指股价接连创出新低时，%b 指标并没有随之创出新低，说明 %b 指标与股价形成了底背离。当 %b 指标与股价出现底背离时，若股价 K 线同步出现底部形态，说明股价未来反弹的概率很高。

下面来看一下诚迈科技的案例。

如图 6-17 所示，诚迈科技的股价自 2023 年 8 月随着大盘的调整而出现了一波下跌走势。进入 2024 年后，该股股价出现了明显的下跌加速迹象。

2024 年 1 月 22 日和 2 月 5 日，该股分别创下了两个最低的收盘点位，且后一个要低于前一个。与此同时，%b 指标却出现了一波比一波高的走势，说明 %b 指标与股价出现了底背离，这属于典型的看涨信号。底背离形成后，

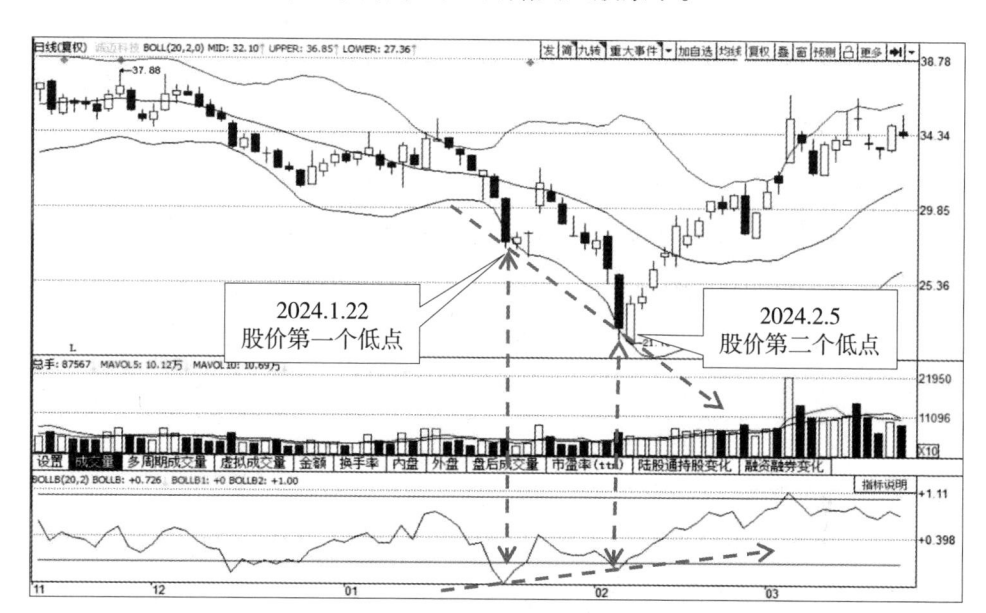

当股价自低点反弹时，投资者就可以开始买入股票了。

图 6-17 诚迈科技（300598）布林线指标与 %b 指标走势图

第三节 布林线特色指标：通道宽度指标

布林通道宽度的变化源于股价波动幅度的变化，因此，通过追踪布林通道宽度的变化，可以更加清晰地掌握股价的波动情况。按照布林格先生设计布林线的初衷，布林通道宽度指标可以告诉投资者以下两项内容。

第一，股价波动幅度的变化情况。

第二，识别挤压形态，判断股价趋势的变化。当带宽出现大幅变化时，往往属于股价运行趋势发生变化的时刻。

一、通道宽度指标的参数以及公式编辑

通道宽度指标，是以布林线上轨、下轨与中轨为核心构筑的一个指标。该指标的具体计算公式如下：

布林线指标：振荡交易技术精解

$$通道宽度 = \frac{上轨线 - 下轨线}{中轨线}$$

目前，大多数证券交易软件并未提供布林通道宽度指标，投资者若要使用该指标，可以尝试通过自行编写公式的方法，添加该指标。一般来说，自行编写的公式，由于应用的人数较少，往往更容易达到预期的效果。

下面以同花顺软件为例，介绍自行编写通道宽度指标的步骤。

第一步，点击炒股软件中【工具】菜单中的【公式管理】。

第二步，点击【新建】按钮，选择【技术指标】后，会弹出一个【公式编辑器】（以上与%b指标的设置一致，可参考图6-10、图6-11）。

第三步：输入信息。

具体内容包括：

（1）名称：布林通道宽度（投资者可按照个人喜好填写，只要自己能分清就可以）。

（2）如果公式中涉及具体的变量，则需要填写参数，若不涉及也可忽略（本公式需要填写变量P和变量N）。

（3）公式内容编写（公式的编写方法有很多种，这里介绍的仅供读者参考）。

编辑公式的内容如下：

MID:=MA(CLOSE,N);

TMP:=STD(CLOSE,N);

TOP:=MID+P*TMP;

BOTTOM:=MID-P*TMP;

BANDBWIDTH:(TOP-BOTTOM)/MID;

编写完成后的【公式编辑器】，如图6-18所示。

其中，MID——20日均线

TMP——标准差

TOP——布林线上轨线

BOTTOM——布林线下轨线

BANDBWIDTH——布林通道宽度

第四步，点击【确定】后，系统就会自动保存进自定指标。如图 6-19 所示。

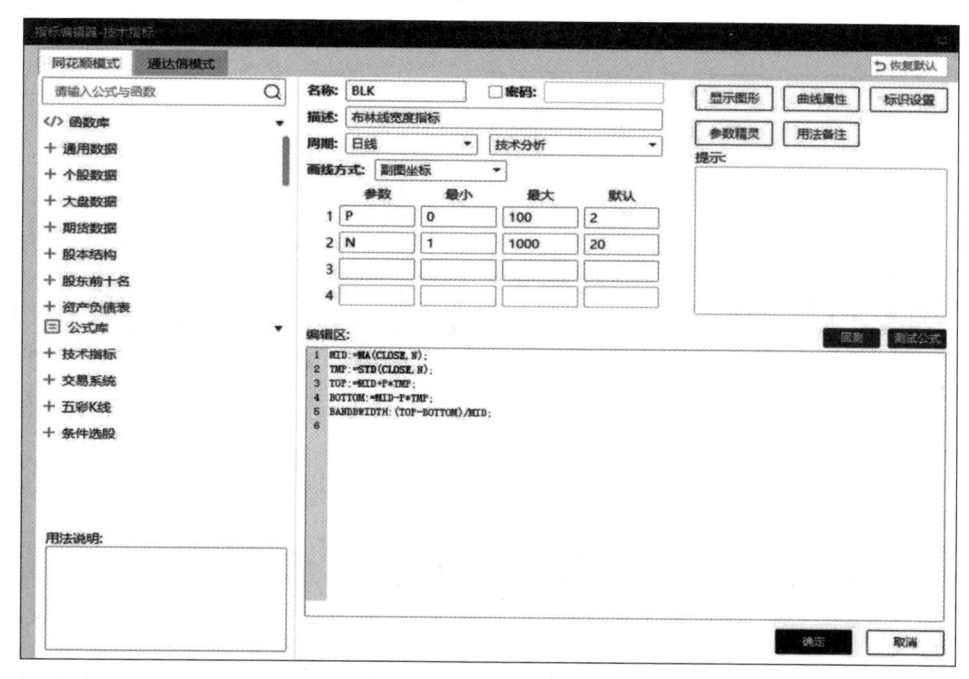

图 6-18　公式内容示范

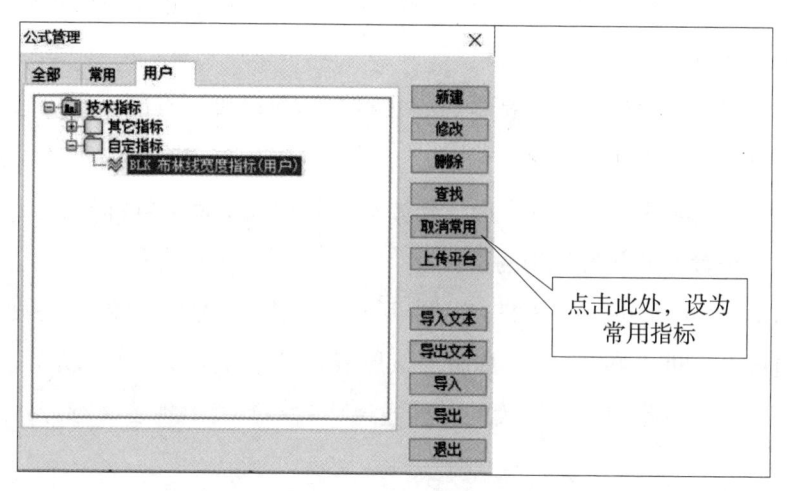

图 6-19　【公式管理】中的【自定指标】

第五步，使用布林线指标时，投资者可在炒股软件界面点击右键，选择【常用指标】，调出【布林通道宽度】指标，如图 6-20 所示。

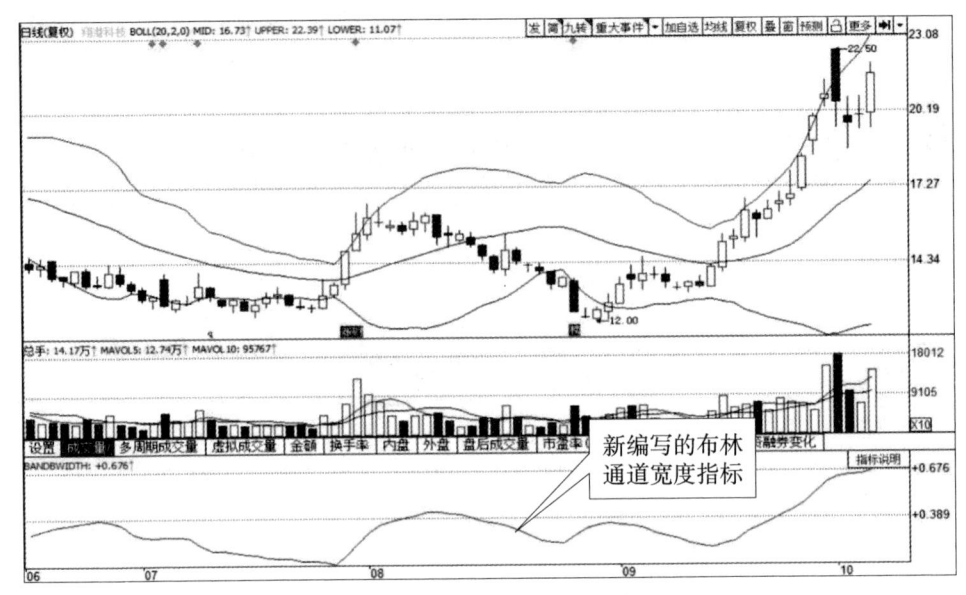

图 6-20 布林通道宽度指标示意图

二、通道宽度低位反弹，重选方向

通道宽度指标的波动反映的是整个布林通道的变化。当通道宽度指标创下新低时，往往也是整个布林通道收缩到极低水平之时，也就是股价波动幅度最低的时刻。此后，布林通道重新放大的时刻，往往也是股价重新选择突破方向的时刻。

通道宽度指标创下阶段新低时，往往预示着股价原有的运行趋势将会终结，新的运行趋势即将出现。当然，通道宽度指标只能提示投资者股价运行趋势可能发生改变，改变的方向还需要结合其他技术指标进行分析。

下面来看一下赛伦生物的案例。

如图 6-21 所示，自 2023 年下半年开始，赛伦生物的股价一直处于振荡下跌趋势中。进入 2024 年 7 月后，该股股价的下跌趋势有所缓和，股价波动幅度减少。与此同时，该股的布林通道喇叭口持续出现萎缩态势，通道宽度指标也持续走低。

2024 年 7 月 30 日，该股股价延续了之前的小幅波动态势，观察此时的布林通道宽度指标可知，此时布林通道宽度处于阶段极低值。说明股价的运行趋势即将迎来某种变化，投资者需要密切关注盘面的变化。

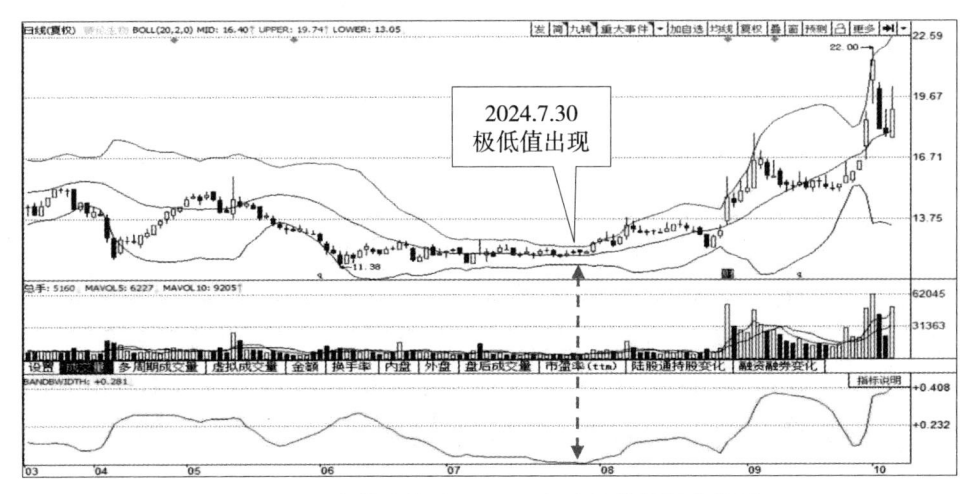

图 6-21　赛伦生物（688163）布林线指标走势图

此后，该股股价开始小幅上扬，通道宽度指标拐头上行，说明股价很快结束盘整，并启动了一波快速上涨走势。

三、通道宽度逐渐变宽 + 突破中轨线

股价波动性逐渐增强时，股价振荡的高点或低点就会逐渐远离，从而导致布林通道逐渐变宽，说明股价即将迎来一波幅度较大的上涨或下跌行情。此时，若股价 K 线放量向上突破布林线中轨，意味着该股股价很可能会启动一波上升行情。若布林通道宽度指标突然出现拐头时，往往意味着股价上涨或下跌行情的终结。

下面来看一下深振业 A 的案例。

如图 6-22 所示，深振业 A 的股价在 2024 年 6 月中旬进入小幅振荡周期。进入 8 月份之后，该股股价出现了振荡走低态势。与此同时，布林通道宽度指标持续下行，并接近底线。

9 月 3 日，深振业 A 的股价自下而上完成了对中轨线的突破。与此同时，布林通道宽度指标出现拐头向上迹象，说明布林通道存在放大的迹象，也意味着股价波动幅度将会增加，属于典型的股价启动信号，投资者可积极入场做多该股。

布林线指标：振荡交易技术精解

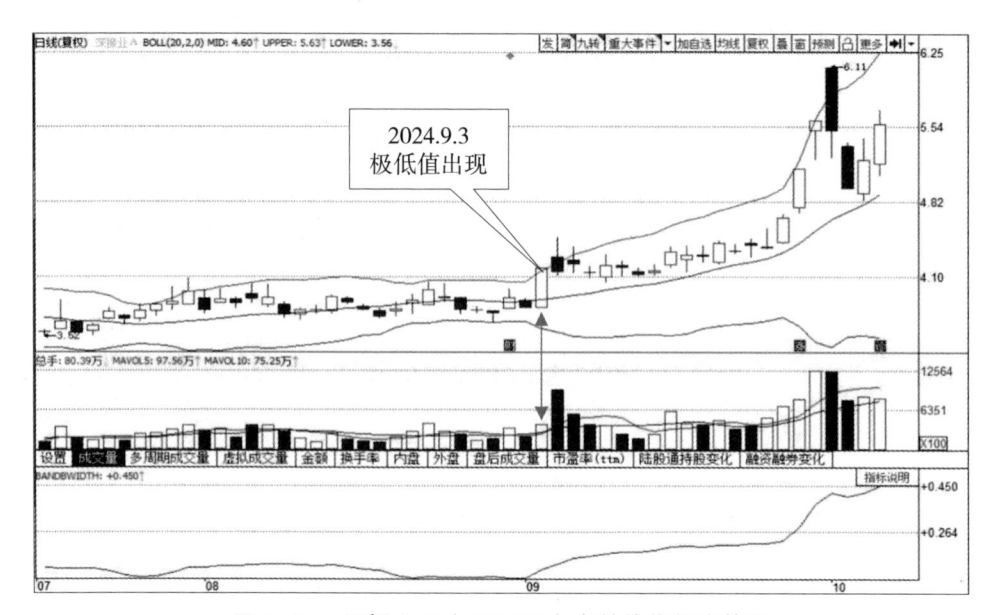

图 6-22 深振业 A（000006）布林线指标走势图

第七章

布林线与其他技术指标组合分析技术

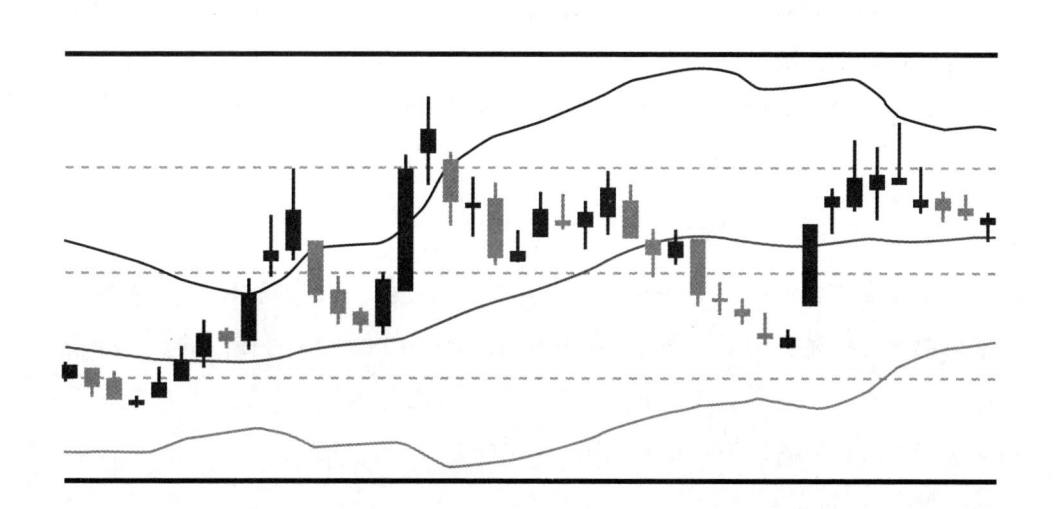

布林线与其他技术指标不同，它提供的是一个类似于交易框架的分析工具。在这个交易框架内部，投资者还可以选用其他一些自己比较信任的技术指标进行综合分析，这样获得的交易信号可能会更加准确。

第一节 %b 指标与 MFI 指标组合使用

股价的涨跌离不开资金的推动，反过来说，资金的流入与流出势必会对当前股价和未来走势产生一定的影响。因此，通过研究股价当前运行的位置，并与资金的流入与流出相结合，在一定程度上可以起到预判股价未来走势的作用。

在布林线指标体系中，%b 指标可以描述股价在布林通道内所处的相对位置，MFI 指标则可以反映资金流入情况。因此，通过将 %b 指标与 MFI 指标相结合，在一定程度上可以看出股价与资金的协调关系，进而预判股价未来的动向。

一、MFI 指标参数及基本交易含义

资金流量指标，英文全称为 Money Flow Index，简称 MFI，是由美国技术分析大师威尔斯·威尔德（Wells Wilder）在 1989 年 3 月提出的。MFI 指标实际上是将相对强弱指标 RSI 加以修改，综合考虑价格与成交量的关系后演变而来的。MFI 指标示意图如图 7-1 所示。

MFI 指标的原代码，如图 7-2 所示。

其具体的源代码如下：

TYP:=(HIGH+LOW+CLOSE)/3;

V1:=SUM(IF(TYP > REF(TYP,1),TYP*VOL,0),N)/SUM(IF(TYP < REF(TYP,1),TYP*VOL,0),N)

第七章　布林线与其他技术指标组合分析技术

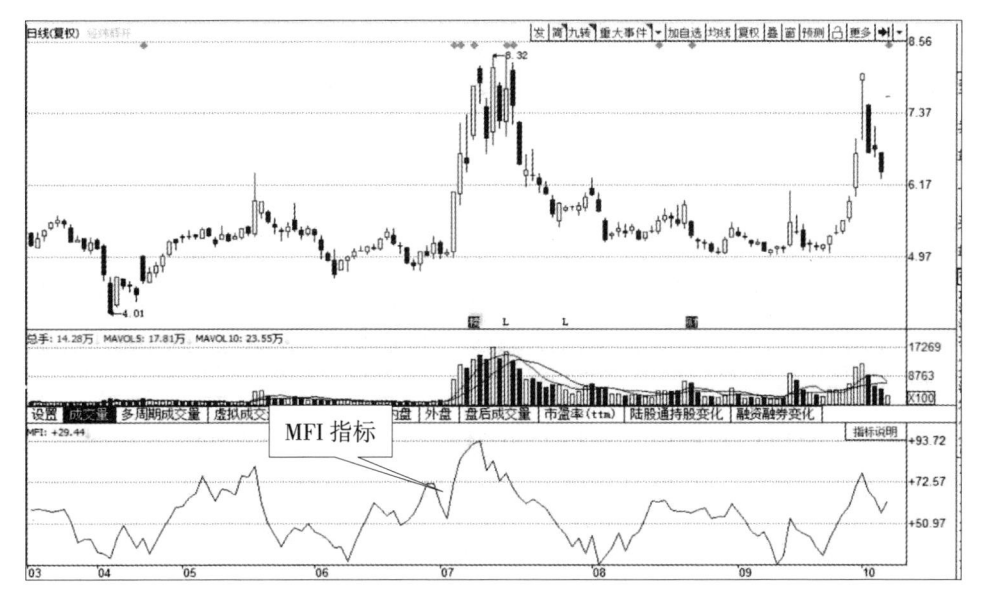

图 7-1　MFI 指标示意图

图 7-2　MFI 指标编辑区

MFI:100-(100/(1+V1));

从源代码可以看出，MFI 指标的计算过程如下。

第一，先计算一定期限内（默认为14天）每天的典型价格（即TYP），它是当天最高价、最低价和收盘价三者的均值。也有给收盘价更大权值再计算三者均值的算法。

第二，如果当天的典型价格大于昨天的，则定义为流入，反之为流出，流入流出金额为典型价格乘以当天交易量。这样把14天每天的结果计算出来，然后再把流出额和流入额分别加总，得到14天内的流入总额和流出总额，再以前者除以后者，大于1，则14天内的资金为流入，反之为流出。V1就是代表这个比值。

第三，MFI指标就是在V1的基础上，为了更好地在坐标上显示出来，进行的数据处理。

MFI指标描述了资金流入流出与股价的关系，通常具有如下几项特性。

第一，MFI指标反映了资金流动情况，当MFI指标持续走高时，说明有资金持续流入，若此时股价上升，则是一种比价良好的量价配合状态。

第二，MFI指标持续上升超过一定限度时，意味着可能存在资金消耗过大的情况，未来股价存在下跌的风险，但并不意味着股价一定会下跌。这就是通常所说的，当MFI值超过80时，说明存在超买的情况，未来股价存在下跌的可能。

第三，MFI指标的走势与股价的走势不一致，说明该股存在量价背离的问题，未来可能出现趋势反转。

第四，MFI指标持续下降超过一定限度时，说明存在资金冷却到极点的情况，资金存在回流的可能，未来股价存在反弹的可能。当MFI值进入20线下方区域时，存在超卖的情况，未来股价存在反弹的可能。

通常，将MFI指标与布林线指标系统的%b指标组合，在实战中往往可以取得更好的效果。

二、%b指标突破0.8+MFI指标突破80线

%b指标是一个反映股价在布林通道内部位置的指标。当%b指标等于1时，股价已经到达上轨线位置，说明股价呈强势上升状态。当%b等于0时，股价已经处于下轨线位置，说明股价呈强势下跌状态。

MFI 指标进入 80 线以上区域时，说明该指标已经进入超买区域，未来股价存在下跌的风险，而此时股价往往正处于加速上升期。与此同时，若 %b 指标同步上穿 0.8 线，则可增强买入信号的准确性。

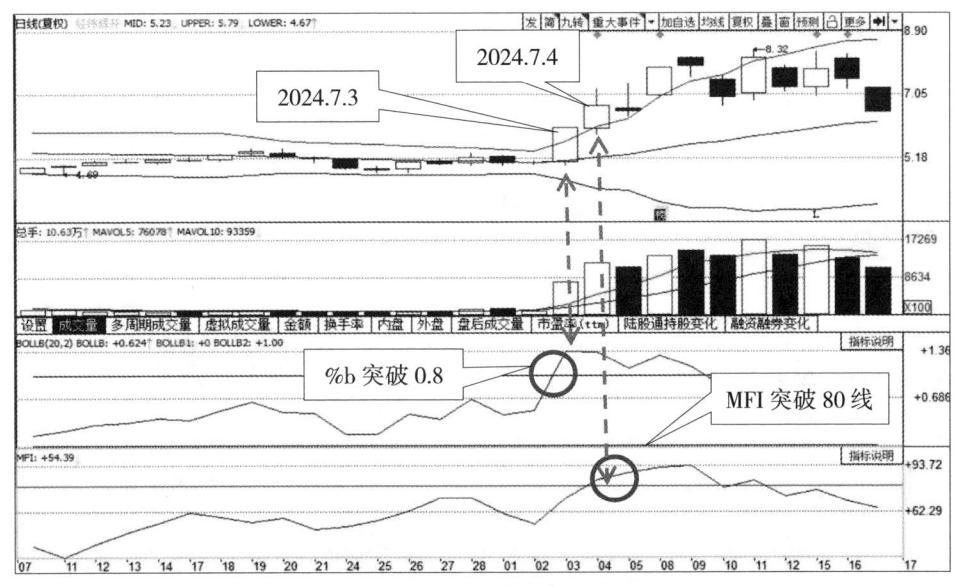

图 7-3　经纬辉开（300120）MFI 指标走势图

如图 7-3 所示，经纬辉开的股价在 2024 年上半年启动了一波横向振荡走势。到了 6 月底，该股股价开始发力上攻。随着股价的上涨，布林线的喇叭口也开始放大，此时股价在布林通道内的位置逐渐上移，MFI 指标也逐渐上升。

2024 年 7 月 3 日，该股股价上升至布林线上轨线附近，对应的 %b 指标也向上突破了 0.8 线，说明股价走势较强，同时 MFI 指标正自下而上运行。这时激进的投资者可重仓介入，保守型投资者可少量参与，待 MFI 指标向上突破 80 线时再加仓。

7 月 4 日，MFI 指标向上突破 80 线，说明资金流入速度明显加快，未来股价将加速上涨，投资者可在此时加仓买入该股。

投资者需要注意，股价加速上升时，往往也是股价即将见顶之时，若资金流入减弱，股价滞涨，应考虑卖出股票。

三、%b 指标跌破 0.8+MFI 指标跌破 80 线

MFI 指标自高位拐头向下跌破 80 线，说明该指标已经自超买区返回，资金流入减弱，未来股价存在下跌的风险，此时股价往往处于筑顶期。与此同时，若 %b 指标同步下穿 0.8 线，则可增强卖出信号的准确性。

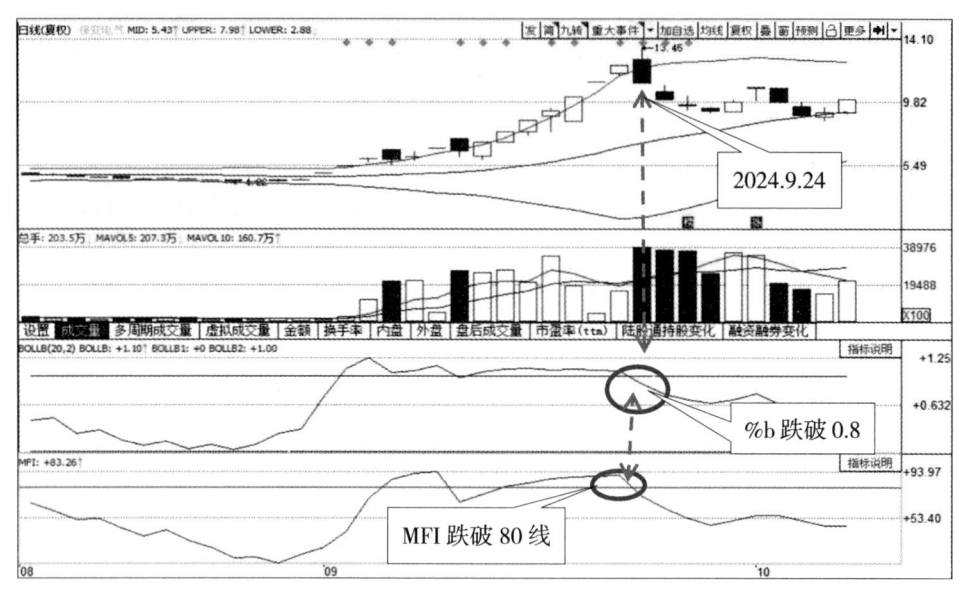

图 7-4　保变电气（600550）MFI 指标走势图

如图 7-4 所示，保变电气的股价在 2024 年上半年启动了一波上涨走势。随着股价的上涨，%b 指标和 MFI 指标也随之不断上升，并进入超买区域。2024 年 9 月 24 日，该股以跌停报收，MFI 指标向下跌破 80 线，说明资金流入减弱，未来股价下跌的风险在加大。与此同时，%b 指标跌破了 0.8 线，这也是一个比较显著的卖出信号。至此，%b 指标和 MFI 指标同步显现卖出信号，投资者可放心执行卖出操作。

四、%b 指标突破 0.2+MFI 指标突破 20 线

MFI 指标自低位拐头向上突破 20 线，说明该指标已经自超卖区返回，资金流入加强，未来股价存在反弹的可能，此时股价往往处于筑底期。与此同时，若 %b 指标同步上穿 0.2 线，则可增强买入信号的准确性。

如图 7-5 所示，炼石航空的股价在 2024 年年中有一波下跌走势。随着

股价的下跌，%b 指标和 MFI 指标也随之不断下跌，并进入超卖区域。2024年 8 月 29 日，该股收出小阳线，%b 指标向上突破了 0.2 线，这也是一个比较显著的买入信号。此后，MFI 指标向上突破 20 线，说明资金流入提升，未来股价反弹的可能性在加大。同日，%b 指标和 MFI 指标同步显现底部反弹信号，投资者可执行买入操作。

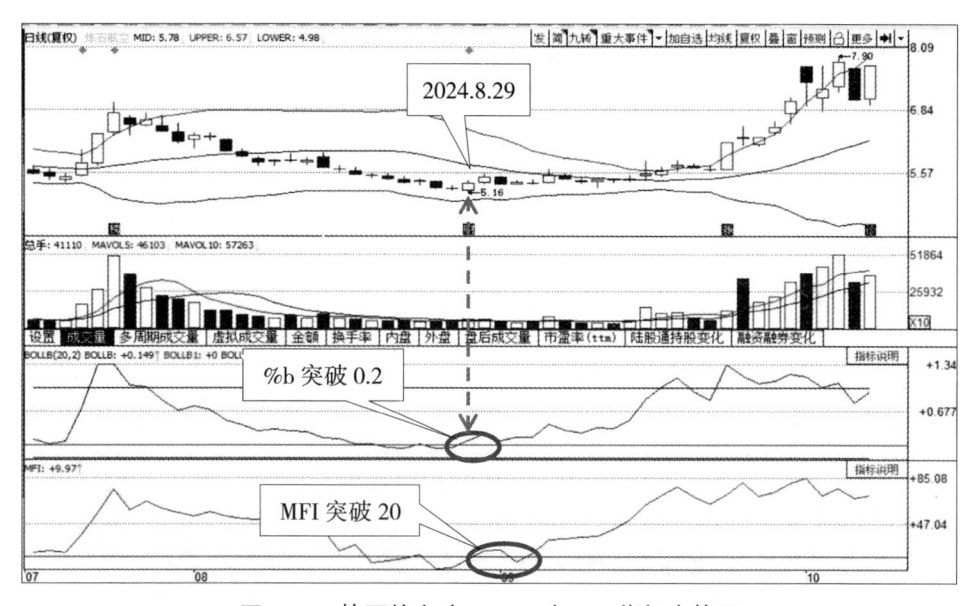

图 7-5　炼石航空（000697）MFI 指标走势图

在实战交易过程中，%b 指标和 MFI 指标的超跌买入信号相隔三个交易日以内，同样可以认定为买入信号共振，不影响该技法的使用。

第二节　布林线与 MACD 指标组合使用

MACD 指标有"指标之王"的美誉，对股价波动趋势的把握远超其他技术指标，而布林线指标则提供了一个相对价格高点与低点的分析框架，因此，将布林线指标与 MACD 指标相配合，可以极大地提升投资者把握波段行情的能力。

一、MACD 指标的基本特性

MACD 指标，中文名称叫做指数平滑异同移动平均线，是由杰拉尔德·阿佩尔（Gerald Appel）在移动平均线的基础上重新发展出来的一种趋向类指标。该指标利用快速（短期）平滑移动平均线与慢速（长期）平滑移动平均线之间不断聚合和分离的特征，加以双重平滑，计算出差离值，用以对市场行情和买卖时机作出研判，是股市中常用的中长期技术指标。

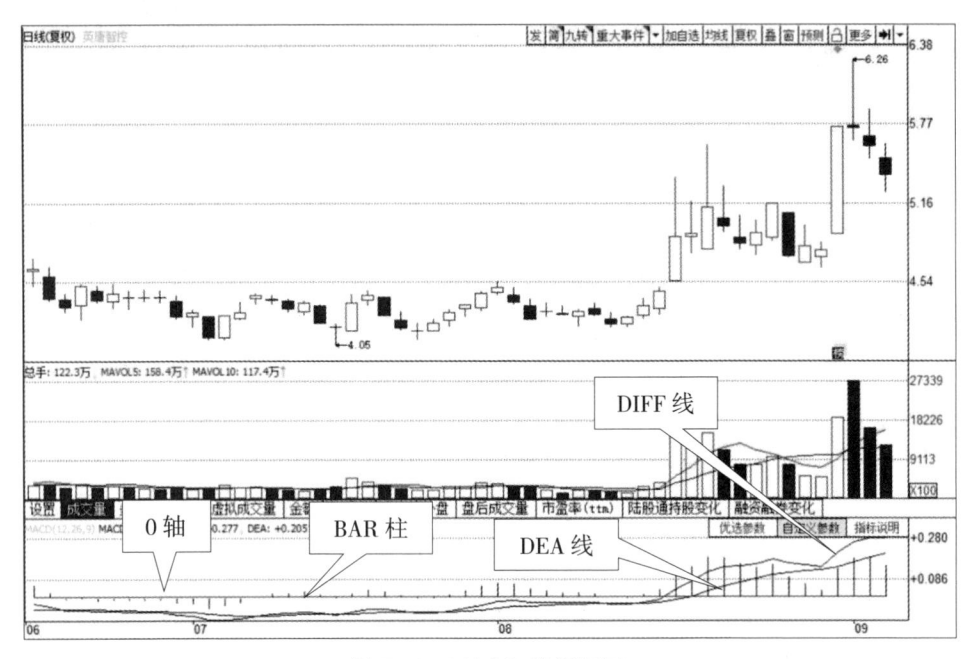

图 7-6 MACD 指标图示

MACD 指标具有如下几点特性。

第一，DIFF 线的变动较为灵敏，是快速平滑移动平均线，而 DEA 线则较为平缓，是慢速平滑移动平均线，两条线都围绕 0 轴上下波动。

第二，MACD 指标所显示的两条曲线都不是市场价格的移动平均线，而是两条移动平均线差距的平滑移动平均线。它能克服移动平均线假信号频繁的缺点，又保留了均线的诸多优点。

第三，MACD 柱状线即 BAR 线，表示 DIFF 线与 DEA 线之间的偏离程度，BAR 线越长，说明 DIFF 线距离 DEA 线越远。BAR 为正值，柱状线显示为红色，表示 DIFF 线在 DEA 线之上；BAR 为负值，柱状线显示为绿色，表示 DIFF 线在 DEA 线之下。

第四，当 MACD 柱状线由负变正（或由绿变红）时，DIFF 线必然向上突破 DEA 线，从而形成金叉；当 MACD 柱状线由正变负（或由红变绿）时，DIFF 线必然向下跌破 DEA 线，从而形成死叉。

第五，BAR 线的正负值之间有一条分界线，称为 0 轴（或 0 线）。

二、MACD 指标的基本交易含义

MACD 指标通过自身指标线之间的位置关系以及整体运行态势，可以帮助投资者研判股价波段的低点与高点。在使用 MACD 指标时，需要重点关注以下几点。

第一，MACD 指标的金叉与死叉。当 MACD 指标在低位出现黄金交叉时，通常会被看成股价启动的一个信号，而交叉点的位置若在 0 轴附近，则更可增强金叉的成色，股价未来上攻的概率更大；反之，当股价自高位出现回落，若 MACD 指标出现死叉时，通常意味着股价存在很大的下跌可能，特别是 MACD 指标自 80 线上方向下形成的死叉，看跌意味更浓。

第二，MACD 指标的两条指标线 DIF 线和 DEA 线对 0 轴的穿越也是需要重点关注的方向。MACD 指标线，特别是 DEA 慢线，自下而上完成对 0 轴的穿越，意味着股价短期开始由空方主导转为多方主导，属于积极的看涨信号；反之，若 MACD 指标自上而下完成对 0 轴的跌破，则意味着股价存在走弱的可能。

第三，MACD 指标与股价的背离，是 MACD 指标的又一个看点。通常来说，MACD 指标会随着股价的波动而波动，在股价上升时，MACD 指标同步走高；在股价下跌时，MACD 指标同步走低。这是一种正常的 MACD 指标与股价的配合形态。当股价走出一个比一个更低的低点，而 MACD 指标却没有同步走出新低，则意味着二者之间存在背离的情况，也就是通常所说的 MACD 指标底背离；同理，若股价走出一个比一个更高的高点，而 MACD 指标并未同步创出新高，则意味着 MACD 指标与股价之间存在顶背离。

三、MACD 指标金叉 + 突破布林线中轨线

MACD 指标出现黄金交叉形态，往往意味着股价将走好，由于黄金交叉出现的位置不同，其买入信号的成色也有所不同。不过，若 MACD 指标出现黄金交叉时，股价同步向上穿越布林线中轨，则可增强买入信号的有效性。

该技巧的具体操作要点如下。

第一，股价经过一波下跌或回调后出现反弹向上的走势，且成交量开始放大。

第二，股价向上运行过程中，MACD 指标同步出现黄金交叉形态，预示股价可能会出现上涨。

第三，MACD 指标出现黄金交叉时，股价自下而上穿越布林线中轨，说明股价未来走强的可能性极大，投资者可放心执行买入操作。

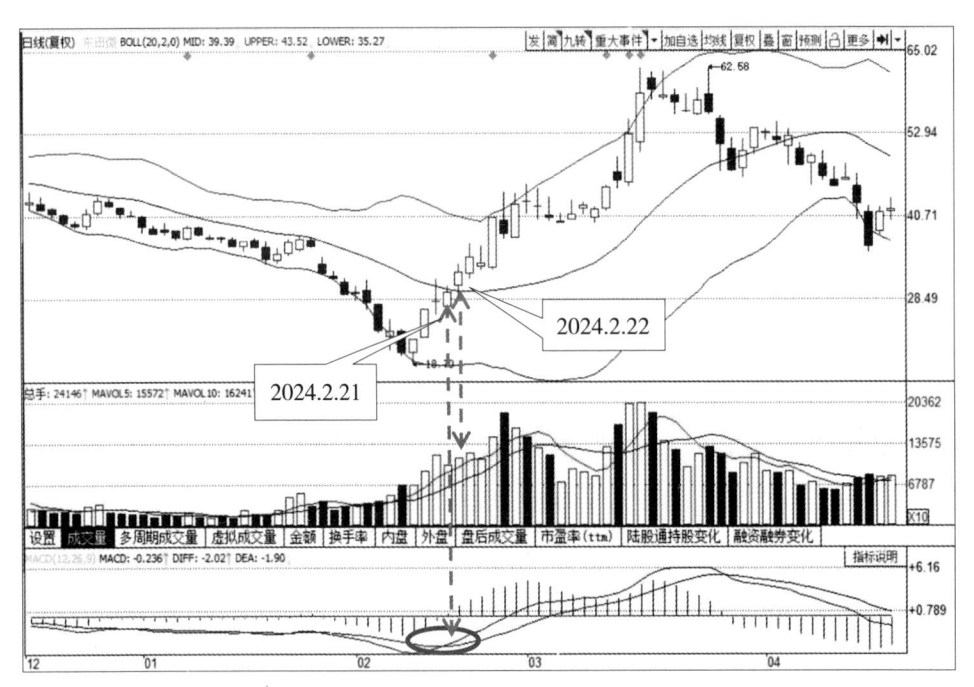

图 7-7　东田微（301183）MACD 指标与布林线指标组合示意图

如图 7-7 所示，2023 年年底到 2024 年年初时段，东田微的股价出现了一波振荡调整走势，股价不断下跌，并一度跌破布林线下轨。与此同时，MACD 指标也降至极低水平，并开始了筑底走势。

2024年2月中旬，东田微的股价出现触底反弹态势。2月21日，该股股价连续四个交易日上升，MACD指标出现低位黄金交叉形态。按照MACD指标金叉形态的分析，此位置的金叉含金量并不高，还需要结合其他指标佐证判断。次日（即2月22日），股价上升途中，成功向上突破布林线中轨，且成交量出现了明显的放大。这属于典型的走强信号，投资者可在当日买入股票。

四、MACD指标高位死叉 + 遇布林线中轨线支撑

MACD指标随着股价上涨进入高位区域后，会因股价调整而出现高位死叉的状态，若股价仍位于布林线中轨线之上，则可坚定持股。这是通过两种技术指标的组合，过滤掉一些可能虚假的卖出信号。

具体操作要点如下。

第一，股价经过一波上涨行情后出现了短暂的回调，且成交量同步萎缩。

第二，股价回调过程中，MACD指标同步出现高位死叉形态，预示股价可能会出现下跌。

第三，与此同时，股价自布林线上轨位置回调，当股价回调至中轨线位置时，因受中轨线支撑而出现了反弹，此时投资者可不按照MACD指标高位死叉的方法卖出股票，可以继续持股待涨。

如图7-8所示，莱斯信息的股价在2024年2月初启动了一波快速上升行情。随着股价的上升，MACD指标逐渐上升至较高的位置，布林线的喇叭口也逐渐放大，说明股价上涨形态良好。

2024年3月底到4月初，该股股价连续出现了调整。4月3日，股价低开高走，MACD指标同步出现了高位死叉，说明股价未来存在下跌的风险。不过，此时股价运行至布林线中轨位置时，因受到中轨线的支撑而再度上升，说明中轨线对股价有较强的支撑作用。只要股价线不能有效跌破中轨线，投资者就可以继续持股。

随后，该股很快重新开始上升，MACD指标再度出现黄金交叉，而布林通道的喇叭口又重新开始放大，这都说明股价又开始了一波上升走势。

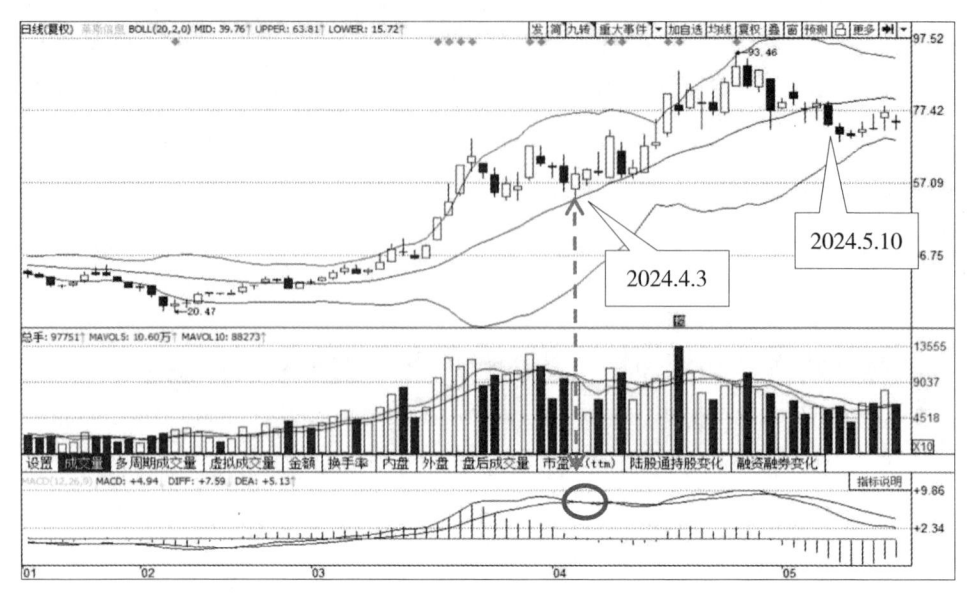

图 7-8　莱斯信息（688631）MACD 指标与布林线指标组合示意图

五、股价跌破上轨线 +MACD 柱线缩头

股价自高位跌破上轨线，与此同时 MACD 柱线同步收缩，说明股价上涨趋势可能结束。

具体操作要点如下。

第一，股价经过一波上涨行情后出现了回调，且股价跌破了布林线上轨。

第二，股价上升过程中 MACD 柱线同步拉升，而股价跌破上轨线时，MACD 柱线同步萎缩，说明多方力量有所不足。

第三，通常来说，股价自布林线上轨线附近回撤，而 MACD 柱线同步萎缩，属于典型的高位股回调形态，未来股价转入跌势还是调整后再度上涨，具有一定的不确定性。因此，作为投资者最理想的选择就是减仓。若股价继续走低，跌破了中轨线或 MACD 指标出现高位死叉，则可清仓。

下面来看一下集智股份的案例。

如图 7-9 所示，集智股份的股价在 2024 年 2 月初触底反弹，走出了一波快速上升行情。随着股价的上升，MACD 柱线逐渐拉升至较高的位置，说明股价上涨形态良好。

进入 2024 年 3 月下旬，该股股价涨势明显有加强的态势。3 月 25 日，股价在连续上攻多日后出现了调整，且跌破了布林线上轨，说明股价上涨趋势可能减弱。此时 MACD 柱线也出现了萎缩，属于典型的多头示弱信号，说明股价上涨趋势有可能结束。

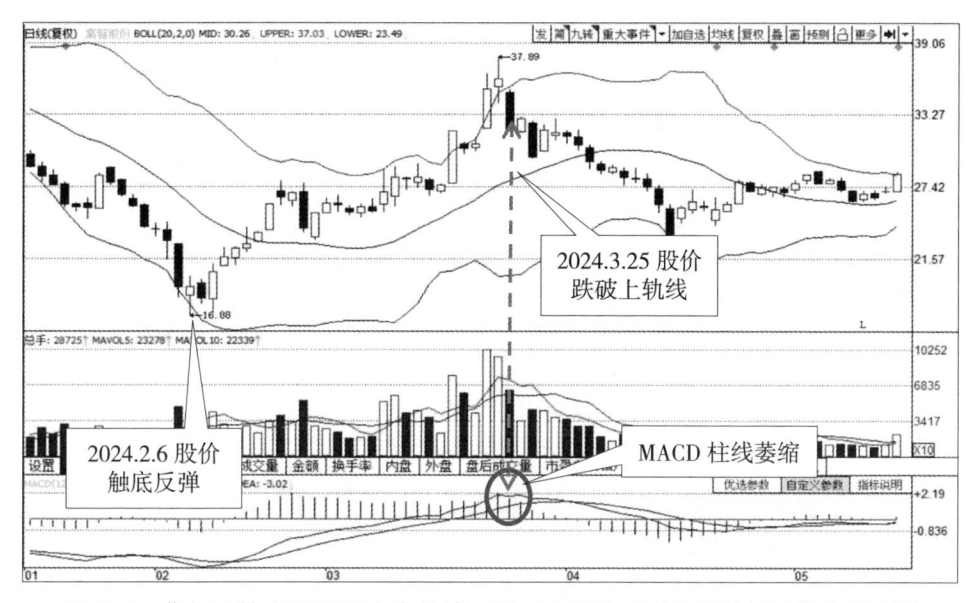

图 7-9　集智股份（300553）布林线指标、MACD 指标与 RSI 指标组合示意图

基于以上分析可以判定，股价未来下跌的概率很高，投资者可考虑执行减仓或清仓操作。

六、下轨线支撑与 MACD 指标底背离

股价 K 线在触及布林线下轨后出现反弹迹象，与此同时 MACD 指标出现底背离，意味着股价可能结束下跌趋势，开启一波反弹行情。此时，投资者可在控制仓位的前提下，少量参与其中。

从图 7-10 中股价 K 线与布林线、MACD 指标之间的位置关系，可以看出如下几个特征。

第一，股价经过一段时间的下跌后，在触及下轨线后反向上攻，且股价在反弹时，成交量出现放大迹象。

第二，股价触及下轨线时，相比之前的低点已经有了明显的下跌，而MACD 指标所形成的阶段低点却要高于前一个，即 MACD 指标与股价形成了底背离，这是股价即将结束下行趋势的一个信号。

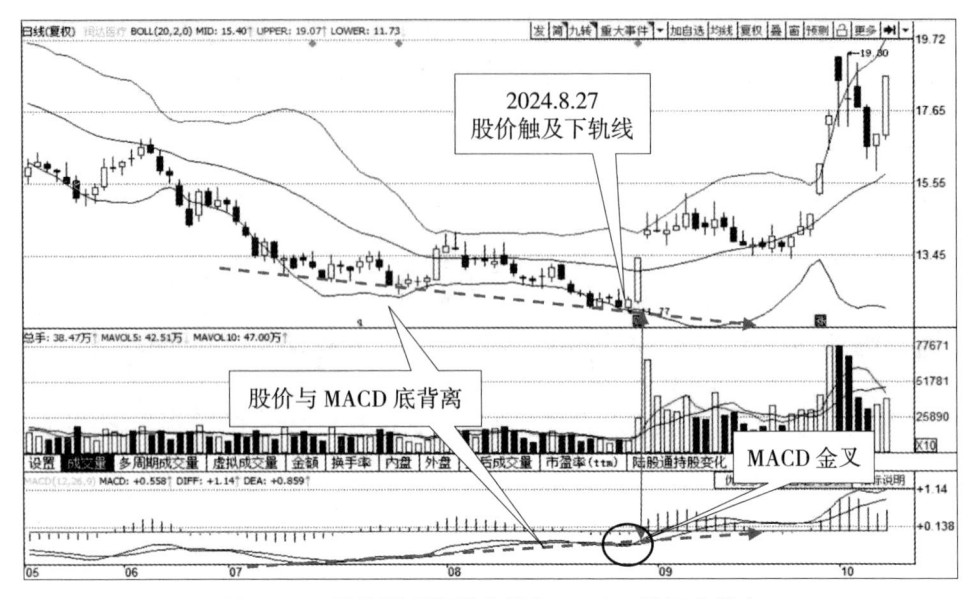

图 7-10　股价遇下轨线支撑与 MACD 指标底背离

第三，MACD 指标形成第二个低点并拐头向上时，若 MACD 指标同步出现金叉，则可增强股价上升的概率。

第四，股价触及下轨线反弹时，布林通道的喇叭口同步收缩，而当股价突破中轨线后，布林通道的喇叭口重新开始放大，说明股价即将进入上攻趋势，投资者可考虑积极入场。

下面来看一下群星玩具的案例。

如图 7-11 所示，群星玩具的股价自 2024 年年中开始出现了一波振荡下行走势。该股股价经过一段时间的下跌后，股价 K 线开始沿布林线下轨下行，这是行情走弱的信号，投资者不宜进场交易。

7 月 10 日，该股股价曾一度跌破布林线下轨而后反弹向上，此后又重新进入下行通道，并在 8 月 28 日触及布林线下轨后反弹向上。股价 K 线在 8 月 28 日所形成的低点要明显低于 7 月 10 日的低点，观察此时的 MACD 指标可知，尽管 MACD 指标也随着股价 K 线的下行而下跌，但 8 月 28 日所形成的低点要高于 7 月 10 日的低点，即 MACD 指标与股价形成了底背离形态，属于股价即将反弹的信号。

此后，该股股价 K 线连续上行，可以预判股价可能会出现一波反弹或反转走势，激进型投资者可少量入场建仓。

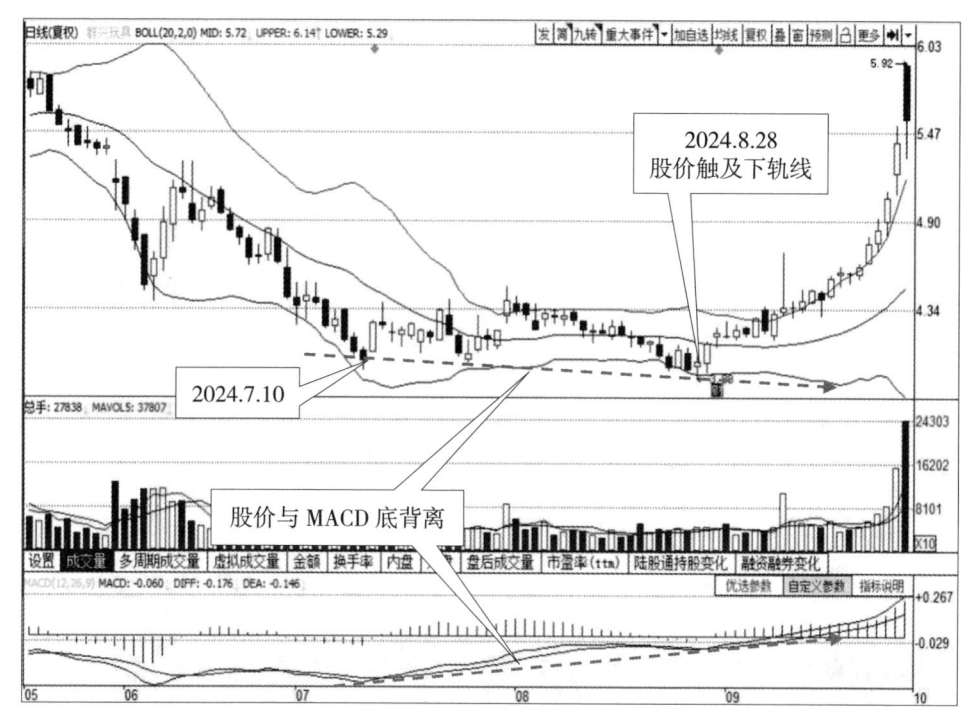

图 7-11　群星玩具（002575）布林线指标与 MACD 指标组合示意图

第三节　布林线与 KDJ 指标组合使用

KDJ 指标被称为灵敏度高的技术指标之一，也是很多短线交易者喜欢使用的技术指标之一。不过，KDJ 指标虽然在灵敏度方面优势较为明显，但准确性有所不足，如果将布林线指标与 KDJ 指标相结合，则可以在保持 KDJ 指标灵敏度的同时，大大提升 KDJ 指标发出信号的准确性。

一、KDJ 指标的基本特性

随机指标，英文简称为 KDJ，是一种中短线分析工具，主要用来反映市场上买卖力量的强弱和超买超卖等现象，能够在股价尚未上升或下降之前发出准确的买卖信号。该指标由乔治·兰恩（George Lane）博士首创，根据统计学原理，将某个周期内出现过的最高价、最低价及最后一个收盘价作为基本数据，来计算最后一个计算周期的未成熟随机值 RSV，然后根据平滑移动平均的方法来确定 K 值、D 值与 J 值，并绘制成相应的曲线图来研判行情。

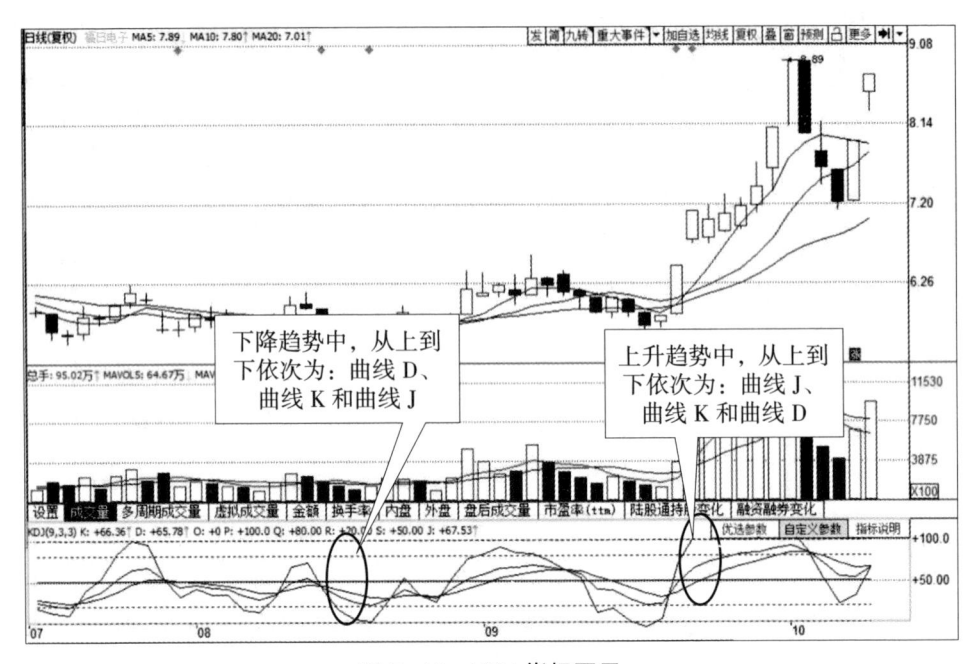

图 7-12 KDJ 指标图示

KDJ 指标具有如下几点特性。

第一，KDJ 指标由 K、D、J 三条曲线组成，其中波动最快的为曲线 J，其次是曲线 K，曲线 D 最为平滑，安全性也最好。

第二，K 值和 D 值的取值范围均在 0～100 之间，50 线是 KDJ 指标值的多空分界线。当 KDJ 指标处于 50 中轴线之上时，表示市场处于多头行情中；当 KDJ 指标处于 50 中轴线之下时，表示市场处于空头行情中。

第三，KDJ 指标也是非常重要的超买超卖指标。当 KDJ 指标进入 80 线以上区域时，说明指标处于超买区域；当 KDJ 指标进入 20 线以下区域，说明指标处于超卖区域。

第四，当 J 值 > 100 时，曲线 J 会接触到顶部，表示曲线 K 已远高于曲线 D，股价短期内见顶的概率增大；当 J 值 < 0 时，曲线 J 会接触到底部，表示曲线 K 已远低于曲线 D，股价短期内见底的概率增大。

第五，当曲线 K 和曲线 D 双双在 50 线左右的位置徘徊时，无论出现金叉还是死叉，都没有参考意义。

第六，当股价处于单边上升、下跌或盘整行情时，KDJ 指标会频繁地出现金叉与死叉，说明指标出现了钝化现象，此时 KDJ 指标发出的交易信号不具有任何含义。

二、KDJ 指标的基本交易含义

KDJ 指标通过自身指标线之间的位置关系以及整体运行态势，可以帮助投资者研判股价波段的低点与高点。在使用 KDJ 指标时，需要重点关注以下几个方面。

第一，KDJ 指标的超买与超卖。这是 KDJ 指标最核心的用法之一。当 KDJ 三条指标线进入 20 线下方区域，意味着股价存在超卖的情况，即短期内卖方力量过于强大，未来存在反弹的可能；反之，当 KDJ 指标三条指标线进入 80 线上方区域，则意味着股价存在超买的情况，即短期内买方力量过于强大，未来存在下跌的可能。也就是说，当 KDJ 指标进入超买超卖区域后，投资者都要预防股价运行趋势可能的变化，但这种变化可能立即发生，也可能需要数个交易日才会发生，投资者不能据此进行短线交易。很多短线强势股在 KDJ 指标进入 80 线上方区域时，往往是其涨势最为迅猛的时候。

第二，KDJ 指标的金叉与死叉。当 KDJ 指标在低位出现黄金交叉时，通常会被看成股价启动的一个信号，如果交叉点的位置在 20 线附近，更可增强金叉的成色，股价未来上攻的概率更大；反之，当股价自高位出现回落时，若 KDJ 指标出现死叉，通常意味着股价存在下跌的可能，特别是 KDJ 指标自 80 线附近形成的死叉，看跌意味更浓。

第三，KDJ 指标与股价的背离。与 MACD 指标相似，KDJ 指标与股价的背离，也分为底背离和顶背离两种，其具体识别方法与 MACD 指标相似。从实战效果来看，KDJ 指标与股价背离的准确性一般要低于 MACD 指标与股价的背离，这与 KDJ 指标灵敏度过高有直接关系。

三、KDJ 指标低位金叉 + 遇布林线下轨线反弹

股价在下跌过程中，若遇布林线下轨支撑而出现反弹，此时 KDJ 指标

出现低位黄金交叉，意味着股价反弹的可能性较大。

其具体操作要点如下。

第一，股价跌破布林线中轨后向布林线下轨运行，当股价触及布林线下轨并反弹向上，或股价跌破布林线下轨后，重新向上突破布林线下轨，说明股价有反弹向上的可能。

第二，股价反弹时，KDJ 指标同步出现低位黄金交叉形态，说明短期内股价反弹向上的概率极大。

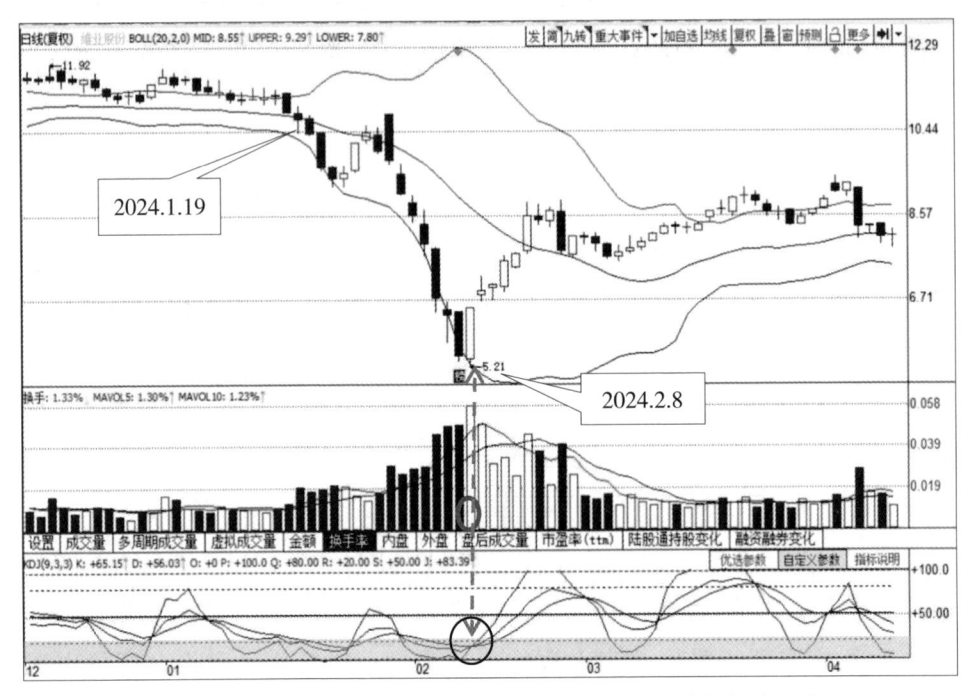

图 7-13　维业股份（300621）布林线指标与 KDJ 指标组合示意图

如图 7-13 所示，维业股份的股价在 2024 年 1 月 19 日启动了一波回调走势，股价在跌破了布林线中轨线后，直接向下轨逼近，并一度跌破下轨线。2024 年 2 月 8 日，该股股价触及下轨线后启动反弹，并站稳下轨线，说明股价反弹即将启动。与此同时，KDJ 指标出现低位金叉形态，且交叉点位于 20 线上方附近位置，说明此金叉含金量极高。这两个买入信号的发出，预示股价未来上涨的概率很高，投资者可考虑逐步建仓买入该股。

四、KDJ 指标二度金叉 + 遇布林线中轨线反弹

股价经过一波小幅度上升后出现回调，若遇布林线中轨支撑而出现再度上涨，此时 KDJ 指标继续低位金叉后，短期内第二次出现金叉，则意味着股价重新上涨的可能性较大。

其具体操作要点如下。

第一，股价回调过程中，遇布林线中轨因受中轨支撑而再度上涨，说明股价有重新向上的可能。

第二，股价再度反弹向上时，KDJ 指标在 50 线附近出现黄金交叉形态。此黄金交叉为短期内出现的第二次交叉，且这次交叉点要高于前一次。按照波浪理论中八浪循环的机理，此次上涨很可能属于三浪上涨。也就是说，这波上涨的幅度可能会很大，投资者可考虑加大仓位跟进买入股票。

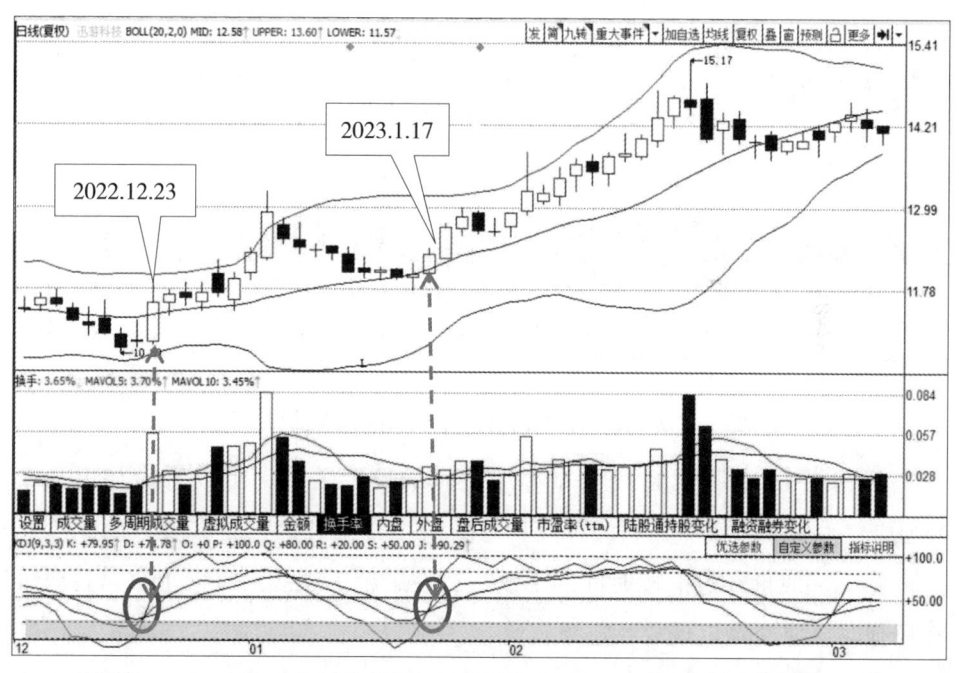

图 7-14 迅游科技（300467）布林线指标与 KDJ 指标组合示意图

如图 7-14 所示，迅游科技的股价在 2022 年 12 月上旬启动了一波振荡下跌走势。该股股价经过一段时间的下跌后，在 2022 年 12 月 23 日重新开始上涨，KDJ 指标同步发出低位金叉。此后，股价经过一段时间的上涨后，又开始了调整。

该股股价回调至布林线中轨线附近时，因受中轨线支撑而再度上涨，此时 KDJ 指标同步出现黄金交叉形态，且交叉点位于 50 线下方，远远高于上一次的金叉点。说明股价短期内上涨的概率很高，投资者可考虑买入该股。

五、下轨线支撑与 KDJ 指标超卖反弹

股价 K 线在触及布林线下轨线后出现反弹迹象，与此同时 KDJ 指标超卖反弹向上，意味着股价可能结束下跌趋势，开启一波反弹行情。此时投资者可在控制仓位的前提下，少量参与其中。

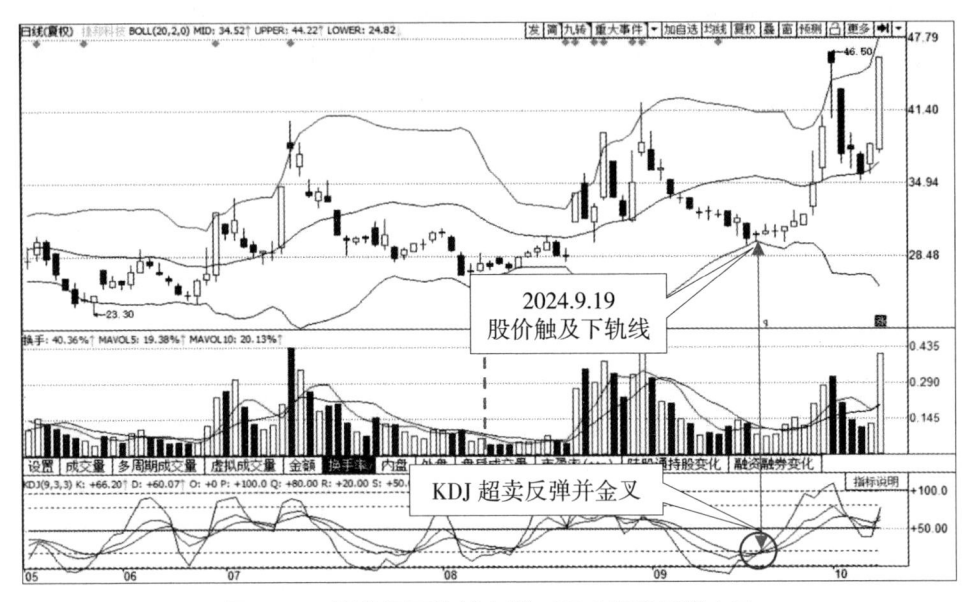

图 7-15　股价遇下轨线支撑 +KDJ 超卖反弹金叉

从图 7-15 中股价 K 线与布林线之间的位置关系，可以看出如下几个特征。

第一，股价经过一段时间的下跌后，在触及下轨线后反向上攻，且股价在反弹时，成交量出现放大迹象。

第二，股价触及下轨线时，KDJ 指标已经进入了超卖区域，当股价遇支撑反弹时，KDJ 指标同步自超卖区域反弹向上，若能在 20 线附近形成低位金叉更佳。

第三，股价触及下轨线反弹时，布林通道的喇叭口同步收缩，而当股价突破中轨线后，布林通道的喇叭口重新开始放大，说明股价即将进入上攻趋

第七章 布林线与其他技术指标组合分析技术

势，投资者可考虑积极入场。

下面来看一下建发合诚的案例。

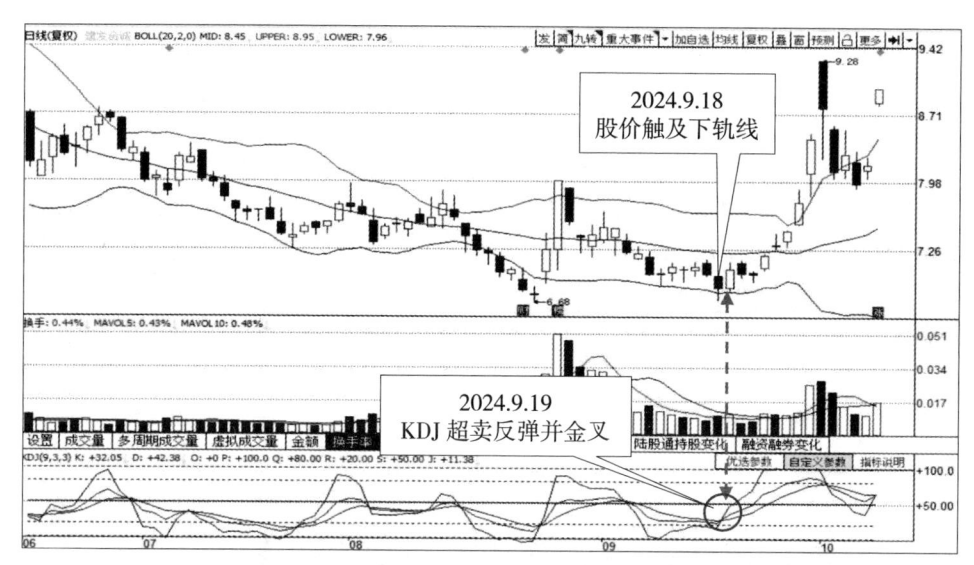

图 7-16 建发合诚（603909）布林线指标与 KDJ 指标组合示意图

如图 7-16 所示，建发合诚的股价自 2024 年上半年开始出现了一波振荡下行走势。该股股价经过一段时间的下跌后，股价 K 线开始沿布林线下轨下行，这是行情走弱的信号，投资者不宜进场交易。

9 月 18 日，该股股价再度触及布林线下轨。下一交易日（即 9 月 19 日），股价出现反弹走势，且 KDJ 指标自超卖区域反弹向上，并在 20 线附近区域形成了低位金叉，这属于典型的看涨信号，激进型投资者可考虑进场抄底，但要控制好仓位。

第四节　布林线与 RSI 指标组合使用

RSI 指标反映了多空力量强弱的变化，而布林线指标则给出了股价运动的一个大致区间。当股价运行至区间边界，且 RSI 指标提示多空力量变化时，说明股价运行趋势可能会发生变化。因此，将二者结合就可以实现优势互补的效果，大大增强投资者判断股价运行趋势的准确性。

一、RSI 指标的基本特性

相对强弱指标，英文简称为 RSI，是由美国技术分析大师威尔斯·威尔德（（Wells Wilder））创立的。该指标通过比较一段时期内的收盘涨幅和总波动幅度之间的比值，来分析市场买卖意向和实力，从而对未来市场走势作出预测。其基本原理是，在一个正常的股市中，多空买卖双方的力量必须得到均衡，股价才能稳定。

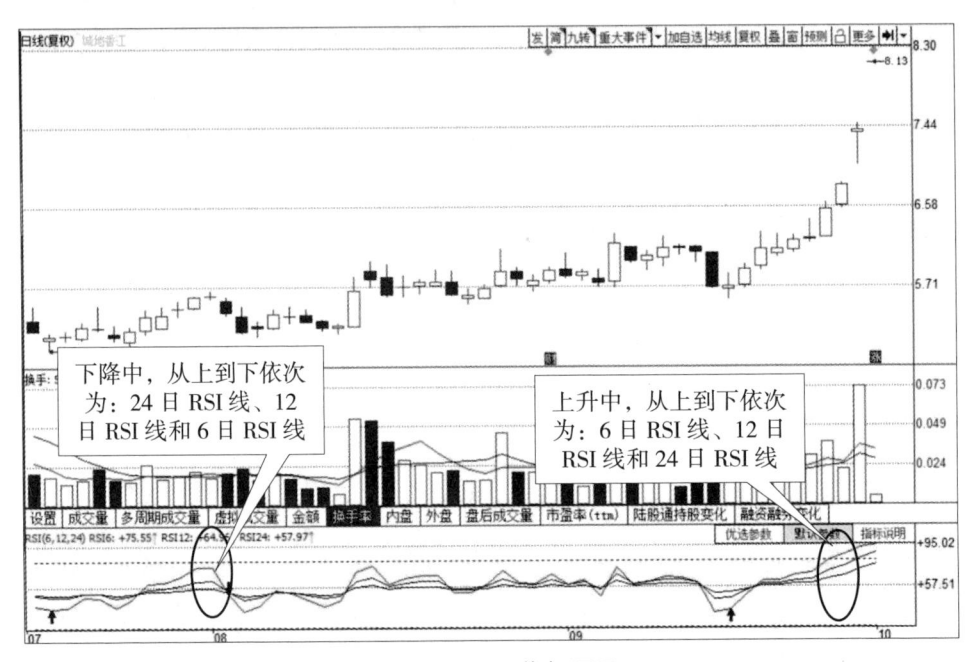

图 7-17 RSI 指标图示

RSI 指标具有如下几点特性。

第一，RSI 指标是将向上和向下两种力量进行比较。若向上的力量较大，则 RSI 曲线上升；若向下的力量较大，则 RSI 曲线下降，由此可以测算出市场走势的强弱。

第二，6 日 RSI 指标是一个短线技术指标，适合分析较短周期内股价的走势。如果要分析较长周期的股价走势时，投资者可以参考 12 日 RSI 线和 24 日 RSI 线。

第三，RSI 指标的取值范围在 0～100 之间，RSI = 50 为强势市场与弱势市场的分界点。RSI 曲线由上向下突破了 50 位置，代表市场已经转弱；RSI 曲线由下向上突破了 50 位置，代表市场开始走强。

第四，对于超买超卖区的界定，投资者可以根据市场的具体情况而定。在一般市场行情中，RSI 数值（通常以 6 日 RSI 来判断）在 80 以上可认为是超买，20 以下可认为是超卖。在牛市中，超买区可定为 90 以上，超卖区可定在 30 以下；在熊市中，超买区可定为 70 以上，超卖区可定为 10 以下。

第五，由于设计上的原因，RSI 指标在进入超买区或超卖区后会出现钝化的问题，这时尽管股价波动较大，但 RSI 的波动却非常缓慢。比如，在"牛市"中，RSI 值经常会升至 90 以上；在"熊市"中，RSI 值经常会降到 10 以下。所以，在较强的牛市或熊市中，如果 VR 等指标显示股价为强势，那么投资者应该放弃使用 RSI 指标。

二、RSI 指标的基本交易含义

RSI 指标通过自身指标线之间的位置关系，以及整体运行态势，可以帮助投资者研判股价波段的低点与高点。与 KDJ 指标相似，在使用 RSI 指标时，需要重点关注以下几个方面。

第一，RSI 指标的超买与超卖是指标最核心的用法之一。当 6 日 RSI 指标线进入 20 线下方区域，意味着股价存在超卖的情况，即短期内卖方力量过于强大，未来存在反弹的可能；反之，当 6 日 RSI 指标线进入 80 线上方区域，则意味着股价存在超买的情况，即短期内买方力量过于强大，未来存在下跌的可能。也就是说，当 RSI 指标进入超买超卖区域后，投资者要预防股价运行趋势可能的变化。这种变化可能立即发生，也可能要过去数个交易日才发生，投资者不能据此进行短线交易。毕竟很多短线强势股在 RSI 指标进入 80 线上方区域时，往往是其涨势最为迅猛的时刻。

第二，RSI 指标的金叉与死叉。当 RSI 指标在低位出现黄金交叉时，通常会被看成股价启动的一个信号，而交叉点的位置若在 20 线附近，更可增强金叉的成色，股价未来上攻的概率更大；反之，当股价自高位出现回落时，若 RSI 指标出现死叉，通常意味着股价存在很大的下跌可能，特别是 RSI 指标在 80 线附近形成死叉，看跌意味更浓。

第三，RSI 指标与股价的背离。与 MACD 指标相似，RSI 指标与股价的背离，也分为底背离和顶背离两种。具体识别方法与 MACD 指标相似，只是从实战效果来看，RSI 指标与股价背离的准确性一般要低于 MACD 指标与股价的背离，这与 RSI 指标灵敏度过高有直接的关系。

三、RSI 指标低位金叉 + 布林线下轨线反弹向上

股价遇布林线下轨线反弹向上，属于买入信号中比较弱的一种信号，而 RSI 指标低位金叉，则属于买入信号中相对较强的一种信号。当二者结合时，所发出的买入信号会大为增强。

该技巧的操作要点如下。

第一，股价沿布林线下轨线下行，并经过一段时间的下跌后，出现触底反弹迹象。

第二，RSI 指标随着股价下跌一段时间后，出现反弹向上的状态。

第三，6 日 RSI 自下而上穿越 12 日和 24 日 RSI，形成低位黄金交叉，且在此之前，股价自布林线下轨线位置反弹向上，那么 RSI 指标低位金叉出现时，就是该股的最佳买点。

第四，若 RSI 指标形成低位金叉时，成交量同步放大，可提升买入信号的准确性。

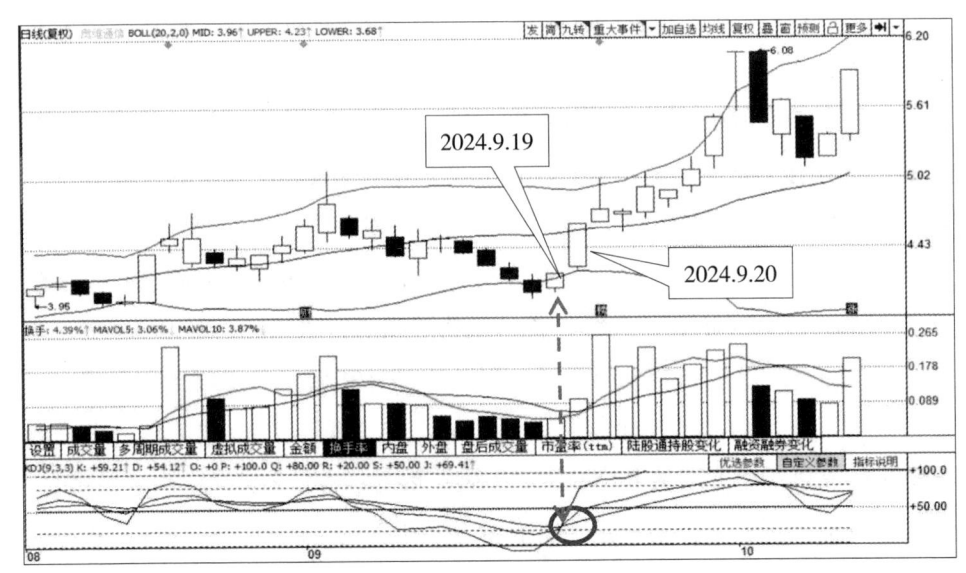

图 7-18　奥维通信（002231）RSI 指标与布林线组合示意图

如图 7-18 所示，奥维通信的股价在 2024 年 8 月底出现了一波振荡调整走势。该股股价在调整结束阶段一度触及布林线下轨，甚至一度跌破了下轨线。RSI 指标也同步下跌，6 日 RSI 指标一度跌破 20 线，说明股价走势极弱。

2024 年 9 月 19 日，该股股价自下而上突破布林线下轨线，说明股价有企稳的可能。与此同时，6 日 RSI 自下而上穿越 12 日和 24 日 RSI，形成低位黄金交叉，说明股价有反弹向上的可能，投资者可在此时买入该股。

2024 年 9 月 20 日，该股股价更是拉出一根光头涨停阳线，并向上突破了布林线中轨线，这更是典型的看涨信号，投资者可考虑积极追涨。

四、RSI 指标向上突破 50 线 + 布林线突破中轨线

股价突破中轨线，属于买入信号中比较强的一种信号，而 RSI 指标向上突破 50 线，则说明股价由弱势转为强势。当二者结合时，属于典型的看涨信号共振，其发出的买入信号可信度会大大提升。

该技巧的操作要点如下。

第一，股价经过一段时间的下跌或回调后，出现反弹向上迹象。

第二，RSI 指标随着股价的反弹而拐头向上运行。

第三，RSI 各条指标线自下而上穿越 50 线，说明市场由空头主导转为多头主导。

第四，RSI 向上穿越 50 线时，若股价同步向上穿越布林线中轨线，说明股价未来上涨的可能性非常大。

如图 7-19 所示，福成股份的股价在 2024 年年中出现了一波大幅下跌走势。该股股价在下跌过程中一度跌破了布林线下轨，RSI 指标同步进入了超卖区域，说明股价短期存在反弹的可能。

2024 年 9 月 19 日，该股 RSI 指标在完成低位金叉后自下而上穿越 50 线，说明市场由空方主导变为多方主导。与此同时，该股股价收出放量涨停大阳线，且该阳线自下而上穿越布林线中轨线，说明股价重新回归强势上升趋势，投资者可在此时追涨买入该股。

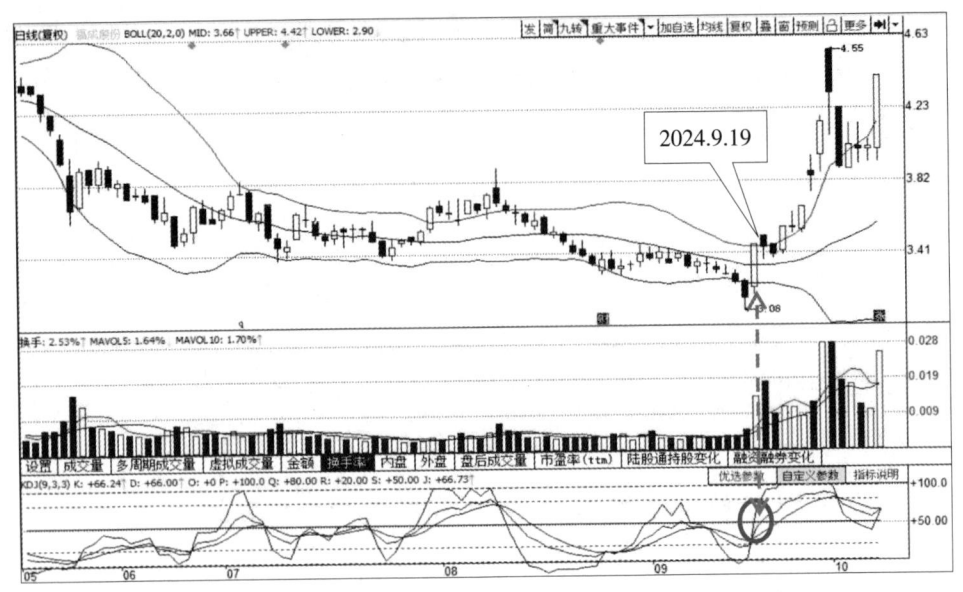

图 7-19　福成股份（600965）RSI 指标与布林线组合示意图

五、RSI 指标向上突破 80 线 + 布林线触及上轨线

股价上升过程中，如果布林线能够触及上轨线，说明股价呈强势。如果 RSI 指标突破 80 线，说明股价进入超买区域，这是典型的短线强势信号。通过二者之间的结合，非常适合短线交易者用于判断何时追涨短线强势股。

该技巧的操作要点如下。

第一，股价经过一段时间的上涨或回调后，出现加速向上迹象。

第二，RSI 指标随着股价上涨而突破 80 线，说明 RSI 指标进入了超买区域。此时获利的可能变大，风险也在不断增大，投资者应注意风险防控。

第三，RSI 指标突破 80 线时，股价向上运行至布林线上轨线附近，甚至向上突破上轨线后，沿上轨线运行，且布林通道的开口逐渐放大，说明股价运行极为强势。

第四，此时段属于超短线投资者博取利润的黄金时段，未提前建仓的短线或超短线投资者可积极入场买入，并随时做好卖出的准备。

如图 7-20 所示，朗源股份的股价在 2024 年年初出现了一波振荡下跌走势。4 月中旬以后，该股股价出现了反弹走势。此后的几个交易日，股价很快向上完成了对中轨线的突破，但此时布林通道的开口仍然没有出现明显的

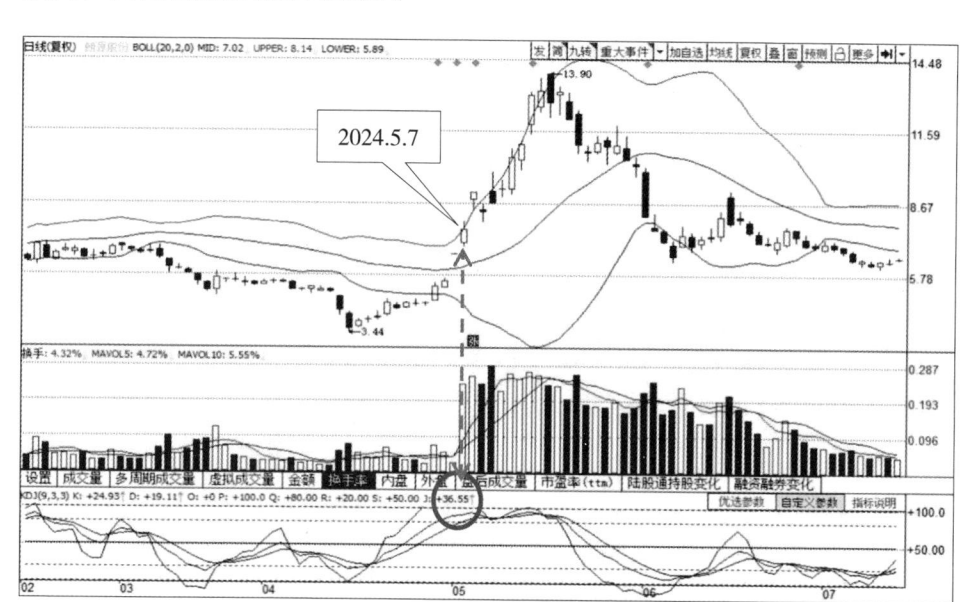

放大，说明股价运行方向未定。

图 7-20　朗源股份（300175）RSI 指标与布林线组合示意图

2024 年 5 月 7 日，该股股价在前一交易日涨停的基础上再度冲高，且股价 K 线一度向上突破了布林线上轨线，布林通道的喇叭口逐渐放大，说明股价向上运行的概率非常大。与此同时，该股 6 日 RSI 指标自下而上穿越 80 线，这是市场进入强势上升区域的信号，短线投资者可在此时追涨买入该股。

第五节　布林线与 BIAS 指标组合使用

BIAS 指标是通过股价与均线的偏离程度来判断股价运行趋势转变的可能性，而布林线的上轨线和下轨线则可以为股价波动划定理想的上下限。通过二者的结合，投资者可借助股价与布林线上下轨的位置来佐证 BIAS 指标发出的交易信号。

一、BIAS 指标的基本特性

BIAS 指标又称乖离率指标，是在移动平均线基础上衍生出来的一种技

布林线指标：振荡交易技术精解

术分析指标，用以衡量股价偏离移动平均线的程度。BIAS指标按照不同的计算周期，可以分别设定为6日、12日和24日三种。

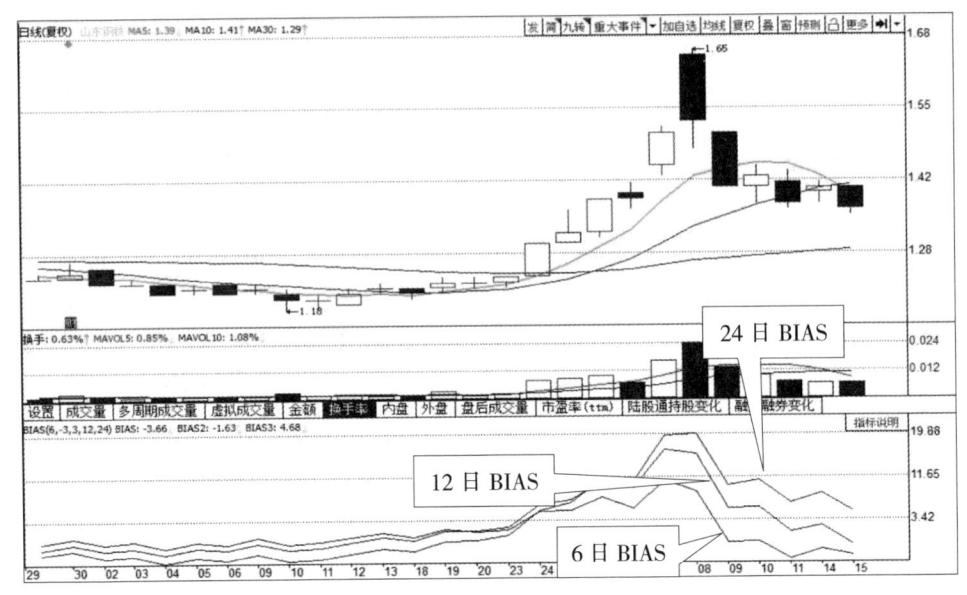

图 7-21　BIAS 指标示意图

BIAS 指标具体如下几点特征。

第一，当股价运行在移动平均线之上时，BIAS 指标数值为正，此时数值越大，说明股价偏离移动平均线越远，下跌的可能性就越大。

第二，当股价运行在移动平均线之下时，BIAS 指标数值为负，此时数值越小，说明股价偏离移动平均线越远，上涨的可能性也越大。

第三，6日 BIAS 指标是一个短线技术指标，适合分析较短周期内股价的走势。如果要分析较长周期的股价走势时，投资者可以参考 12 日 BIAS 线和 24 日 BIAS 线。

第四，BIAS 指标主要通过超买超卖来预测股价可能出现的波动。

二、BIAS 指标的基本交易含义

BIAS 指标通过自身指标线之间的位置关系以及整体运行态势，帮助投资者研判股价波段的低点与高点。在使用 BIAS 指标时，需要重点关注的领域与 KDJ 指标比较相似，也包括以下几项。

第一，BIAS 指标的超买超卖。无论是超卖还是超买，都属于趋势即将

反转的一个参考指标。

当股价运行在移动平均线之上时，BIAS 指标数值为正，说明股价偏离移动平均线较远，股价进入超买区域，下跌的可能性就越大。通常来说，当 6 日 BIAS 大于 5%，12 日 BIAS 大于 7%，24 日 BIAS 大于 11% 时，股价属于超买情况，存在下跌的可能。

当 BIAS 指标的数值为负，且距离移动平均线较远时，就意味着 BIAS 指标进入超卖区间，股价很有可能会上涨。当 6 日 BIAS 小于 -5%，12 日 BIAS 小于 -7%，24 日 BIAS 小于 -11% 时，股价属于超卖情况，存在上涨的可能。

第二，BIAS 指标的金叉与死叉。与其他技术指标相似，BIAS 指标也会走出金叉或死叉形态，以提示投资者进行买入或卖出操作。

6 日 BIAS 自下而上穿越 12 日 BIAS 或 24 日 BIAS，为黄金交叉，该交叉点位置越低，看涨的意味越浓；6 日 BIAS 自上而下穿越 12 日 BIAS 或 24 日 BIAS，则为死亡交叉，该交叉点位置越高，则看跌的意味越浓。

第三，BIAS 指标的背离。与 MACD 指标相似，BIAS 指标与股价的背离，也分为底背离和顶背离两种。其具体识别方法与 MACD 指标相似，但在应用方面，远不如 MACD 指标背离应用得广泛。

三、BIAS 指标超跌反弹 + 布林线下轨线遇支撑

股价触及布林线下轨线受到支撑，或者跌破下轨线后反向突破下轨线，此时 BIAS 指标自超卖区反弹向上，往往意味着股价将转为强势。

该技巧的操作要点如下。

第一，股价经过一段时间的下跌或回调，股价 K 线已经下跌至布林线下轨线附近，甚至会跌破下轨线；BIAS 指标的各条指标线全部降至 0 线以下，并进入超卖区域。

第二，股价启动反弹，股价 K 线自下而上突破布林线下轨线，或触及下轨线后反弹向上。与此同时，BIAS 指标的各条指标线自超卖区域拐头向上。说明股价有企稳反弹的迹象，投资者可考虑少量建仓买入该股。

第三，由于该阶段股价仍处于下跌趋势中，抢反弹的投资者必须控制好

仓位，不能投入过大。

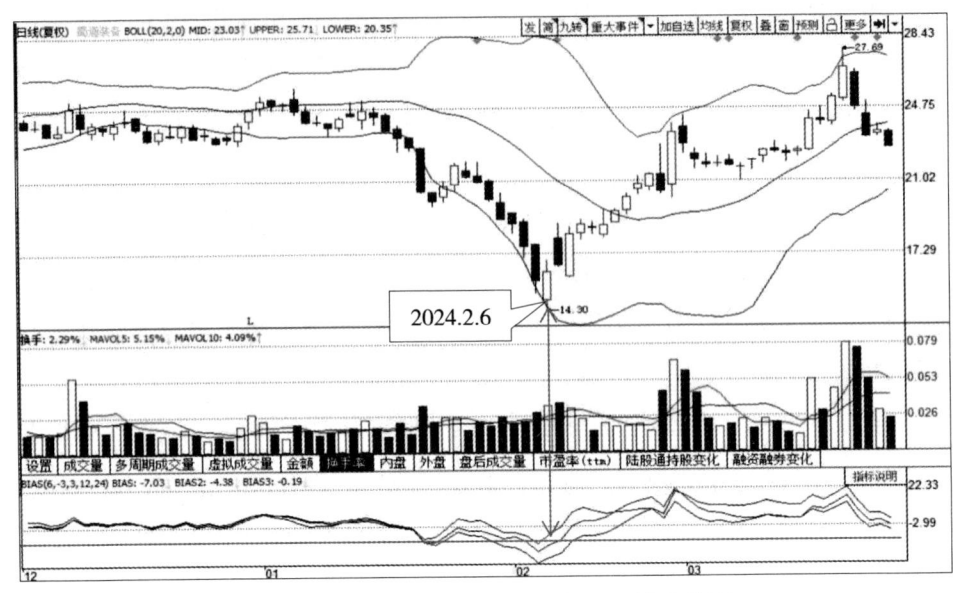

图 7-22　蜀道装备（300540）日 K 线走势图

如图 7-22 所示，蜀道装备的股价在 2023 年年底至 2024 年年初期间出现一波下跌走势，股价 K 线一直沿布林线下轨运行，且一度跌破了下轨线，且 BIAS 指标的各条指标线全部运行于 0 线以下，并进入了超卖区域，说明股价走势极为弱势。

2024 年 2 月 6 日，该股股价在前一交易日大幅下跌的基础上反向上攻，股价在触及下轨线后发力，成功站稳下轨线。与此同时，BIAS 指标的三条指标线同步拐头向上，说明股价有结束下跌、重归上升趋势的可能。投资者可少量建仓该股，待股价向上突破中轨线时，可考虑加仓买入。

四、BIAS 指标金叉 + 突破布林线中轨线

BIAS 指标出现底部金叉，往往意味着股价将走向强势，而此时股价 K 线若能同步上穿布林线中轨，则可加大股价走强的概率。

该技巧的操作要点如下。

第一，股价经过一段时间的下跌或回调，股价 K 线已经下跌至布林线下轨附近，甚至会跌破下轨线；BIAS 指标的各条指标线全部降至 0 线以下。

第二，布林通道的喇叭口开始收缩，说明股价在选择新的突破方向，投

资者应密切关注股价变化。

第三，此后，该股股价触底回升，并一路向上突破布林线中轨。与此同时，6日BIAS向上突破了12日BIAS和24日BIAS，说明股价运行趋势发生了转变，投资者可考虑买入该股。

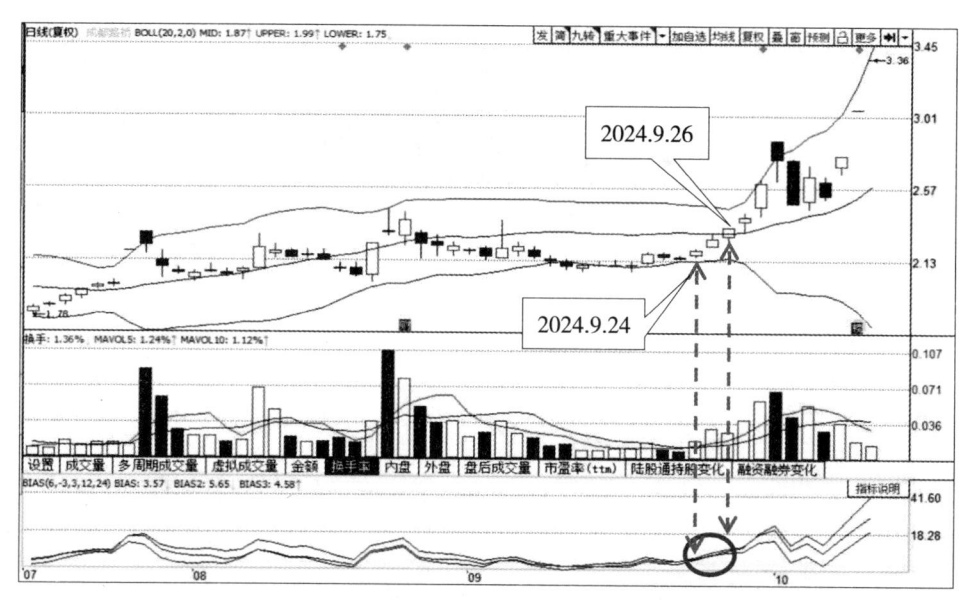

图7-23 成都路桥（002628）日K线走势图

如图7-23所示，成都路桥的股价在2024年年中出现一波横向振荡走势，股价K线一直在布林线通道内横向振荡，布林通道的喇叭口也一直呈现横向放平态势，且BIAS指标的各条指标线全部运行于0线以下，说明股价走势较为弱势。

2024年9月24日，该股股价在前一交易日触及布林线下轨的基础上出现上攻。与此同时，BIAS指标的6日BIAS线上穿12日BIAS线和24日BIAS线，形成了黄金交叉形态，该交叉点位于0线上方附近，说明未来股价上涨空间较大。9月26日，该股股价在前两日持续上攻的基础上，再度向上突破中轨线，说明股价走势已经开始进入强势区间，投资者可考虑追涨买入该股。

第八章

布林线组合实战技法与交易系统

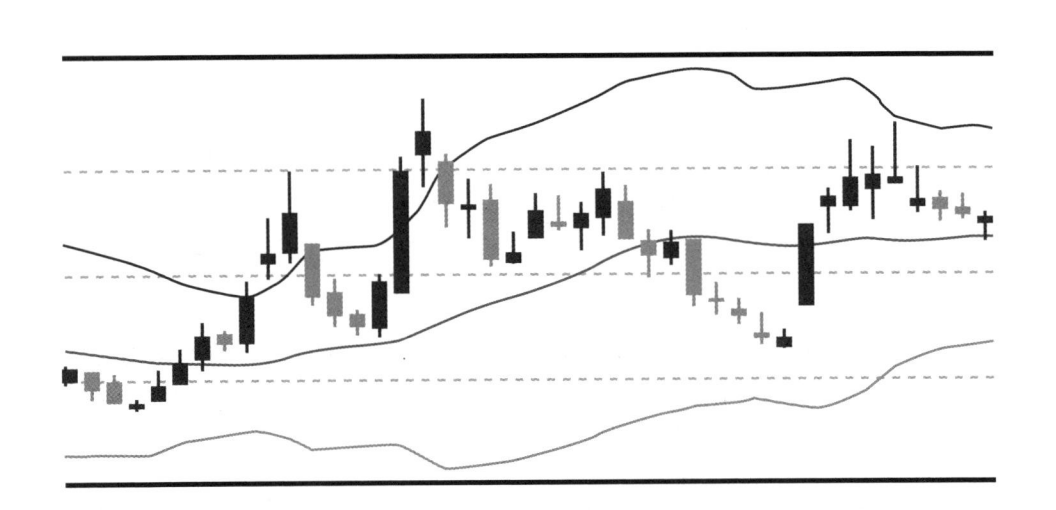

实用性强是布林线指标的一个典型优势。在实战过程中，投资者可以基于布林线指标开发周期共振技术、选股技术，并结合左侧交易、右侧交易，拓展布林线指标的交易系统，以期实现更高的盈利目标。

第一节　布林线周期共振交易技术

布林线作为一种有效的技术分析框架，能够在不同的分析周期中得以应用。投资者还可以利用分析周期的切换和组合，调整和设计自己的交易方法。通常来说，投资者所选用的共振周期，多以日线为基准，并根据自己的交易策略，选择缩短还是放大分析周期。

一、日线与周线布林线结合

对于中短线投资者来说，选择一个相对安全的环境实施自己的交易计划，是比较理想的选择，而日线与周线布林线的结合，可以满足这部分投资者的需求。利用日线与周线布林线结合，可以比较容易获得一个相对安全的短线买入点。

其具体操作要点如下。

第一，股价周K线处于中轨线与上轨线之间的区域，说明该股中线处于上升趋势中，比较适宜短线操作。

第二，股价日K线自下而上突破中轨线，或股价回调至中轨线位置因中轨线支撑而再度上升，是一个比较好的短线入场点。

第三，股价自中轨线位置上升时，布林通道的喇叭口开始放大，且成交量有明显的增加，说明该点买入成功率较高。

下面以国华网安为例，介绍一下日线布林线与周线布林线的组合应用。

如图 8-1 所示，国华网安的股价在 2022 年下半年出现了一波振荡上升走势，股价周 K 线一直运行在布林通道的中轨线之上。不过，由于股价振荡幅度相对较小，布林通道的喇叭口呈现出横向放平态势，并未出现明显的放大或收缩。

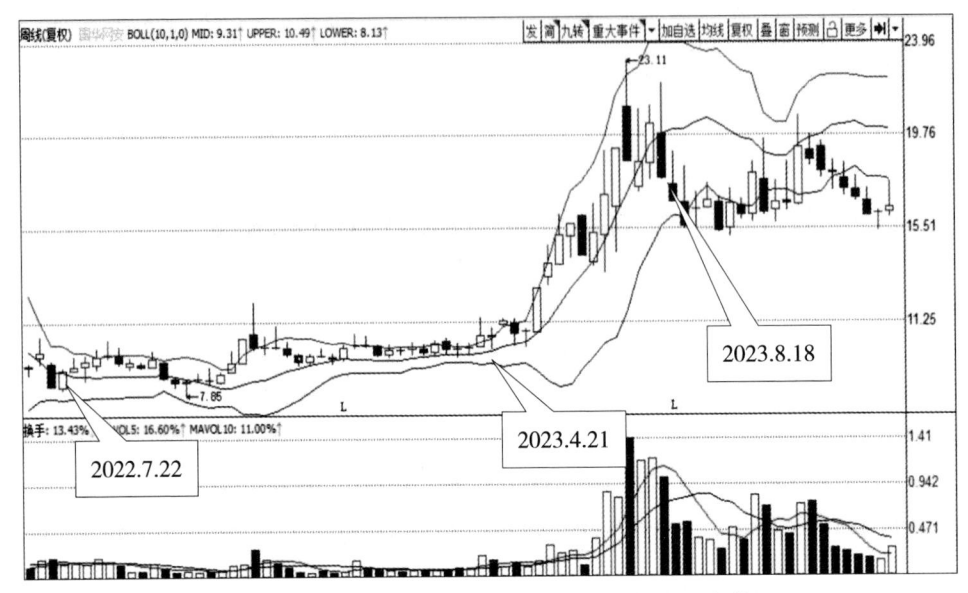

图 8-1　国华网安（000004）周线布林线指标走势图

　　进入 2023 年 4 月下旬后，股价出现明显的上攻迹象，波动幅度开始加大。此后，该股股价持续上升，布林通道的喇叭口逐渐放大，说明股价已经进入上升趋势中，投资者可考虑买入操作。

　　此时，投资者可通过日线布林线指标寻找有利于自己的短线买入点。

　　如图 8-2 所示，国华网安的股价在进入 2023 年 4 月之前出现了一波盘整走势，股价日 K 线波动范围很小，布林通道呈收缩状态，预示着股价正在选择未来的突破方向。

　　进入 2023 年 4 月中旬后，股价波动幅度明显加大，布林通道的喇叭口开始放大，股价也能够在布林线中轨上方运行，短线交易者可以考虑入场了，特别是考虑该股的周 K 线一直运行在中轨线上方，说明股价此时已经处于良性运行趋势中。

　　此后，该股股价振荡幅度明显加大，甚至一度跌破了中轨线。5 月 18 日，该股日 K 线也出现了放量上攻形态，且布林线上轨出现了明显的拐头向上迹

图 8-2　国华网安（000004）日线布林线指标走势图

象，说明布林通道喇叭口开始放大，股价上升趋势已经开启。与此同时，该股的周 K 线也处于加速上升周期，说明该股的周线布林线与日线存在共振上涨的情况，属于较佳的入场机会。

在实战过程中，投资者还可以结合自身实际情况，选择周线布林线指标与月线布林线指标共振，分析股价的中长线交易机会。

二、日线与 30 分钟布林线结合

对于短线和超短线交易者来说，一个安全的操作环境与选准入场点同样重要，因此，30 分钟布林线与日线布林线的结合是一个不错的选择，通过日线布林线识别环境是否安全，通过 30 分钟布林线寻找合适的入场和离场点。

其具体操作要点如下。

第一，股价日 K 线处于中轨线与上轨线之间的区域，说明该股中短线处于上升趋势中，比较适宜短线和超短线操作。

第二，股价 30 分钟 K 线自下而上突破中轨线，或股价回调至中轨线位置因中轨线支撑而再度上升，是一个比较好的短线入场点。

第三，股价自中轨线位置上升时，布林通道的喇叭口开始放大，且成交量有明显的增加，说明该点买入成功率较高。

下面以川大智胜为例，介绍一下 30 分钟布林线与日线布林线的组合应用。

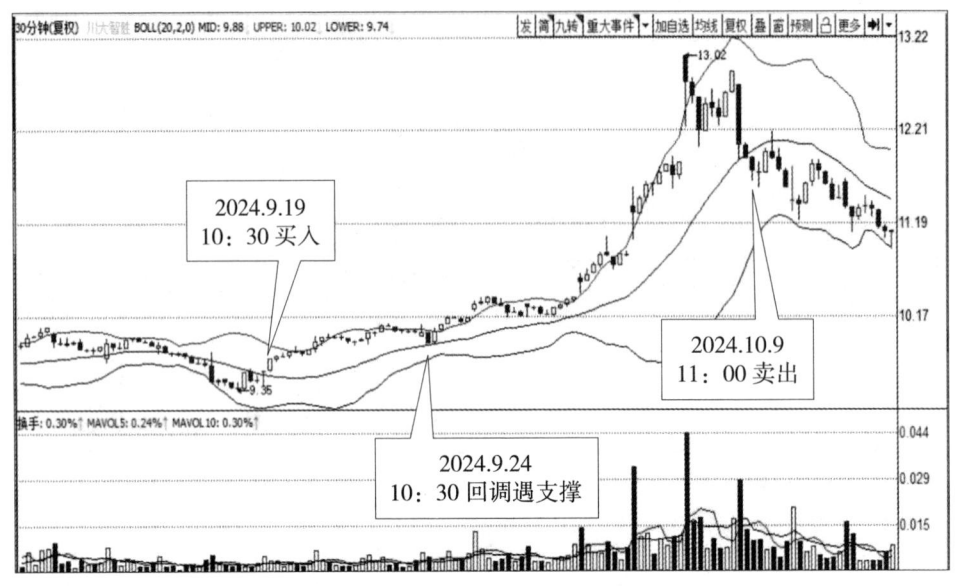

图 8-3 川大智胜（002252）30 分钟布林线指标走势图

如图 8-3 所示，川大智胜的股价在 2024 年 9 月出现了一波振荡下行的走势，股价 30 分钟 K 线波动范围由小变大，布林通道从收缩转为敞开，给人一种股价跌势将加快的感觉。

2024 年 9 月 19 日 10：30，该股股价自低位反弹并完成了对中轨线的突破，说明股价进入强势上升区间，投资者可考虑追涨买入该股。

9 月 24 日 10：30，该股股价在上升过程中出现回调，回调至中轨线位置时，因中轨线支撑而再度上升，投资者可继续持股。

10 月 9 日 11：00，该股股价跌破中轨线，说明股价短期运行趋势可能发生变化，投资者可考虑卖出股票。

从投资安全角度考虑，投资者需要参考一下此时段股价日 K 线的走势情况，以便制订更加安全的交易计划。

如图 8-4 所示，川大智胜的股价在 2024 年出现了一波振荡下跌的走势，股价日 K 线波动范围逐渐很小，布林通道呈收缩状态，预示股价正在选择未来的突破方向。进入 2024 年 9 月后，股价的跌势有所放缓，并开始呈现横向振荡态势。

图 8-4　川大智胜（002253）日线布林线指标走势图

2024 年 9 月 19 日，该股股价自高位回调至中轨线后，因中轨线支撑而上升。此后股价持续放量上攻至上轨线位置，说明股价处于强势上升区间，投资者可放心进行短线交易。

基于以上分析，投资者可在 9 月 19 日当天执行短线买入操作，并在股价 30 分钟 K 线跌破中轨线时（即 10 月 9 日 11 点）卖出该股。

第二节　基于布林线的选股技术

基于布林线的选股技术，需要建立在基本交易策略的基础上来选择和使用。也就是说，投资者首先需要明确自己的交易策略，到底是中长线持仓，还是短线追涨操作。当然，无论何种交易策略，在选股层面都需要尽量回避以下类型的股票。

第一，回避垃圾股。随着我国股市监管的趋严，越来越多的垃圾股最后都会走向退市。一旦买入这类股票，随时都可能让自己的投资"血本无归"。

第二，避免选择一些交易清淡，没有多少波动的股票。随着 A 股市场上市交易的股票越来越多，很多股票将很难获得资金的关照，交易越发清淡。介入这类股票就相当于在浪费时间，投资者应尽量避免。

一、布林线中期波段选股技术

中期波段选股力求通过捕捉到股价的上升阶段来实现收益的最大化。从布林线指标角度来看，股价呈现明显的上升态势，是最基本也是最重要的要求。具体来说，中期波段交易所选的股票，应该能够满足以下几点要求。

第一，以周线布林线为基准，所选股票的股价 K 线要能够处于布林线中轨线之上，说明中期环境较佳，适合入场交易。

第二，股价日 K 线能够稳定运行在布林线中轨线上方，且布林通道呈现向右上方倾斜态势，说明股价正处于上升通道。

第三，布林线通道的喇叭口开始呈现缓慢敞开态势，说明股价波动范围开始逐渐放大，股价上升势能越来越强。

第四，中期波段选股时，需要对股票质地有相对严格的要求，除了不选垃圾股外，一些存在经营隐患、财务风险的股票都要排除在外。

从以上四个角度筛选出来的候选股票，才能成为投资者交易的候选标的。此时，投资者可结合市场环境、个股基本面情况，综合研判个股的投资价值。

下面来看一下生益电子的案例。生益电子是我国领先的高品质多层印制电路板制造商，股票基本面还可以，股价整体走势在经历了 2023 年的下跌后，从 2024 年开始出现振荡筑底反弹行情。

先来看一下该股的周线布林线指标。

从图 8-5 中可以看出，生益电子的股价在经历了 2024 年年初的一段快速下跌后，自 2 月 8 日触底后开始反攻，并在 2 月 23 日完成了对中轨线的突破。此后，该股股价一直运行在布林线中轨线上方。也就是说，该股自 2024 年 2 月下旬开始，就具备了中线波段交易的条件，投资者在选股时，可以优先选择这类股票。

再来看一下该股的日线布林线指标走势情况。

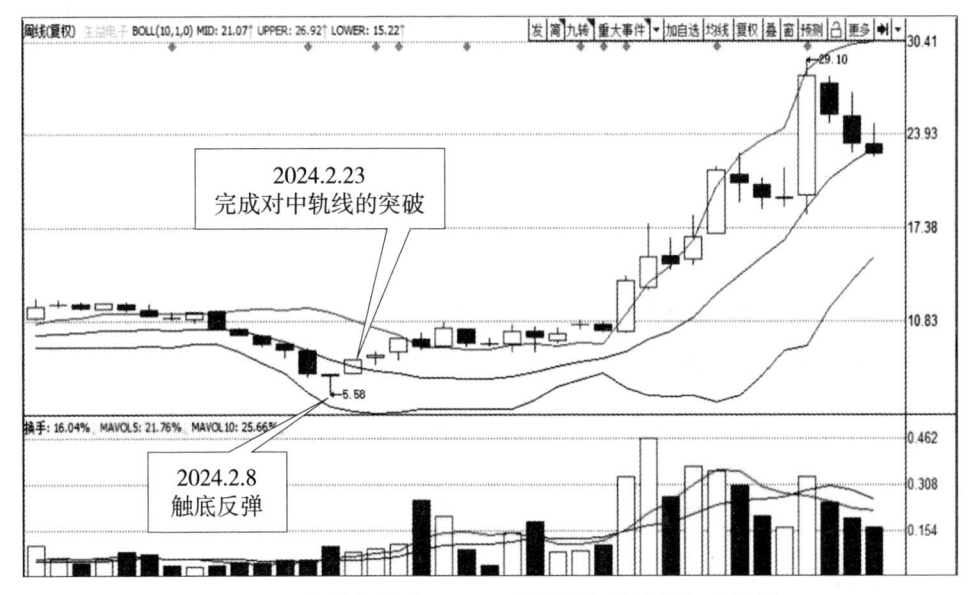

图 8-5　生益电子（688183）周线布林线指标走势图

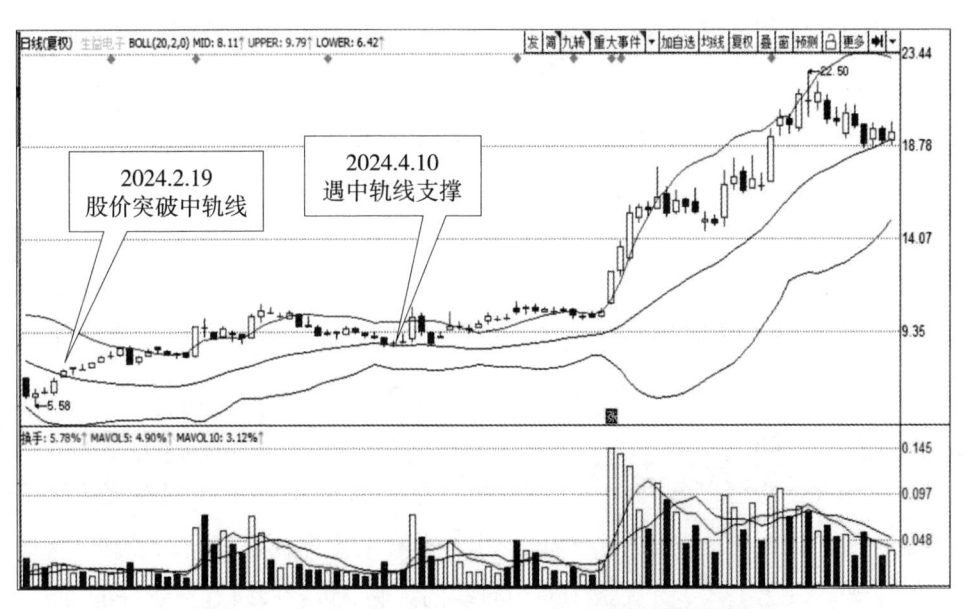

图 8-6　生益电子（688183）日线布林线指标走势图

从图 8-6 中可以看出，生益电子的股价自 2024 年 2 月 19 日完成了对布林线中轨的突破。此后股价一直运行在中轨线上方，与此同时，布林通道开始向右上方倾斜，说明股价已经进入了上升通道。结合之前的周线走势，投资者可在进入 3 月份以后，择机入场买入该股。当然，从股价走势来看，4

月 10 日前后的回调是一个较佳的入场机会。

二、布林线短线选股技术

短线选股力求通过布林线指标找到最具短线爆发力的股票。也就是说，投资者所选的股票，应该是已经启动上升攻势，且攻势较为迅猛的一个阶段。具体来说，短线交易所选的股票，应该能够满足以下几点要求。

第一，以日线布林线为基准，所选股票的股价 K 线要能够处于布林线中轨线之上，说明中期环境较佳，适合入场交易。

第二，股价的攻势已经展开，股价 K 线能够沿着上轨线上攻，甚至有时股价 K 线会突破上轨线，并脚踩上轨线走高。

第三，布林线通道的喇叭口由极度收缩转为敞开，且开口越来越大。

第四，短线选股时，也需要将一些垃圾股、存在财务隐患的个股排除在外。

从以上四个角度筛选出来的候选股票，才能成为投资者交易的候选标的。此时，投资者可结合市场环境、个股基本面情况，综合研判个股的投资价值。

下面来看一下三峡新材的案例。三峡新材属于玻璃纤维行业内的知名企业，主营业务涉及平板玻璃及玻璃深加工制品、石膏及制品等新型建材的生产与销售。

进入 2024 年以后，三峡新材的股价一路呈现振荡下跌态势，到了 8 月下旬，该股股价已经跌至 2.32 元的低位。此后，该股股价出现横向振荡态势。随着股价的持续小幅振荡，波动幅度逐渐减小，布林通道的喇叭口持续收缩。

从图 8-7 中可以看出，三峡新材的股价自 2024 年 8 月 23 日触底后，开始了一波横向振荡。在股价振荡过程中，布林通道的喇叭口持续萎缩。9 月 19 日，股价发力上攻，并完成了对中轨线的突破，说明股价存在走好的可能。不过，此时布林通道的喇叭口并未大开，投资者可保持观望。

9 月 24 日，股价 K 线脚踩中轨线大幅上攻，并完成了对上轨线的突破。与此同时，布林通道的喇叭口大幅敞开，上轨线拐头向上，说明股价已经进入快速上攻周期。短线交易者所要选择的就是这类股票。

图 8-7　三峡新材（600293）日线布林线指标走势图

第三节　布林线与左侧交易、右侧交易

左侧交易与右侧交易，是股市中常见的两种交易模式。左侧交易是指在一个操作周期内，在股价下跌至波谷前买入股票，并在股价上涨至高峰前卖出的一种交易模式。右侧交易是指在一个操作周期内，在股价走出波谷后买入股票，并在股价顶部形成后卖出股票的一种交易模式，如图 8-8 所示。

左侧交易模式强调对股价预判的及时性，即尽量做到在最低点前买入，在最高点前卖出。右侧交易模式则强调对股价真实运行趋势的确认，即当股价趋势走出低谷时买入，在股价顶部已经形成时卖出。

从本质上来说，两种交易模式并没有高低上下之分，投资者可以根据个人的投资偏好做出适宜的选择。

一、以布林线为核心设计的左侧交易系统

基于布林线指标的左侧交易系统，是指以布林线指标为基础，设置买入

布林线指标：振荡交易技术精解

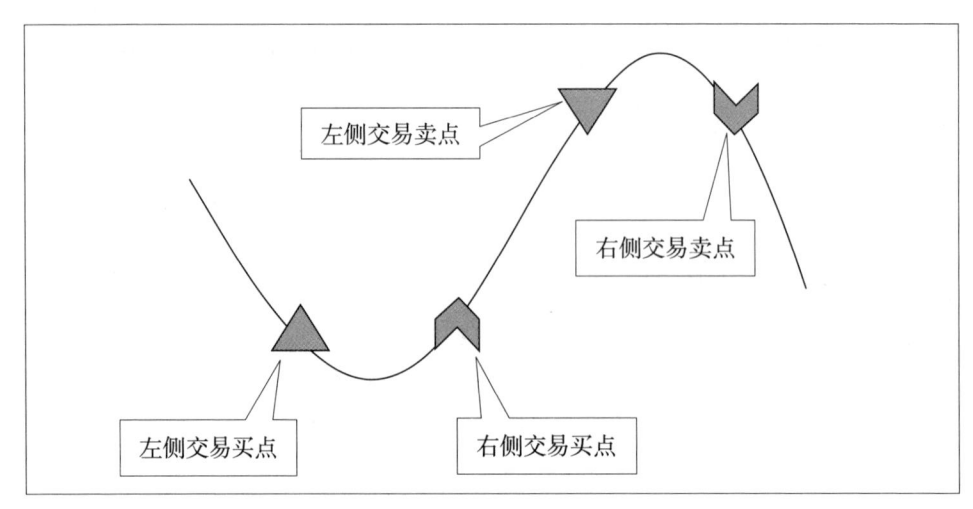

图 8-8 左侧交易与右侧交易

卖出触发点位的一套交易系统。该系统主要由以下几部分构成。

1. 买入条件及仓位控制

（1）股价处于下跌途中，且出现企稳迹象。股价跌破布林线中轨后一路下跌，当股价触及下轨线或跌破下轨线后出现反弹时，第一次入场建仓。

（2）鉴于左侧交易的高风险性，一般入场仓位应控制在 30% 以下（计划总买入量的 30%）。

2. 加仓条件及仓位控制

（1）加仓条件。

投资者建仓后，若股价经过一段时间的反弹后再度下跌，股价再度触及下轨线或跌破下轨线后企稳时，可考虑加仓买入。

（2）加仓仓位。

第一次加仓仓位控制在 30% 以下（计划投入资金量的 30%）。

第二次加仓仓位控制在 30% 以下（计划投入资金量的 30%）。

剩余资金留作备用，除遇特别好的机会，否则不再加仓。

3. 卖出条件

（1）股价向上触及上轨线或股价突破上轨线后，可考虑卖出股票。

（2）股价自上轨线外侧返回布林通道内部时，清空股票。

4. 止损条件

从理论上来说，基于布林线指标的左侧交易是不应该设定止损点的，因为若股价反弹后再度下跌至下轨线位置时，投资者仍然可以考虑加仓买入，以此类推。不过，事实上每个投资者都有自己的心理防线，也就是说股价下跌超过一定幅度可能都会难以接受，因而投资者最好能够将买入点向下一定的幅度作为止损位，例如10%或20%，即投资者买入股票后，若股价下跌10%或20%，暂时离场。

基于布林线指标的左侧交易系统，如图8-9所示。

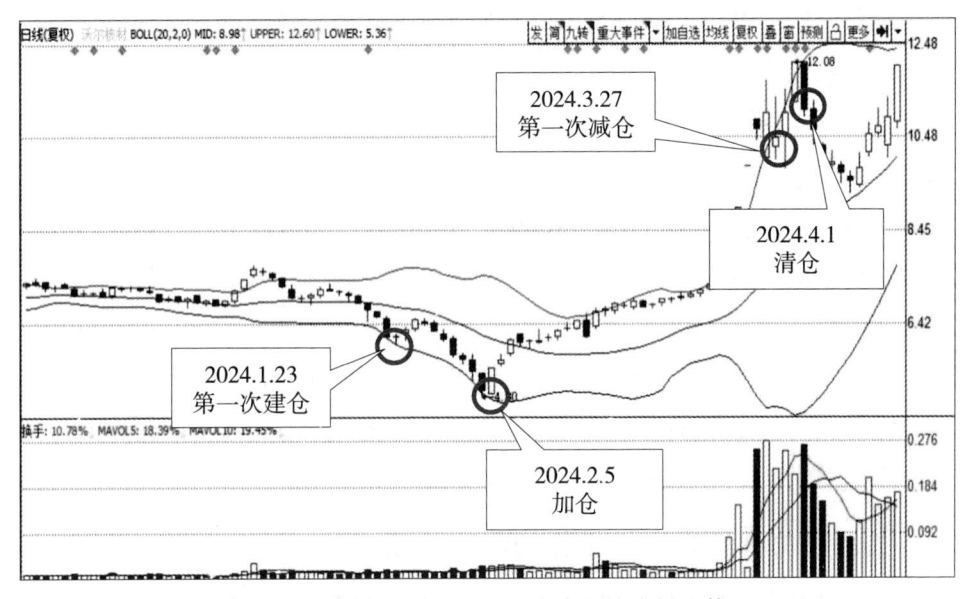

图8-9 沃尔核材（002130）布林线指标走势图

从图8-9中可以看出，沃尔核材的股价在2023年年底到2024年年初经历了一波振荡下跌行情。股价在不断下跌过程中，布林线指标同步出现向右下方倾斜状态，说明股价步入下跌通道。

该股股价在下跌过程中，曾一路跌破中轨线并跌至下轨线位置。倾向于左侧交易的投资者可以在股价下跌至下轨线或跌破下轨线反弹向上时，分批买入该股。

2024年1月23日，该股股价第一次下跌至下轨线位置后，因下轨线的支撑而反弹向上。鉴于此时股价刚刚启动下跌趋势，投资者建仓风险较大，应尽量减轻仓位，以30%的仓位入场为宜。

2月5日，该股股价经过几个交易日的反弹后，再度下跌至布林线下轨位置，投资者可进行加仓操作，再度买入30%的仓位。

此后，该股股价启动了上涨行情，股价一路向上突破了中轨线，说明股价运行趋势发生了逆转，此后股价进入上升通道。

3月27日，该股股价自布林线上轨上方大幅下跌，并跌回了布林线通道内部。鉴于此时股价涨幅较大，自身盈利较高，投资者可考虑执行清仓卖出操作。

通过对图8-9案例的分析可以看出，基于左侧交易系统的交易活动，往往存在这样的问题：买入过早，有可能被套在半山腰位置；卖出过早，错过了股价后期大幅上涨的机会。正因如此，投资者可以根据个人偏好和经验，适度修正、完善这一交易系统，使对买点与卖点的把握更加准确。

通常情况下，投资者可采取的修正措施包括以下两种。

第一，引入均线系统和量价关系分析系统，使买入和卖出时间后移，并提升准确性。

第二，引入其他技术指标进行分析，使买入信号更加准确。

一般而言，左侧交易系统需要投资者具备更加专业的知识、更丰富的经验，因此不建议新进入股市者参与左侧交易。

二、以布林线为核心设计的右侧交易系统

基于布林线指标的右侧交易系统，主要由以下几部分构成。

1. 买入条件及仓位控制

（1）股价处于上涨途中。股价自底部反弹向上，并放量突破布林线中轨，且布林通道由收缩转为发散时，是执行买入操作的最佳时机。

（2）右侧交易入场仓位可以根据市场情况适当调整，一般应控制在40%以下（计划投入资金量的40%）。

2. 加仓条件及仓位控制

（1）加仓条件。

投资者建仓后，若股价上涨一段时间后出现回调，但股价回调至中轨线

位置时，因中轨线支撑作用而再度上升，是较好的加仓点。

（2）加仓仓位。

第一次加仓仓位控制在40%以下（计划投入资金量的40%）。

第二次加仓仓位控制在20%以下（计划投入资金量的20%）。

3. 卖出条件

（1）股价触及上轨线后出现回调或股价自上而下跌破上轨线时，是该股第一次减仓的时机。

（2）股价自上而下跌破中轨线，则需清空股票。

4. 止损条件

投资者第一次买入股票建仓后，若股价并未上升而是向下跌破了中轨线，可执行止损操作。

基于布林线指标的右侧交易系统，如图8-10所示。

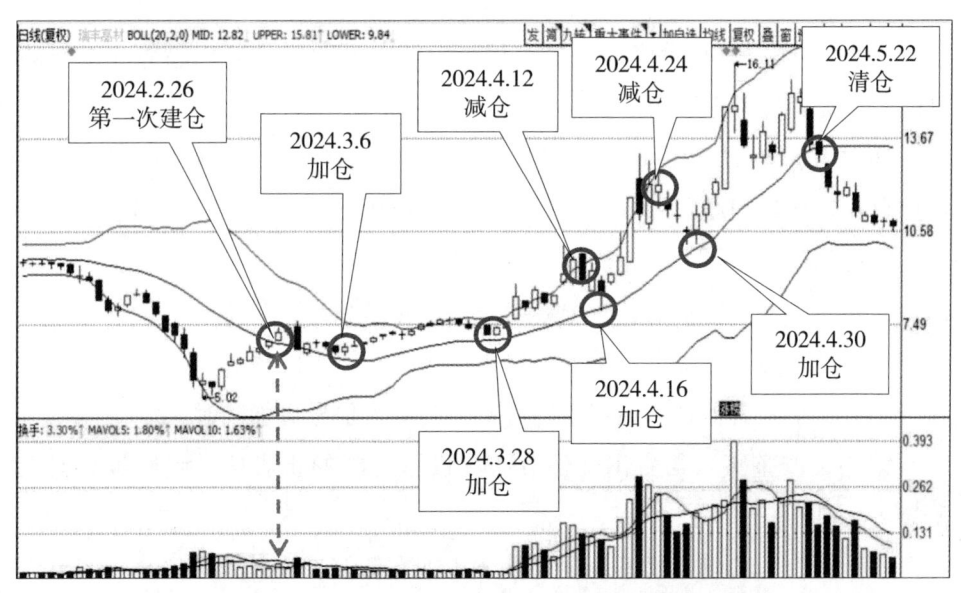

图8-10 瑞丰高材（300243）布林线指标走势图

从图8-10中可以看出，瑞丰高材的股价自2024年2月触底后经历了一波振荡上涨行情。2024年2月26日，该股股价放量突破布林线中轨线，且中轨线出现拐头向上迹象，说明股价结束下跌重启上升的可能性很大。鉴于当时布林通道并未出现明显的放大，投资者在当日建仓该股时，应适当将仓位控制在 30% 以下。

　　随后该股出现了回调走势。3 月 6 日，该股股价回调至中轨线位置时，因中轨线支撑而再度上攻，投资者可在此时进行第一次加仓。

　　3 月 28 日，该股在沿上轨线运行多日后出现了回调走势，并在回调至中轨线附近时，重新启动上涨，此时投资者可进行第二次加仓操作。

　　4 月 12 日，该股股价经过一波上涨，甚至突破上轨线后，重新跌至上轨线下方，可考虑进行第一次减仓操作。

　　4 月 16 日，该股在回调至中轨线附近时，因受到足够的支撑而再度上攻，且成交量同步放大，投资者可考虑第三次加仓。

　　4 月 24 日，该股股价经过一波上涨，甚至突破上轨线后，重新跌至上轨线下方，可考虑进行第二次减仓操作。

　　4 月 30 日，该股在回调至中轨线附近时，因受到足够的支撑而再度上攻，且成交量同步放大，投资者可考虑第四次加仓。

　　5 月 22 日，该股股价跌破了布林线中轨，说明股价运行趋势有结束的可能，投资者可考虑清仓操作。

　　通过对图 8-10 案例的分析可以看出，基于右侧交易系统的交易活动，往往存在这样的问题：买入过晚，买入时股价上升幅度较大；卖出过晚，错过了股价最佳卖出机会。正因如此，投资者可以根据个人偏好和经验，适度修正、完善这一交易系统，使对买点与卖点的把握更加准确。

　　通常情况下，投资者可采取的修正措施包括以下两种。

　　第一，引入其他技术指标进行分析，使买入信号更加及时。

　　第二，调整买入与卖出仓位分布，设置完善的止盈位，确保盈利安全落袋。

　　一般而言，右侧交易系统尽管获利不如左侧交易系统，但安全性明显优于左侧系统。本书介绍的布林线实战技巧也多是基于右侧交易系统的。

第四节 布林线实战交易系统设计

前面章节介绍了布林线指标的各种用法以及实战操作技巧，要落实到实战层面，还需要有一套完整的交易系统。通常情况下，基于布林线指标的交易系统至少包括三个基本要件，如图 8-11 所示。

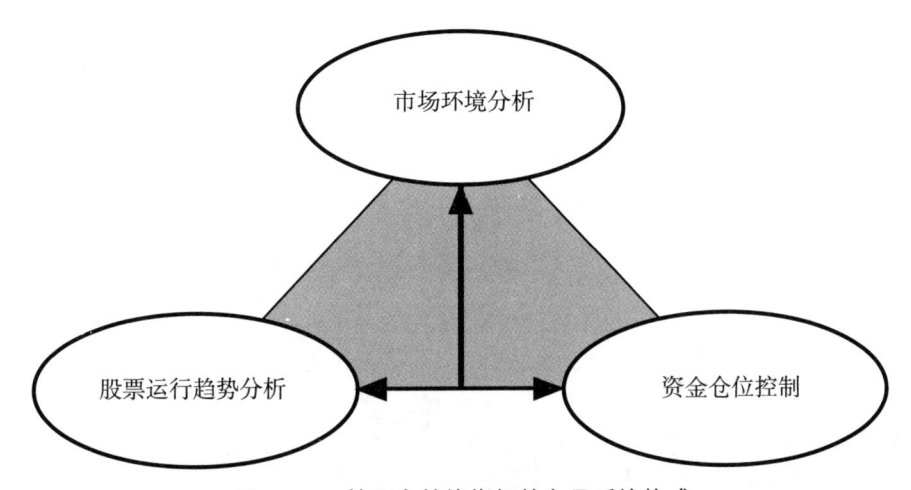

图 8-11 基于布林线指标的交易系统构成

一、市场环境分析

这里的市场环境主要是指整个股票市场所处的大势氛围，即目前股市处于上升趋势、下跌趋势还是盘整趋势。对于投资者来说，当股市处于上升趋势时，入场交易获利的可能性非常大；反之，当股市处于下跌趋势时，入场交易获利的可能性较低。投资者可借助布林线的长线时间框架来对整个大盘指数走势进行分析，具体方法如下。

第一，以周线为分析周期对大盘指数走势进行分析。以周线为分析周期，主要是出于我国股票市场特色而考虑的。市场上大多数股票的上市时间都不长，若以月线或年线为周期进行分析，可获得的数据十分有限。另外一个因素是我国股市并不成熟，波动性比较大，这就使得股市的大规模行情很少能持续数年。一般一波大行情短则几个月，多则一两年。以周线为周期进行分析，基本上能够满足对股市大环境分析的需求。

第二，大盘指数自下而上穿越布林线中轨线后，一直运行于中轨线上方，且布林通道喇叭口开始放大或布林通道向右上方倾斜时，才是投资者进行个股投资的理想环境。

第三，大盘指数上穿中轨线后，资金呈持续流入状态，说明量价配合情况良好，未来股价上升的可能性较大。

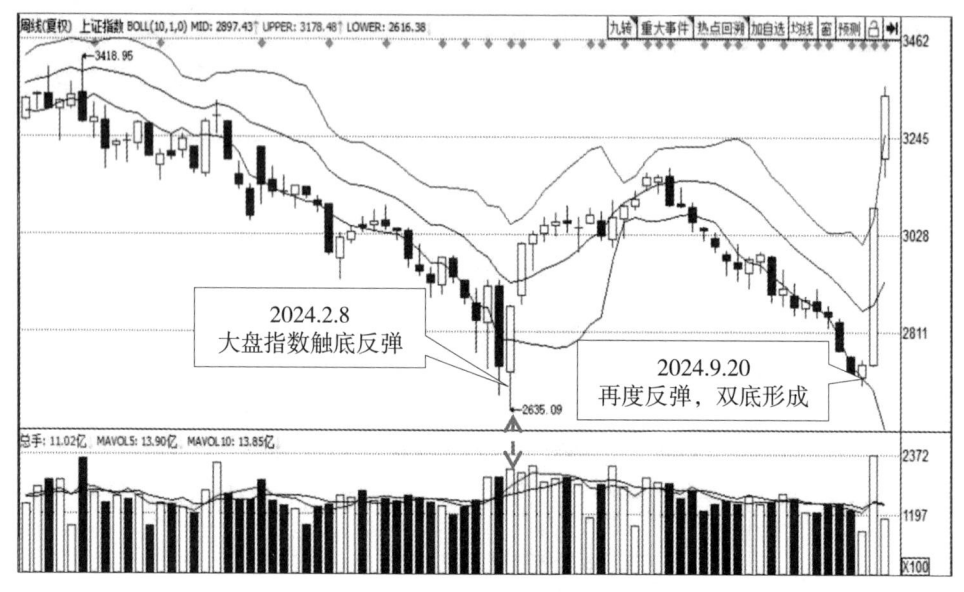

图 8-12　上证指数（1A0001）周线布林线指标走势图

如图 8-12 所示，上证指数在经历了 2023 年的持续走低后，自 2024 年开始出现振荡筑底走势，并形成了一个 W 底形态。

2024 年 2 月 8 日，上证指数在下轨线以下重新放量向上突破下轨线，回到了布林通道内部，说明指数行情已经企稳。

此后，上证指数又经过一段时间的振荡后出现回调走势，自 9 月 20 日开始，上证指数又一次启动反弹，形成了双底形态。

此后，大盘出现了一波上攻走势。

无论是中长线交易还是短线交易，在大盘环境向好时开展交易操作，成功的概率都要高于大盘环境不好的时候。因此，投资者在进行交易前，最好能够对大盘环境进行仔细的分析。若从事超短线投资，可将大盘指数的分析周期缩短，例如借助日线布林线指标分析大盘环境。从长周期来看，图8-12中的大盘环境并不理想，但进入2024年以后，大盘在筑底过程中曾出现两次反弹走势。对于长线投资者来说，未必属于较好的交易环境，但对于中短线交易者来说，已经有足够的交易时间了。

二、股票运行趋势分析

如果大盘环境是安全的，投资者就可以为下一步交易活动做好准备了，即选择适合操作的股票标的。

股票标的是指投资者根据对市场大势的判断、选择的交易模式，再结合个人偏好，确定的备选投资股票。通常情况下，交易模式不同，所选的投资标的也会有所区别，例如长线持股的交易模式，适合选择绩优股；而抢反弹时，则适合选择短期热门的小盘股等。当然，确定备选股票标的后，投资者还需要借助布林线研判股价当前所处的运行趋势。也就是说，只有处于上行或即将上行趋势中的股票，才能真正成为最终的投资标的。

借助布林线研判股票所处的趋势时，应注意以下几点。

第一，以日线和周线为周期，分别对标的股的走势进行分析。在大环境安全的前提下，投资者还需要研判当前股票所处的趋势，尤其是近期的运行趋势，以日线为周期的布林线指标是一个比较理想的选择。当然，投资者为了看清股票运行趋势的全貌，也可以考虑用周线布林线指标佐证日线布林线指标的判断。

第二，股价周线自下而上穿越布林线中轨后，一直运行于中轨线上方，且布林通道喇叭口开始放大或布林通道向右上方倾斜时，说明该股符合操作要求。

第三，股价日线自下而上穿越布林线中轨线后，一直运行于中轨线上方，且布林通道喇叭口开始放大或布林通道向右上方倾斜时，说明该股买入时机成熟。

第四，股价日线上穿中轨线后，资金呈持续流入状态，说明量价配合情况良好，股价未来上升的可能性较大。

假定投资者运用图8-12的分析方法，确定2024年7月下旬相对适宜买入股票，并且以智光电气为标的进行分析，如图 8-13、图 8-14 所示。

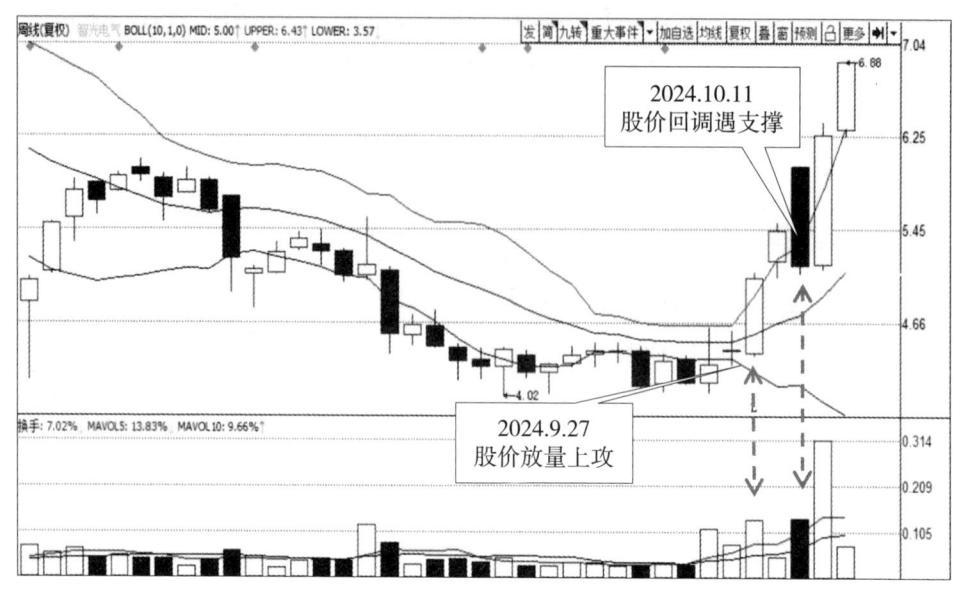

图 8-13　智光电气（002169）周线布林线指标走势图

如图 8-13 所示，智光电气的股价在 2024 年 9 月 27 日与大盘同步启动上升行情，并放量突破布林线中轨。此后，该股股价一直运行于中轨线与上轨线之间，说明股价走势较强。

进入 2024 年 10 月，该股股价出现回调。10 月 11 日，股价回调至中轨线位置时，因中轨线支撑而再度上升，属于一个较好的加仓时间点。

周线发出买入信号后，投资者可再对股价日线图进行分析，若日线图同步发出买入信号，说明该股买入时机已到来。

如图 8-14 所示，智光电气的股价在 2024 年年中出现了一波横向振荡走势。2024 年 7 月到 8 月期间，该股股价下跌至布林线下轨线的下方，说明该股的走势是弱于大盘的。

进入 9 月份以后，该股股价明显出现筑底反弹态势。9 月 26 日，股价放量突破中轨线，说明股价上涨的通道被打开了。考虑该股的周线布林线指标以及大盘环境，投资者可在当日或次日择机入场。

其后，股价出现振荡调整，均因中轨线的支撑而再度上升，投资者可放心持股。

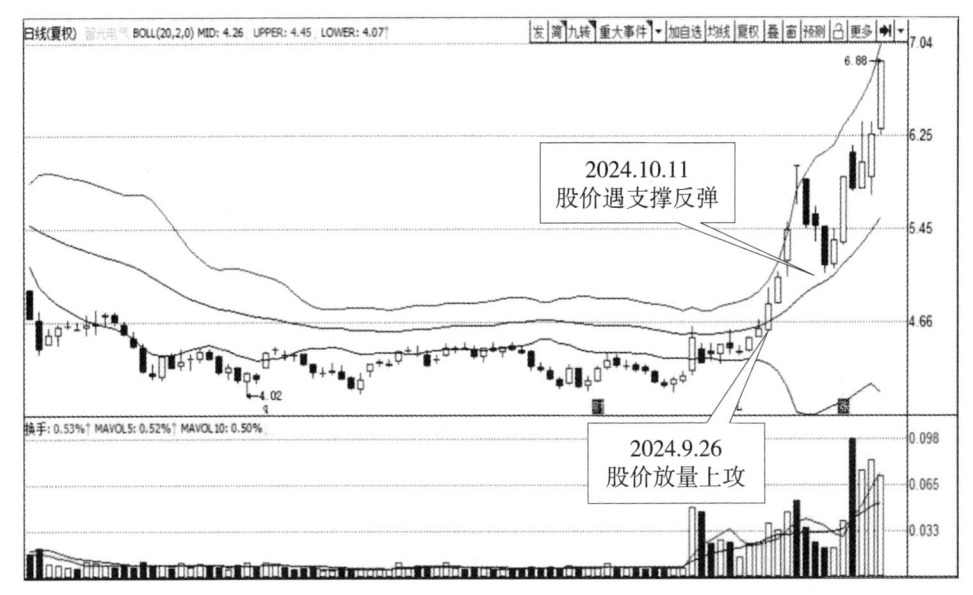

图 8-14　智光电气（002169）日线布林线指标走势图

三、交易执行以及仓位控制

1. 交易执行控制

交易执行控制是整个交易系统的核心，是指投资者对整个交易过程进行的详细规划。

交易执行控制包括以下几点。

（1）入场方法及条件。

入场点的选择，对于交易成败和投资者心理都有重要的影响。基于布林线指标的交易系统，可将 30 分钟线布林线指标作为买入执行的参考框架，即若股价 30 分钟线自上而下放量突破布林线中轨，即可执行买入操作。

下面仍以智光电气为例进行说明，基于之前的判断，假定投资者想要在 2024 年 9 月 26 日买入。

如图 8-15 所示，该股股价在 9 月 26 日开盘低开后，迅速向上突破布林线中轨线，并站到了布林线中轨线以上，此后更是接近上轨线位置。投资者此时应该注意，若股价能够向上突破上轨线，可跟涨买入；若股价回调，且回调至中轨线位置后，因中轨线支撑而再度上攻时，可执行买入操作。

9 月 26 日 15 点，股价遇中轨线支撑而上升，此时投资者可考虑买入该股。

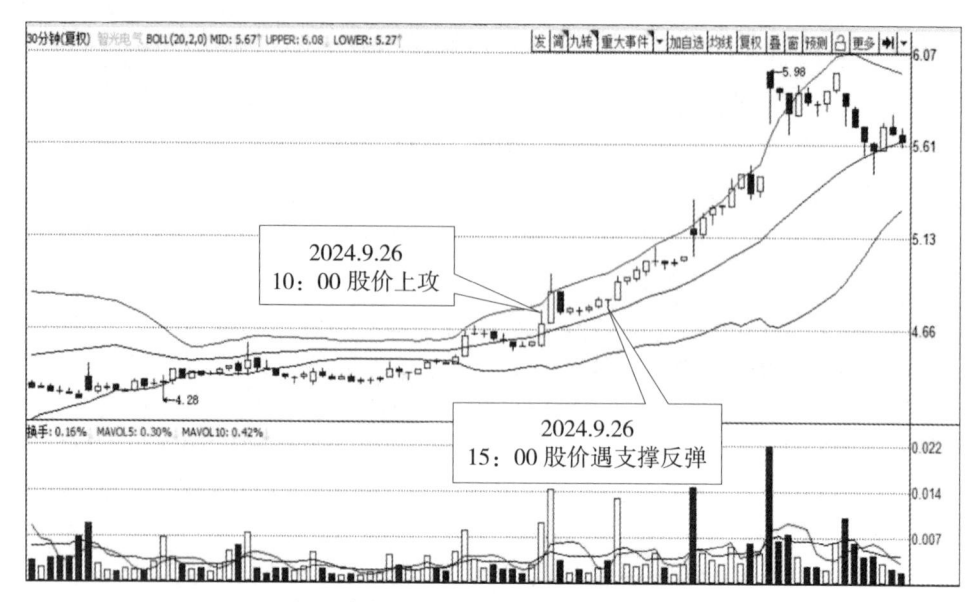

图 8-15　智光电气（002169）30 分钟布林线指标走势图

初次买入股票时，尽量控制好仓位，不宜全仓进入，以免判断失误给本金带来风险。

（2）加仓方法及条件。

买入股票后，当股票突破某一重要阻力位或回调遇某支撑位支撑再度上升时，可考虑适当的加仓。加仓无须一次到位，可分批次进行。原则上，前期加仓量可以大一些，股价上涨到高位时的加仓宜谨慎。例如，投资者可将股价回调遇中轨线支撑再度上升，作为一个加仓参考位。

（3）减仓方法及条件。

买入股票后，当股票运行趋势与预期不一致，即遇到某一重要阻力位或出现回调时，可考虑适当的减仓。与加仓相似，减仓也可分批次进行。例如，股价上攻至布林线上轨线上方后，重新回归布林通道内部时，可适量减仓。

（4）止损设定。

由于短线操作讲究快进快出。很多时候，设定的卖出条件可以作为止损条件，但有时也会不一致，这时就需要另设止损位了。如买入条件为股价向上突破布林线中轨，卖出条件为股价向下跌破布林线中轨，这时就需要设定止损位为股价跌破布林线中轨。

2. 资金仓位控制

资金仓位控制主要包括整体仓位控制和个股所占仓位控制、预留资金控制等。

（1）整体仓位控制。

投资者可将总仓位水平线划分为空仓、30%线、50%线、70%线、满仓五个水平。鉴于股市中没有绝对安全的时间，因而满仓是尽量应该避免的。通常情况下，当股市处于上升趋势时，可适当提升仓位水平；反之，当股市处于下跌趋势中，应降低仓位水平，直至空仓。

（2）单只股票仓位占比。

通常情况下，单只股票的仓位占比不应超过30%。当然，如果资金量过小，还是可以突破这一限制的。控制单只股票的仓位占比，本意是要分散风险，而如果资金量太小，就失去分散风险的意义了。

（3）预留资金的比例控制。

预留资金的比例，因投资者个人投资偏好和风险承受能力的不同而异，一般应不少于20%。牛市时可以直接设定在20%的水平；熊市时则要提高预留资金的比例。即使是一次非常强劲的反弹，也要保证预留资金不低于30%，而且投入预留资金时，还要做好资金回收的计划。